当代语用学

姜望琪 著

北京大学出版社
北 京

图书在版编目(CIP)数据

当代语用学/姜望琪著. —北京：北京大学出版社,2003.10
(语言学教材系列)
ISBN 978-7-301-06597-6

Ⅰ.当… Ⅱ.姜… Ⅲ.语用学—教材 Ⅳ.H0

中国版本图书馆 CIP 数据核字（2003）第 091854 号

书　　　　名：	当代语用学
著作责任者：	姜望琪　著
责 任 编 辑：	徐刚　yzf21@sina.com.cn
标 准 书 号：	ISBN 978-7-301-06597-6/H · 0906
出 版 发 行：	北京大学出版社
地　　　　址：	北京市海淀区成府路 205 号　100871
网　　　　址：	http://www.pup.cn
电 子 信 箱：	zpup@pup.pku.edu.cn
电　　　　话：	邮购部 62752015　发行部 62750672　出版部 62754962
	编辑部 62752028
印　 刷　 者：	北京大学印刷厂
经　 销　 者：	新华书店
	890 毫米×1240 毫米　A5　10.5 印张　300 千字
	2003 年 10 月第 1 版　2019 年 7 月第 7 次印刷
定　　　　价：	25.00 元

未经许可，不得以任何方式复制或抄袭本书之部分或全部内容。
版权所有，侵权必究
举报电话：010-62752024　电子信箱：fd@pup.pku.edu.cn

Let live, and live.

序　言

在当代语言学研究中有两根主线:一是研究语言系统(结构)本身,这是理论语言学的世袭领地;一是研究语言系统(结构)的实际使用,这包括人类语言学、社会语言学、心理语言学、语用学、文化语言学、话语分析等等。它们虽然都以语言使用为对象,但是却有不同的取向,而且各自有其广阔的应用天地。这两条主线应该是并行不悖的,它们使语言研究更加丰采多姿。

姜望琪教授的《当代语用学》付梓在即,嘱我作序,实不敢当。语用学不是我的本行,但是我对语用也很有兴趣,可以说是忝属同路人。

语用学是我国语言学研究中很受欢迎的一个学科,也是报考语言学研究生的莘莘学子的一门热门专业。这可能是因为这个学科平易近人,大家作为语言的使用者都可以观察到许多有趣的语言事实。但是,语用学和任何的一个语言学科一样,都有一个由表及里、逐步深化的过程,需要有广博的理论基础,例如它和语言哲学、和认知科学就有密切关系,而且还要在收集和过滤语料方面讲究方法。

在国内出版的语用学的书籍也不少,但是我觉得姜望琪教授的这一本著作有其特色,值得向读者推荐。

首先是这本书深入浅出、通俗易懂。语言学以人们身边的科学——语言为研究对象,本来并不神秘,但是有的讨论语言学的书却写得隐晦曲折,使人难以卒读。当然,要通俗易懂也不容易,因为作者必须自己对所讨论的东西弄得很透彻才能要言不烦,微言大义。

其次是这本书虽然介绍的是外国语用学的理论,但是作者决非盲从,而是有自己的独立见解。在书中有很多脚注,对一些关键的问题以及它们在我国应该采取什么说法,都加以注释和讨论。这是书中的精彩之处,望读者不要忽略。特别值得一提的是本书的两个附录：一个是《Pragmatics 溯源》，从科学统一化运动的角度对语用学起源爬梳剔抉，阐述了符号学、实用主义和语用学的关系；一个是《Illocutionary act 能译成"言外行为"吗》，从一个词语的翻译出发去阐明语用学的一个基本概念，言近旨远。

  第三是这本书力求本土化，结合中国的实际来谈语言的使用，这在第一章已有一个很好的开头。如果能够在全书补充以更多的汉语的例子，则必为中国读者所欢迎。

桂诗春
2003 年 1 月

自　　序

　　本书是拙作《语用学——理论及应用》(英文)的姊妹篇。两书虽然题旨相同,内容却各有侧重。前书重在原原本本介绍他人的理论,自己的见解大多放在注释里了。本书则侧重阐述自己对各种主要理论的看法、评价,并提出了自己的改进建议。

　　当代语用学首先是在英美等国发展起来的,他们的文化背景、思维方式跟我们有很大的不同,这给中国学生的学习、理解带来了一些困难。本书用中文写作,并且尽可能结合中国的文化传统、研究习惯,在可能的时候还采用一些汉语例句,其中一个目的就是为了更好地在中国推广语用学。另一个目的则是促进世界语用学的发展。汉语虽然跟其他语言有很大差别,毕竟也是世界语言的一种,跟其他语言也有很多相同之处。我们既不能用其他语言来硬套汉语,抹杀汉语的特点;也不能因强调汉语的特点否认世界语言的共性。一种真正有价值的语用学理论一定也能解释汉语的使用,否则,这种理论就是有缺陷的。

　　不过,检验外国理论对汉语的适用性只是我们工作的一个方面。另一个更重要的方面是,在语用学研究中引进中国人的思维方式。语言跟思维是密切相关的。虽然极端的萨丕尔-沃尔夫假设没有被人们接受,语言跟思维关系密切、互相影响,却从来没有人否认过。汉语的缺乏形式标志跟中国人的重视意义研究应该是有内在联系的。通俗地说,语用学是研究言外之意的学科。而探索"言外之意"在中国已经有几千年历史了。在这个意义上,中国是最早研究语用学的国家。不过,由于对形而上的忽视,我们始终没有形成完整的理论,以致在科技发达的近代落在了后面。我们必须认识自己思维方式的局限性,加强形式研究,提高抽象思维的能力。然而更重要的是,我们要扬长避短,趋利避害。特别是在语言学越来越注重语义研究、功能分析、实例调查的今天,中国人重意义、重归纳的传统自有其用武之地。世界语用学的发展必将得益于中国人的加入。

我们这种看法,有的人可能不太同意。这不要紧。对待不同意见,我们的态度是:"Let live, and live"。这是写在扉页上的话,是英语格言"Live, and let live"的改写。翻成汉语可以是"让人生存,自己生存"。之所以把"Let live"放到了前面,是要强调这一点的重要性。"让人生存"可以说是"自己生存"的条件,没有前者,就没有后者。

"让人生存,自己生存"也是我们对待书中讨论过的所有理论的态度,不管这是我们比较认同的,还是不太赞成的。虽然我们对有的理论批评得比较严厉,但并无意完全否定它们。我们的出发点是想把问题争论清楚,我们相信是非越辩越明。我们追求的是"真",如果最后证明我们自己是"伪",我们也将坦率承认,缴械投降。

就像前一本书一样,本书也是在众人的帮助下完成的。在这里,我首先要感谢的是桂诗春先生。我第一次认识桂先生是在读他的《应用语言学》的时候。该书名为《应用语言学》,实际涉及了语言学的各个领域,简直是一部语言学百科全书。桂先生的渊博学识令我惊叹不已。但我真正跟他见面是在十几年后的2001年11月第二届关联理论专题研讨会上。他在开幕式致辞中精辟地概括了不同学科间的关系——既是"你中有我,我中有你",又是"我还是我,你还是你"。我立刻向他索要发言稿,并把这句话用到了我正在构思的文章中。虽然是初次相识,当我请他为本书写序时,他却毫不犹豫地答应了。我感谢他对我的信任。

同为广州外院教授的何自然先生也令我钦佩。我们对关联理论的看法不尽相同,曾为此发生过争执。但他心胸开阔,照样邀我参加关联理论专题研讨会,并多次向我提供帮助,包括收集有关资料。巴黎大学的斯波伯教授(Dan Sperber)同样襟怀坦荡。他曾被邀请为我投给荷兰《语用学杂志》的批评关联理论的文章写匿名评语,但他要求编辑公开自己的名字。不愧为真学者。

耶鲁大学的霍恩教授(Laurence Horn)给我寄来了他1992、1996年写的两篇文章,并不厌其烦地为我解答问题。伦敦大学的威尔逊教授(Deidre Wilson)给我寄来了她和斯波伯1983年发表的一篇文章。没有他们的热情帮助，本书会存在更多的问题。

　　本书的有些章节曾在一些刊物上以不同形式发表过。如，第一章曾在《福建外语》2001第4期删节发表。第二章在北大外语学院语言所的《语言学研究》2002年第1辑重组发表。第六章的一部分内容曾见诸《外语研究》2001年第4期，另一部分内容见诸《南开语言学刊》2002年第1期，第三部分见诸《外语教学与研究》2002年第5期。第七章的部分内容曾刊于《外语教学与研究》2001年第1期。第八章的部分内容曾刊于《外国语》2003年第4期。附录一曾在1997年《北京大学学报(外语语言文学专刊)》刊出。我感谢这些刊物的编辑们。北大出版社的胡双宝编审，中文系的徐通锵教授曾看过其中有的文章的初稿，提出了许多中肯的意见。我也感谢他们的赐教。本书的编辑是我的老朋友——徐刚，他又一次付出了辛勤的劳动。

　　最后，我要借此机会提醒读者：我以前的著述中有两处错误，并请求大家原谅。第一处错误在刊于《外语教学与研究》2001年第1期的"也谈新格莱斯照应理论"中。该文在讲到乔姆斯基的约束理论时，把"管辖范畴"解释成了"树形图中包含照应语，或指代语，及其管辖语的最低的S或NP节点"，这里漏掉了"其可及主语"。下文解释"约束"时又把照应语与"其可及主语"同指说成了与"其管辖语"同指。第二处错误在 *Pragmatics: Theories and Applications*（《语用学——理论及应用》）第159页。我曾错误地认为相斥析取(P or-excl Q)不衍推相容析取(P or-incl Q)。这两处错误都已在本书中改正。但是，本书肯定还有其他自己没觉察的错误，如果读者发现了，万望不吝指正。

目 录

序言 ································ 桂诗春（v）
自序 ····································（vii）

第一章 语言学的前沿领域——语用学 ·············（1）
1.1 一个通俗的定义 ·······················（1）
1.2 语用学理论简介 ·······················（2）
1.3 语用学与汉语研究 ·····················（3）
1.4 语用学与修辞学 ·······················（8）
1.5 语言学的前沿领域 ····················（14）

第二章 指别 ······························（17）
2.1 直指表达式与指称 ····················（17）
2.2 指别与照应 ··························（20）
2.3 话语指别还是照应？ ··················（23）
2.4 指别——相对指称 ····················（26）

第三章 言语行为理论 ······················（28）
3.1 言语行为理论的渊源 ··················（28）
3.2 施为句 ······························（30）
3.3 行事行为理论 ························（34）
3.4 行事行为的分类 ······················（41）
3.5 间接言语行为 ························（47）

第四章 会话含义理论 ······················（57）
4.1 合作原则 ····························（57）
4.2 各种违反准则的情况 ··················（62）
4.3 会话含义的特性 ······················（67）
4.4 含义的种类 ··························（73）

4.4.1　常规含义 ……………………………… (73)
　　4.4.2　一般会话含义和特殊会话含义 ……… (76)
　　4.4.3　标准会话含义和非标准会话含义 …… (79)
　　4.4.4　衍推 ……………………………………… (80)

第五章　预设 …………………………………………… (84)
5.1　哲学家对预设的研究 ………………………………… (85)
5.2　语义预设 ……………………………………………… (88)
5.3　语用预设 ……………………………………………… (93)
5.4　预设、衍推、含义的关系 ……………………………… (97)
　　5.4.1　"预设"是"含义"的一部分 ……………… (97)
　　5.4.2　"预设"是"衍推"的一部分 ……………… (99)
　　5.4.3　肯定句的"预设"是"衍推",
　　　　　　否定句的"预设"是"含义" ……………… (103)
　　5.4.4　预设就是预设 ………………………………… (106)

第六章　关联理论 ……………………………………… (108)
6.1　成长期的关联理论 …………………………………… (108)
　　6.1.1　关联性思想的雏形 …………………………… (109)
　　6.1.2　关联原则统括说 ……………………………… (111)
　　6.1.3　关联性思想的深化 …………………………… (114)
6.2　成熟期的关联理论 …………………………………… (116)
　　6.2.1　交际的明示推理性质 ………………………… (117)
　　6.2.2　关联性的定义 ………………………………… (121)
　　6.2.3　关联原则 ……………………………………… (125)
　　6.2.4　第一解读 ……………………………………… (128)
6.3　修订期的关联理论 …………………………………… (130)
　　6.3.1　认知关联原则与真理性 ……………………… (130)
　　6.3.2　最佳关联性假定 ……………………………… (132)
　　6.3.3　最大关联性和最佳关联性 …………………… (138)
　　6.3.4　另一种关联性 ………………………………… (141)
6.4　关联原则还是合作原则? …………………………… (148)

第七章　新格赖斯原则 ·················· (153)

- 7.1 霍恩两原则的内容 ·················· (153)
  - 7.1.1 Q 原则和 R 原则的理论基础 ··········· (153)
  - 7.1.2 Q 原则和等级会话含义 ············· (156)
  - 7.1.3 R 原则和语用分工 ·············· (160)
- 7.2 霍恩两原则的事实根据 ················ (163)
  - 7.2.1 元语言否定 ················ (163)
  - 7.2.2 避免使用同义词 ··············· (166)
  - 7.2.3 间接言语行为句 ··············· (169)
- 7.3 莱文森的三原则 ··················· (170)
  - 7.3.1 数量原则 ·················· (171)
  - 7.3.2 信息量原则 ················· (174)
  - 7.3.3 方式原则 ·················· (177)
- 7.4 新格赖斯照应理论 ·················· (180)
  - 7.4.1 约束理论 ·················· (180)
  - 7.4.2 语用简化方案 ················ (182)
  - 7.4.3 语用简化方案的更新 ············· (183)
- 7.5 几种不同意见 ···················· (186)
  - 7.5.1 彻底的语用方案 ··············· (186)
  - 7.5.2 可及性理论和句间联系 ············ (191)
  - 7.5.3 一条原则还是两条/三条原则？ ········· (198)

第八章　会话分析 ····················· (208)

- 8.1 会话结构 ······················ (208)
  - 8.1.1 话轮转换规则 ················ (209)
  - 8.1.2 相邻语对 ·················· (215)
  - 8.1.3 纠偏机制 ·················· (221)
- 8.2 新格赖斯解释 ···················· (232)
  - 8.2.1 会话中的偏好组织 ·············· (232)
  - 8.2.2 最小化原则在会话中的体现 ·········· (238)
- 8.3 塞尔论会话 ····················· (245)
  - 8.3.1 会话有结构吗？ ··············· (245)

  8.3.2 这些是规则吗? ……………………………(251)
代结束语:当代语言学的发展趋势 ……………………(260)

附录一 PRAGMATICS 溯源 ………………………(273)
附录二 illocutionary act 能译成"言外行为"吗? …………(294)
参考书目……………………………………………………(300)

第一章 语言学的前沿领域——语用学

语用学是一门新兴学科。如果从美国逻辑学家莫里斯(Charles William Morris)1937年自造英语词"pragmatics"算起,也只有66年的历史。从牛津哲学家奥斯汀(John Langshaw Austin)1955年正式提出第一个语用学理论算起,就只有48年的历史。但是,它发展很迅速。奥斯汀的哈佛讲座在学术界引起了巨大的反响。特别是奥斯汀的同事——格赖斯(Herbert Paul Grice)1967年在哈佛又作了一个讲座。语用学立刻成为一门显学。到了20世纪80年代初,语用学已被很多人看作语言学的一个基本分支,就像语音学、音系学、形态学、句法学、语义学一样。近20年来,语用学领域又涌现出了更新的理论——关联理论、新格赖斯原则等。不仅讨论语义问题、语法问题再也离不开语用学,核心语言学以外的其他学科也开始借鉴语用学理论,如认知科学、文体学、社会语言学等等。

1.1 一个通俗的定义

简单地说,语用学是研究语言运用的。语言运用的一个特点,或者说,语言运用跟语言作为一个抽象系统的区别,是"意会可以大于言传"。英语的说法是"One can mean more than one says"。例如,1999年4月,朱镕基总理访问美国。他在MIT作关于中美贸易的演讲,开场白是:

> 1947年我在清华上学时,清华被称为中国的MIT。教科书大部分来自MIT。……我当时就憧憬有一天能来MIT学习,拿一个学位。但是,校长先生请不要误会,我绝对不是要个荣誉的学位。……如果我要拿学位,一定要经过考试、答辩。
>
> (笔者据实况转播记录)

这段话从语用学角度讲,意义很丰富,特别是后一部分。他为什么这么说,原因有好几个。现在我们要指出的一个原因是,如果他不说这句话,有人就真有可能给他弄个荣誉学位。也就是说,"他曾经想来拿个学位",会被理解成"他现在想要个荣誉学位"。前者会被看成是后者的间接表达式。

第二个例子是从电影上听来的。画面上是一对恋人,男孩对女孩说:"你不戴眼镜的时候很漂亮。"女孩马上接茬:"那我戴眼镜的时候一定很丑了。"男孩觉得很委屈,女孩却坚持他就是这个意思,虽然他嘴上没有这么说。

为什么意会能够大于言传?这就是语用学要解答的问题。语用学要找出其中的规律,也就是要找出语言运用的规律。

1.2 语用学理论简介

对意会大于言传这种现象作出解释的第一个语用学理论——言语行为理论(speech act theory),是奥斯汀提出的。传统观念把言与行对立。说话就是说话,做事就是做事,两者井水不犯河水。奥斯汀对此提出挑战,认为说话也可以看成做事。当英国女王在新船落水典礼上宣布"I name this ship the Queen Elizabeth",她就做了一件事——为该船命名。而且,就这件事而言,它是必须通过说话才能完成的。否则,该船就没有被正式命名,就像教徒结婚不进教堂一样,不会被人承认。

随着研究的深入,奥斯汀意识到实际上我们说的每句话都可以看作行动。"Can you pass the salt?"形式上是关于听话人某种能力的提问,实际上却是请求对方把盐递过来。日常生活中,这样的例子比比皆是。在邮局,"这是你的笔吗?"表示的是"请把笔借我用一下"。在家里,当电话铃响时一方对另一方说"电话",意思是"你接一下电话"。

由格赖斯提出的第二种解释——会话含义理论(the theory of conversational implicature),看起来似乎更合理些。他认为人们之所以能够意会大于言传,是因为会话有某些特殊的性质。人与人之间的对话往往是互相衔接的。如果某人答非所问,就会被认为不合情理。他把这种情理称为合作原则(the cooperative principle),并把它具体地分析成数量(quantity)、质量(quality)、关系(relation)、方式(manner)四条准则。所谓数量准则指的是信息量要恰如其分,不多不少。质量准则就是说话要真实,要有根据。关系准则是指话语之间要有关联。这三条都是关于内容的,最后一条则是关于形式的。那就是说话要清楚,有条理,不要有歧义,不要啰嗦。

这些原则、准则是一种不成文法。人们只是潜意识地感到应该这么做。在格赖斯把它们明确罗列出来以前,没有人清楚地意识到过。但是,它们确实存在。如果某男跟某女在一个公共场合初次见面,就自我介绍"我28岁,未婚",那一定会被认为别有用心。因为人们潜意识感觉到一个人说话总是有目的的,不会无缘无故提供多余的信息。另一方面,假如说话可以完全毫无根据,就不会有"我不敢肯定,但可能是这样"之类用语。日常谈话的形式也如格赖斯所描述的那样。单是"电话"一个词,孤立地看,其含义似乎很不明确。但在特定上下文里,它是最简洁、最合适的表达方式。在家庭成员之间,如果用"您能不能劳驾接一下电话?"这种"客气的"语言,那一定是有什么因素导致了关系不正常,需要用这种不客气的表达方式。

作为不成文法,它们是可以违反的,就像有人违反"礼尚往来"、"两军对阵,不斩来使"一样。但是,例外从反面证明了规律的存在。违反合作原则的话语同样要根据合作原则来理解。骗子之所以会得逞,就是因为听话人觉得人们通常是说真话的。反过来,对某些政客的信誓旦旦,老百姓总是存有戒心。因为他们知道这些人是惯于违反质量准则的。

1.3 语用学与汉语研究

以上两个理论都是外国的。其实在语用学领域,就像在自然科学领域,中国人曾经是领先的。证据之一,就是我们有专门术语。刚才讲到语用学研究的现象可以称为"意会大于言传",其英语是"to mean more than one says"。如果我们比较一下"意会"与"mean"的异同,就可以看出这一点。英语的"mean"是一个很泛的词汇,可以用于很多不同的含义。汉语的"意会"则专指不能用语言表达的意义。说得更明确一点,语用学可以说是研究言外之意的学科。这"言外之意"又是汉语独有的专门术语,英语没有。钱钟书先生曾经在《管锥编》(第一册 108 页)中将它译为"extrolocution",但这是他自己的创造,不是英语原有的。所以奥斯汀、格赖斯也都不得不自己重新造词,以便把自己研究的意义跟字面意义区别开来。

奥斯汀造的词是"illocutionary force"。这跟他对言语行为的分类有关。他把通常意义上的开口说话称为"locutionary act"。他要强调的是,人们在开口说话的同时,还常常把自己的说话目的表达清楚了。比如,"Can you pass the salt?"应该被理解成"Please pass the salt"。他把这种表达说话人目的的行为称为"illocutionary act"。①而说话人的目的,即这种行为所表达的意义,称为"illocutionary force",有时简称"force"。

格赖斯造的词是"implicature",仿照"implication",②表示这是一种暗含的意义,一般译作"会话含义"。他有时也用"what is said"跟"what is meant"来表示字面意义跟会话含义的区别。

他们的这种区分有时被称为语词(或语句)意义与说话人意义的区分。这就是说一个词,一句话,有它固定的意义。但当说话人用到该词、该句的时候,他可以在某种程度上改变其原有意义,或扩大,或缩小。从另一个角度说,说话人意义也可以叫作上下文意义。说话人之所以能在某种程度上改变一个词或一句话的固定意义,就是因为有合适的上下文。上下文不同,说话人意义也就不同。当下课后同学们陆续离开教室时,我看见某人的桌面上还有一支笔。这时候,如果我说"这是你的笔吗?"我绝对不是要跟他借笔用用,而是要提醒他不要把笔忘了。不过,说话人意义和上下文意义都不是专门术语。

语言与思维有密切的联系。一方面,语言适应思维的需要。当需要表达某种思想时,我们就会创造有关词汇或表达方式。也就是说,语言是思维的反映。"意会"、"言外之意"、"言不尽意"、"言有尽

---

① 但是"illocutionary act"不能译成"言外行为",尽管"illocutionary force"可以译成"言外之意"。奥斯汀强调"illocutionary act"是在完成"locutionary act"的同时完成的。其中的"il-"是"in, within"的意思,不是"not"的意思。因此,如果要贴近原文,应该译成"话中行为"。详细论证请见附录二。

② 因为"implication"在逻辑学里有特定的含义,格赖斯只好新造一个词。

而意无穷"这些说法的大量存在，充分说明中国人早就深切地意识到"意会大于言传"这种现象的存在，并对此进行了一些抽象归纳。另一方面，语言又反过来影响思维。"言外之意"之类词语大大便利了中国人对这个问题的探索，促进了中国人对这个问题的研究。

事实也正是如此。中国的传统语言研究相当重视语义。早在公元前 2 世纪左右，中国人就有了第一部词典《尔雅》。而第一部英语词典 *A Table Alphabeticall* 出版于 1604 年。令人感兴趣的是，这两部工具书出人意料地相似。它们都只有简单的释义，没有注音，没有用法，更没有例证。如："朕、余、躬，身也。""殷、齐，中也。""明明、斤斤，察也。"① "Abash, blush." "abba, father." "abbreuiat/abbrige, to shorten, or make short".② 但它们相距 1800 年，中国人的领先地位由此可见一斑。到了东汉，又出现了《说文解字》，把字义研究跟字形研究结合了起来。宋代，也就是上一个千年的初期，明确提出了"虚字"、"实字"③ 这两个现在已被世界语言学界普遍采用的概念。实字的意义比较固定。虚字则不然，必须结合上下文才能理解。因此，虚字研究在某种意义上就是上下文意义的研究。

这里的上下文是窄义的上下文，主要是语言上下文，不是情景上下文。这种上下文研究在汉语研究中历来占有第一重要的位置。虽然中国人早就有"句"这个概念，但它只是字与篇章之间的一个中间环节。王充在《论衡·正说篇》中说："文字有意以立句，句有数以连章，章有体以成篇，篇则章句之大者也。"刘勰在《文心雕龙·章句》中更明确地指出："夫人之立言，因字而生句，积句而成章，积章而成篇。篇之彪炳，章无疵也；章之明靡，句无玷也；句之清英，字不妄也；振本而末从，知一而万毕矣。"相对于字，句可以是"本"；但相对于篇章，它只是"末"。这就是说，句虽然是字的直接语言上下文，篇章才是其真正的、最后的语言上下文。从另一个角度说，字是汉语的最基本单位。只有有了字，才谈得上句和篇章。所以，中国古代的汉语研究抓

---

① 转引自洪诚《中国历代语言文字学文选》82、83 页。
② 转引自 R. Burchfield, *The English Language*, 78 页。
③ 当然这两个词的含义跟现在的不完全相同。

住了两头——字和篇章。一方面从形、音、义三个角度研究字,积累了丰富的汉字知识。另一方面从宏观角度研究篇章,产生了文章学意义上的语法学。所谓"死法"、"活法"、"文无定法"、"文成法立"都是指的"章法"。汉语研究的历史中,长期没有句法学意义上的语法学,其根本原因就在于"句"是个附属概念,没有特别重要的意义。它的地位跟"句子"在西方语言研究中的地位完全不能相提并论。在二战前后美国最著名的语言学家布龙菲尔德(Leonard Bloomfield)眼里,句子是最大的语法单位。他们的语法实际上就是句法。统治语言学近半个世纪的乔姆斯基(Noam Chomsky)更明确地把他的语法称为句子语法(sentence grammar)。

句在汉语研究中的附庸地位,从句读概念也可以找到佐证。古人写文章不用标点,通篇一体。[①]这给后人阅读造成很大困难,于是出现了研究断句的句读之学。一般认为,句读两者之间的区别,在于意义是否完整。完整者为句,不完整者为读。[②]《马氏文通》继承了这一区分,并根据西洋语法,加了一条——句要有主语、谓语,读则可以没有。其实,汉语的"句"跟"读"一样,主要是个诵读单位,跟西方语言的结构单位"sentence"没有相通之处。这一点只要看一下现代汉语语法著作中的句子定义就可以知道。《现代汉语语法讲话》认为:"句子是说话的单位。只要单独站得住,能够向对方传达一定意思的话,不论长短,都是一个句子。"(18页)"无论是一个字或几个字,无论是什么结构,只要独立说起来成话,就是句子。"(19页)《现代汉语八百词》指出:"句子是语言的实际使用单位,一个句子的末尾有一定的语调标志,在书面上有句号(或问号、叹号)。"(5页)这样定义的语言单位更像英语的"utterance",而不是"sentence"。朱德熙先生有一个"词组本位"的提法,也强调了汉语句子跟印欧语句子的不同。而且,句读跟意义也没有绝对联系。意义完整与否是相对的。从一个角度说,一个字的意义就是完整的。从另一个角度说,一个句子的意义也是不完整的。因此,"句"和"读"都只是篇章的一个局部。

---

① 因此才有"下雨天留客天留我不留"这种歧义。
② 黄侃《文心雕龙札记》认为"此说无征于古",转引自范文澜《文心雕龙注》573页。

它们之间只有程度上的差别,没有本质的区别。

可以跟现代篇章语言学、语篇分析相媲美的中国古代文章学,其名称始见于宋代。文章这个名称则古老得多。早年有文采的意思,自汉代开始,逐渐用于表示组成篇章的书面语言。其地位相当高,被曹丕称为"经国之大业,不朽之盛事"。所谓"学而优则仕",实际是"文而优则仕"。文章写得好,就可以当官。所以,中国人很早就开始研究如何写好文章。上文提到的《论衡》是将近两千年前的作品。被称作中国第一部文章学概论专著的《文心雕龙》成于公元500年前后。"这部划时代的著作,不仅以空前的规模系统而精辟地论述了文章写作过程中的观察思考、构思立意、谋篇布局、遣词造句、文章风格等一系列根本问题,而且还详细地论述了文体的分类及各种文体的不同特点。"①值得一提的是,该书有两篇谈到了"言外之意":第十五篇《谐隐》和第四十篇《隐秀》。②

文章学主要研究篇章结构。刘勰将其比作筑室之基构,裁衣之缝缉。强调要"总文理,统首尾,定与夺,合涯际,弥纶一篇,使杂而不越"。后人逐渐把这归纳为"起承转合"。其中尤为精到的是关于前中后三部分要点的概括,即"凤头、猪肚、豹尾","起要美丽,中要浩荡,结要响亮"。寥寥数语胜过多少现代语篇分析的长篇大论,其精当得体令任何外国篇章理论望尘莫及。

语用学跟现代汉语研究又有什么关系?要回答这个问题,就要看一下世界语言学研究的现状。随着工业革命的兴起,英语在世界上的使用范围越来越广。它同时也成了语言学研究的主要对象。但是,如果一种语言学理论要取得世界通用的价值,它就不能不受到其他语言的检验。其中,汉语因为跟英语差别甚大而处于一种独特的地位。例如,当代语言学的一个热门话题是代词的用法。其中,乔姆斯基在这个问题上的观点,可以简单化地转述为:自反代词一定要在小句内有先行词。但是,汉语的"自己"显然不是这样。下面的例句中,只有第一句的"自己"在小句内有先行词。第二句的先行词在上

---

① 王凯符等《古代文章学概论》7页。
② 尽管现存《隐秀》是伪作,刘勰曾有一篇以此题命名却是真的。

一个句子里。第三句的先行词,即"小张",在更上面的句子里。第四句跟第五句结构完全相同,但"自己"的先行词不一样。

(1) 小张暗暗埋怨自己。
(2) 小张越想越觉得自己做得不对。
(3) 小张说小李知道自己下午没空。
(4) 小张认为小李太狂妄,总是看不起自己。
(5) 小张认为小李太自卑,总是看不起自己。

这说明,代词的使用问题不是简单的语法结构的问题,必须结合意义,特别是言外之意。在这方面,深入研究汉语显得尤为重要。由于赵元任等老一辈语言学家的努力,汉语研究在美国已蔚然成风。而汉语是我们的母语,我们中国人理应作出更大的贡献。

如果世界语言可以按句子结构的重要性划分,一类重语法、重句法,另一类重语义、重语用;或者说,有的语言重言传,有的语言重意会;那么汉语只能属于后者。汉语研究中一个曾经困扰几代人的问题是:一个句子可以没有主语。从语用学的角度来说,其根本原因在于汉语是意会语、语用语。其主语主要是靠意会的,不是靠言传的。这就是说,语用学可能是一条揭开汉语之谜的研究途径。

1.4 语用学与修辞学

我们说中国人在语用学领域曾经处于领先地位的第二个根据,是中国古代的修辞研究很发达。1500 年前的《文心雕龙》又被称为中国第一部系统的修辞学理论著作。而语用学与修辞学是密切相关的。

语用学这个词是从英语的"pragmatics"译过来的。该词的首创者莫里斯就曾明确地把它等同于修辞。他说符号学的三个分支"syntactics, semantics, pragmatics"就是"现代形式下的斯多亚派——中世纪的语法、逻辑与修辞"[①]。符号学就是"一个安装古代逻

---

① 转引自车铭洲(编)《西方现代语言哲学》77 页。

辑、语法和修辞三学艺的现代等价物的框架"。①这种说法不是没有道理的。

王力先生曾说:"若拿医学来做譬喻,语法好比解剖学,逻辑好比卫生学,修辞好比美容术。"(1982［1957］:2)朱光潜先生则多次把中国人讲究的真善美跟科学的、实用的、美感的态度联系起来。② 科学的态度是客观的、理性的,以真为最高目的;实用的态度起于经验,偏重实利,以善为最高目的;美感的态度注意形象,偏重直觉,以美为最高目的。如果稍作变通,两位前辈的比喻是可以合起来的。那就是,逻辑是研究真的,即什么条件下一个命题为真。语法是研究善的,什么条件下一个句子符合规范。判断真伪的标准是客观的、自然的;而判断善恶的标准是主观的、人为的。由于道德规范与语法规范都是主观的、人为的,在这个意义上,它们同属一个范畴。如,在现代社会,男人不能有两个老婆,否则就犯了重婚罪。在英语里,如果主语是第三人称单数,一般现在时的动词要加"s",否则就犯了语法错误。相应地,修辞可以说是研究美的,研究什么条件下一个句子给人以美感。审美标准同样是人为的,但它作用于人的感官,诉诸人的情感,伸缩性比较大。善恶标准则作用于人的理性,诉诸人的头脑,原则性比较强。美丑是个程度问题,有一定的相对性。同一个对象在不同人的眼里,其美丑程度是不同的。这就是为什么情人眼里出西施。因此,美丑也可以说是个适合问题,是否适合特定审美者的标准。就语言而言,它有一个是否适合上下文的问题,包括情景上下文。相比之下,真伪、善恶是个对错问题,标准比较绝对,不能随裁定人、随场合而变化。在这一点上,语用错误跟修辞错误相同,而跟逻辑错误、语法错误截然相反。

鲁迅先生曾在一篇文章中用过一个例子。说的是某人的儿子满月,抱出来给大家看。有人说这儿子将来会发财,有人说这儿子将来

---

① Morris, *Foundations of the Theory of Signs*, (1971［1938］: 71)。其实,他这种认识来自现代符号学的创始人之一、美国哲学家皮尔斯(Charles Sanders Peirce)。详情请看附录一。

② 如"我们对于一棵古松的三种态度",载《朱光潜美学文集》第一卷。

会当官。这两人都得到主人的感谢，恭维。但有个人说这儿子将来会死，他被打了一顿。鲁迅先生的用意是要说明，说假话受人欢迎，说真话却要受罚。现在我们如果抛开鲁迅先生当年的政治氛围，孤立地从学术角度分析这句话，那么我们可以说这个说话人犯了个语用错误，或者叫修辞错误。"这个人将来要死"这句话从逻辑上讲是绝对正确的。用三段论推理，就是：人皆要死，他是人，所以他要死。这不仅符合逻辑形式，而且符合客观实际。有生就有死，一切生物都要死。要想不死，除非不生。从语法角度看，这句话也是正确的。它符合汉语的造句规律，跟"来将要死人个这"不一样。但是，在这个场合，这句话是不合适的。在一个孩子满月的时候，提到死这个话题是不合适、不得体的。也就是说，说话人的上下文意义是错误的。况且，死是个令人忌讳的话题，即使对老人，也应该避免直接指称。触龙用"填沟壑"指自己的死，用"山陵崩"代赵太后的死，其得体历来为世人所称道。

奥斯汀也讲到过合适问题。他曾经把句子分成两大类。一类用于描述事件，可以有真假，如"地球是圆的"。另一类用于做事，谈不上真假，只能说是否合适。如"I name this ship the Queen Elizabeth"，不能说是真的还是假的。但是，如果场合不对，包括说话人不对，时间不对，地点不对等等，那么这句话就是不合适的。后来他意识到，所谓描述事件句照样可以没有真假，如"The present King of France is bald"。法国是共和国，现在没有国王。所以这句话只能说是不合适的。不过，他的这种合适不合适，指的是一句话能不能用来有效地完成某种行为，比我们所讲的要窄。

格赖斯的讨论跟修辞的关系更直接些。他的准则很多跟修辞格有关。他在讨论违反质量准则时，讲到了比喻、反语、夸张等。他的方式准则也都是普通的修辞要求。

当然，我们认为修辞学与语用学相通，主要还是因为两者都涉及合适或得体问题。修辞者，修饰词语也。把话说得好听一点，让人容易接受，这是修辞的作用；也是为什么言外之意这么普遍的原因。电话铃响了，你想叫别人接电话，是用"电话"，还是用"您能不能劳驾接一下电话？"取决于你们之间的关系。文体学有一种分类，把句子分作严肃的、正式的、中性的、随意的、亲密的五类。这两个句子可以说代表了极端的两头,只适用于少数情况。而"Can you pass the salt?"则属于最中间这一类,适用的范围广一些。但仍然有个适用对象问题。

美国语用学家霍恩(Laurence Horn)发展了格赖斯的理论,提出会话含义可以从省力原则的角度来解释。我们可以说,省力原则无处不在。人是惰性很强的动物。只要不是万不得已,决不会多出一份力。说话人为了省力,希望能用一个词表示所有的意思。听话人为了省力,则希望每个意思都只有一个词可以表达。这两者妥协的结果是:一方面,说话人要把意思表达得尽可能清楚,没提到的就是不想表达的;另一方面,听话人要根据常识扩充所听到的话语,听出言外之意。英国人莱文森(Stephen Levinson)对此又作了些补充。他认为在听话人会根据常识扩充话语的前提下,说话人会尽量"以少胜多"。用"Can you pass the salt?"表示"Please pass the salt"就是这样一个例子。严格地说,前者是后者的预示句。只有听话人对前者作了肯定回答后,说话人才能接下去说后者。但在大多数情况下,用了前者,后者就可以省而不说。另外,在双方不是很熟的情况下,用前者会给对方更多的回旋余地。而且,万一对方因为任何原因不能满足说话人的要求时,说话人也不会像用后者时那样丢面子。因此,虽然这两句话的客气程度差不多,在大多数情况下可以通用,前者还是比后者间接一些,意会性更强一些。①

这就是说,在句子的基本意义相同的情况下,其细微差别取决于语用因素。代词的用法也是如此。旅居英国的黄衍曾经讨论过下面这两个例子:

(6) 小明一进屋,Ø 就把门关上了。

(7) 小明一进屋,他就把门关上了。

第一句的后一小句没有主语,或称有一个空主语。一般情况下,这个空主语与前一句的主语"小明"同指。第二句的"他"则一般与

---

① 霍恩和莱文森的理论被称为新格赖斯原则(neo-Gricean principles),详情请见第七章。

"小明"异指。但有时候,这个"他"也可以跟"小明"同指。问题是怎么解释这种同指?黄衍诉诸格赖斯的非自然意义(non-natural meaning),说只要说话人想让"他"跟"小明"同指,它们就可以同指。我们认为这种解释缺乏说服力。

格赖斯的非自然意义与自然意义对立。他曾用例(8)、例(9)说明它们之间的区别。

(8) That remark, "Smith couldn't get on without his trouble and strife", meant that Smith found his wife indispensable.

(9) Those spots mean measles.

身上的丘疹跟引发它们的疾病有内在联系,所以例(9)的"mean"是"自然意谓"的意思。相反,例(8)的"Smith couldn't get on without his trouble and strife"跟其意义之间没有内在联系,这是一种非自然意义。根据这种解释,用语言表达的意义都是非自然意义,因为语言单位跟它们表示的意义之间都没有内在联系。很明显,说话人没有随意运用非自然意义的自由。他不能像《爱丽丝漫游仙境》中的汉普蒂·邓普蒂那样,想用一个词表示什么意思,这个词就表示什么意思。他必须遵循一定的规则,包括语法规则、语义规则、语用规则。在某种意义上我们可以说,语用学就是研究其中的语用规则的,如合作原则,新格赖斯原则。既然如此,我们就不能用非自然意义这个概念来独立解释某个词、某句话的含义。

那么,例(6)、例(7)的差别在哪呢?我们的看法是在语速。例(6)一般见于语速较快时,中间没有停顿。如果写下来,中间一般没有逗号。如:

(10) 他只要一有空就学习。①

(11) 老乡们一听见枪声就都来了。②

例(7)则见于语速较慢时,中间有停顿。因此说话人会觉得有必要重复主语。这种差别大概可以叫作文体差别、风格差别。相反,如果例(7)的两个小句之间没有停顿,或停顿很短,那么"他"与"小明"

---

① 吕叔湘(主编)《现代汉语八百词》。
② 陆俭明等《现代汉语虚词例释》。

同指的可能性,不说根本没有,也是很小很小的。①

一开始,我们提到了朱总理在 MIT 的讲演。我们指出,他之所以这么说的一个原因,是怕有人真的给他弄个 MIT 的学位。但另外还有一个可能性更大的原因,那就是他想用这种说法给讲演增加点幽默气氛。说不说这句话,从概念意义上讲,没有什么区别。他不说,也不一定就会真的给他个荣誉学位。但从讲演气氛看,说不说这句话却是大不一样的。他说完这句话,大家哈哈一笑,讲演人与听讲人之间的距离一下子就缩短了。广义地讲,这也是一种修辞效果。

十多年以前,有位英国文体学家来中国讲学。有一次,他把讲演的题目定为"Who is Stylistics?"让很多人感到新奇。有人评论"Where is English?"这位英国人的手法在文体学里叫作偏离(deviation),目的是要给别人留下不同寻常的印象。正如他指出的,人们可能忘掉他说的每一句话,但这个题目永远不会忘掉。日常生活中这样极端的例子并不多见。但如何让我们的语言表达起到最大的效果,却是每个人都会遇到的问题。②

这里,又可以讲到中国人独特的地方了。中国人历来注重文采。"言之无文,行而不远"是很多人信奉的教条。其表现形式之一,是中国人有对对子的习惯,总觉得两两对称的表达式顺眼。③这个习惯体现得最充分的,是中国的诗。"青山横北郭,白水绕东城"。"人闲桂花落,夜静春山空"。"三十功名尘与土,八千里路云和月"。

前文提到汉语可以被称作意会语、语用语。还有一种说法称汉语为诗的语言。这两种说法不矛盾。"诗贵有含蓄不尽之意",诗歌

---

① 当然是在身势等其他情况相同的条件下,这是不言而喻的。

② 例如,我第一次把本章作为讲稿时,曾考虑过把"语用学"三个字放在题目的开头。这跟现在的题目,从概念意义上讲没有丝毫差别。但我想到现在人们看东西、听东西,都只看题目。如果题目不能吸引他,他根本就不看、不听。语用学是一门生疏的学科,很多人不知道是怎么回事。他们很可能看了这三个字,就把它扔掉了,认为这种生僻的东西肯定跟我无关。现在这样,把"语言学的前沿领域"放在最前面,读者至少会知道语言学大概是什么,"前沿领域"也不难懂,还有点吸引力。这样他就有可能看下去、听下去。

③ 陈寅恪先生认为"对偶确为中国语文特性之所在,而欲研究此特性者,不得不研究由此特性所产生之'对子'"(转引自常敬宇《汉语词汇与文化》13 页)。因此,他建议将中国大学入学考试国文试题改为对对子。

用的是极端的意会语。"枯藤老树昏鸦,小桥流水人家,古道西风瘦马。夕阳西下,断肠人在天涯。"从言传的角度说,简直是热昏话。一会儿这,一会儿那,前言不搭后语,毫无关联性。但正是这种跳跃给读者留下了丰富的想象空间。特别是对称的结构,合辙的韵律,使其传递的言外之意是任何别的表达式所不能代替的。日常生活中的许多话语也是这样。在基本意义上并没有差别,有的只是附带意义上的差别。有的悦耳些,有的不那么悦耳;有的上口些,有的不那么上口。但是,国外语用学研究对这一点却没有足够的重视。①

1.5 语言学的前沿领域

前面几节只讲了三个字——语用学。这一节我们要讲一下,为什么说语用学是语言学的前沿领域。

自从20世纪初瑞士语言学家索绪尔(Ferdinand de Saussure)提出"langue"跟"parole"的区分以来,现代语言学走上了一条与传统语言研究泾渭分明的发展道路。重视潜在的语言系统,忽略语言运用的表象。这种研究经过布龙菲尔德的强化,在乔姆斯基的转换生成语法那里发展到了顶点。乔姆斯基为自己辩解说,既然物理学可以排除摩擦力的干扰,先研究在真空状态下的物体运动,语言学也就可以排除语言运用中的不确定因素,先研究理想状态下的语言知识。但是,语言毕竟不同于自然物体。语言是一种社会现象,跟人类的社会活动有紧密的联系。人类的社会交往离不开语言,语言同样离不开人类的社会交往。跟运用脱离的语言,已经不是原来意义上的语言。脱离语言运用研究语言系统,是研究不清楚系统的。语言运用的研究不可能,也没必要,等到语言系统全研究清楚了再开始。这两项工作应该同步进行。因此,遵循物极必反规律,正当转换生成语法蒸蒸日上的时候,它的对立面也开始破土而出。

首先站出来的是社会语言学家。他们提出人类不仅具备抽象的语言系统能力,而且具备在特定场合选择合适语言的交际能力。接着,在欧洲具有深厚基础的功能语法开始发力,出现了形形色色的功

---

① 上文提到的黄衍的论点就是一个例证。

能语法学派。他们强调语言结构要跟语言功能结合起来研究。而来自牛津的哲学家奥斯汀、格赖斯在哈佛的两次威廉·詹姆斯讲座,则促进了乔姆斯基派内部的裂变。语义研究开始占据越来越重要的位置。乔姆斯基接受了卡茨(John Katz)等人的建议,在转换生成语法中增加了语义部分,①尽管他仍然坚持句法自足论。随着语义研究的深入,特别是在研究预设时,人们明确认识到上下文对句子意义具有举足轻重的作用。语言学家中有人提议区分两种预设:语义预设和语用预设。莫里斯1937年首次作为符号学分支提出来的"pragmatics"这个名称,开始在语言学界流传。②最后,语义研究分裂了,语义学的领地缩小了,被局限在概念意义部分。涉及上下文意义的部分被归属于语用学。

1977年,荷兰发行了《语用学杂志》。1983年,莱文森出版了被英国语言学家莱昂斯(John Lyons)誉为"值得赞颂"的《语用学》教材。1986年,国际语用学会在比利时宣告成立。语用学研究风起云涌,席卷世界各地,波及各个研究领域。不仅讨论语义问题、语法问题再也离不开语用学,文体学领域也出现了以格赖斯合作原则为基础的分析模式,社会语言学也借用了斯波伯及威尔逊(Dan Sperber & Deirdre Wilson)在格赖斯基础上发展起来的关联理论。

比这些具体应用更重要的是,语用学代表了今后的发展方向。如果说20世纪语言学是以索绪尔为旗帜的,那么21世纪将以非索绪尔为标志。语言学将从抽象回到具体,从理性思辨走向实例分析,③从研究单句扩大到篇章。一句话,从注重"langue"变成注重"parole",从注重抽象的语言系统变成注重实际的语言运用。社会语言学、功能语法、篇章语言学、话语分析、认知语言学以及语用学等等

---

① 传统语言研究把语音、词汇、语法说成语言三要素。那时的语义研究只涉及词汇意义,所以被包括在词汇研究中。从乔姆斯基开始,语言理论都由语音、语法、语义三部分组成。语义学也研究句子意义。

② 奥斯汀和格赖斯都没有用过"pragmatics"这个词,虽然他们的理论是当代语用学的基础。

③ 以吕叔湘先生为代表的中国现代汉语研究,其实一直是注意实例分析的。这正好从一个侧面证明了,中国语言学家具有在新世纪大展宏图的天然条件。

以转换生成语法为对立面的种种研究方法的兴起,毫不含糊地向我们表明,钟摆已经从抽象往实用方向转过来了。客观地说,"langue"跟"parole"是不能绝对对立的,过分强调任何一个侧面都是不对的。但是矫枉过正,不过正不能矫枉。要摆脱一个极端,必须走到另一个极端。这是不以人的意志为转移的。重要的是要看清方向,顺势而为。

最后,我们要再次回到中国人特点这个话题。我们中国人有注重实用的习惯。长于归纳而短于分析,长于形象思维而短于抽象思维。在科学不发达的古代,我们创造了灿烂的文明。但是在科学逐渐发展起来的近代,我们落伍了。我们要正视自己的短处,培养抽象思维的习惯,迎头赶上去。然而更重要的是,我们要善于扬长避短,趋利避害。中国人的传统思维自有其用武之地。有人说三十年河东,三十年河西。西方人的思维习惯占统治地位这么久了,21世纪该是中国人的世纪了。别的方面我们不敢说,从语言学的发展来看,这话可能有点道理。我们要抓住这个机会,努力拼搏,争取打个翻身仗。

信息科学给我们中国人提供了一个在自然科学领域赶上去的机会。语用学则给我们中国人提供了一个在语言学领域赶上去的机会。中国人曾经有过辉煌的过去,我们一定也会有一个辉煌的明天。

第二章 指 别

"指别"是英语"deixis"的汉译,表示人称代词、指示代词、指示副词等的一种指称功能。①这些词语的指称对象随说话人、说话时间、说话地点而变,因此,指别是一种依赖语境的指称,或称"相对指称"。

2.1 直指表达式与指称

前一章讲到,莫里斯在1937年首次使用了"pragmatics"一词,并把它定义为符号学的一个分支。随后,德国哲学家卡尔纳普(Rudolf Carnap)也讨论过"syntax, semantics, pragmatics"的区分。其中值得一提的是,他认为语义学可以分为描写的和纯粹的两种。描写语义学研究自然语言,纯粹语义学研究逻辑语言。因此,描写语义学可以看作语用学的一部分。但是,莫里斯和卡尔纳普都只停留在从宏观上给语用学下定义,划定语用学的研究领域。真正对自然语言做过具体语用研究的第一人是卡尔纳普的学生——以色列哲学家巴尔-希勒尔(Yehoshua Bar-Hillel)。

巴尔-希勒尔在1954年发表了"直指表达式"这篇从语用学角度讨论指别问题的经典论文。他认为语言表达式的指称对语境的依赖

---

① 有人把"deixis"译作"指示语",这是错误的。承担指别功能的具体词语,英语叫做"deictics, deictic words, deictic expressions",或来自拉丁语的"indices, indexicals, indexical expressions"等。这些才是"指示语",但我们笼统译作"指称词语"。有必要区分时,我们将"deictics"系列译作"指别词语","indices"系列译作"直指词语",看作"直接指称词语"的缩写。在这个意义上,把"deixis"译作抽象词"指示"是正确的。问题是"指示"是一个比较泛的单词,我们下文将详细阐述的指称词语的照应功能(anaphora)也可以看作"指示"。英语有"anaphoric reference"的提法。这就是说,照应也是一种指称。而"指称"跟"指示"在某种意义上可以说是同义词。为了能够保持与英语相同的区分,不妨另选一词。我们所用的"指别",来自徐烈炯的《语义学》(227页),尽管他在书末"英汉术语对照表"中用的译名是"指称"。后来,我们发现,戚雨村早在1988年就把"deixis"译成"指别"了。

程度是不一样的。例如,几乎每一个正常的说英语的成年人都知道例(1)所指称的状态,而要辨认(2)的指称状态,则需要知道说话人的身份及说话时间。

(1) Ice floats on water.

(2) I am hungry. (Bar-Hillel 1970 [1954]: 69)

他把"I, you, here, there, now, this"这样的词以及时制(tense)叫做直指表达式(indexical expression),把例(2)这样的句子叫做直指句(indexical sentence),拥有直指句的自然语言叫做直指语言(indexical language)(p. 75)。但是,他强调"一个直指句不一定需要包含非句性(non-sentential)直指表达式。例如,'Rain'在合适的语境中也可以是直指句"(p. 79)。他认为逻辑学家以前只注意非直指的逻辑语言,忽略了自然语言90%以上的句子都是直指的这一事实(p. 76)。这就是说,他的文章虽然以"直指表达式"为题,讨论的却是自然语言的直指性这种现象。

但是,哲学家更关心的是语言与现实的关系,即指称问题。巴尔-希勒尔在这篇文章中就化了很大篇幅讨论直指句有没有指称。他区分类型(type)与实例(token),前者是一个抽象语言单位,后者是前者在具体场合的体现。因为例(2)这样的直指句脱离语境不能确定其指称对象,巴尔-希勒尔认为它们作为类型是没有指称的。它们只有作为实例才有指称(p. 70)。他把句子的指称看成是命题。后来,他提出指称实际上涉及的不是句子实例与命题之间的两项关系,而是实例、语境、命题三者之间的三项关系。这就是说,实例必须跟语境结合才能指称命题,因此,实例本身是没有指称的(pp. 73f.)。

近代哲学家中,第一个深入讨论指称问题的是德国人弗雷格(Gottlob Frege)。他1892年的文章"论涵义与指称"虽然沿用传统观念,把词语的指称(Bedeutung,英语一般译作 reference)看成其意义;但是他意识到指称并不是意义的全部,否则例(3)、(4)的意义应该没有区别,因为"the Evening Star"和"the Morning Star"指称同一个天体。他把这另一部分意义叫做"Sinn"(英语一般译作"sense",我们译作"涵义")。从此,意义由涵义和指称两部分组成逐渐成为共识。

(3) The Evening Star is the Evening Star.

(4) The Evening Star is the Morning Star.

英国哲学家罗素（Bertrand Russell）开始时支持弗雷格的区分。但他在1905年发表了"论指谓"，指出这一区分存在问题。他把"Sinn"译作"meaning"，"Bedeutung"译作"denotation"，"the Evening Star"这样的词语叫做指谓短语（denoting phrase）。他认为其中一个主要问题是有的指谓短语没有指称，如"the present King of France"。他的看法是指谓短语本身没有意义，具有意义的是包含指谓短语的命题。因此，他主张重新分析指谓短语，例如，把下列(a)式分析成(b)式。分析后的式子不再包含指谓短语"a man, all men, the author of *Waverley*"。

(5) a. I met a man.

b. I met x, and x is human.

(6) a. All men are mortal.

b. If x is human, x is mortal.

(7) a. Scott was the author of *Waverley*.

b. It is not always false of x that x wrote *Waverley*, that it is always true of y that if y wrote *Waverley* y is identical with x, and that Scott is identical with x.

在1918年的"逻辑原子论的哲学"里，罗素提出(8)应该分析成(9)。

(8) The present King of France is bald.

(9) There is a c such that c is now King of France and c is bald.[①]

这就是说，(8)包含(10)中的三个命题：

(10) a. There is a King of France.

b. There is no one else who is King of France.

c. The King of France is bald.[②]

[①] 严格说，(8)应分析成"There is a c such that c reigns over France now and c is bald"；否则，指谓短语"King of France"还继续存在。

[②] 罗素的分析法遭到了斯特劳森（Peter Strawson 1950）的反驳。他认为(8)与(10a)的关系是预设关系（presupposition），不是衍推（entailment）。详情请见第五章。

与本题联系更紧密的是罗素1940年的《关于意义和真理的探索》,1948年的《人类的知识》。他把"this, that, I, you, here, now"这样一些词语以及时制称为自我中心特称词(egocentric particular),它们的指称对象随说话人、说话时间、说话地点的变化而变化。他认为其中"this"是最基本的,其他自我中心词都可以根据它来定义。"I"可以定义为"the person attending to this","now"为"the time of attending to this","here"为"the place of attending to this"(1992[1948]:108)。巴尔-希勒尔(1954)不同意罗素把所有直指表达式都归结为"this",但他的文章显然在很多方面得益于罗素。

2.2 指别与照应

语言学家中间,英国人莱昂斯(John Lyons)对指别问题作过深入系统的研究。他在1968年的《理论语言学导论》中就有专节讨论代词、指示词这些"deictic categories"。1975年,他发表了"指称源于指别",提出代词、指示词的照应用法(anaphoric use)是从它们的指别用法(deictic use)派生出来的。

在1977年的两卷本《语义学》中,莱昂斯辟专章讨论指别问题。他开宗明义指出"deixis① 这个术语源自表示'指点'或'标示'的一个希腊词,在语言学里现在指的是把话语跟其空间时间坐标联系起来的人称代词、指示代词、时制及其他语法、词汇形式的功能"(p. 636)。然后以"person-deixis","deictic temporal reference"为题讨论了人称代词、时制的指别功能。指示词、定冠词、方位词语、体制(aspect)等语法、词汇手段则分别以各自的名称为题进行了讨论。

他还讨论了指别与照应的关系。众所周知,代词具有指别和照应两种功能。而其照应功能有两种不同的定义。传统的说法是,代词起照应作用时指称其先行词。这里的"指称"(refer)用的是其本源意义,即"重提"。另一种说法是,代词跟其先行词一样,指称的也是语言外的事物。代词跟其先行词同指。莱昂斯认为第二种说法比第一种说法好。采用这种说法不仅可以把照应指称跟指称的一般哲学

---

① 莱昂斯用单引号表示词,如'deixis';双引号表示词义,如"pointing"。为了省事,我们在引文中用单引号表示词义,而词则不用引号括起来。

用法①统一起来,而且可以把照应和指别统一为代词的指称作用。还有一个好处是,可以避免现代照应讨论中经常出现的语言内、语言外指称的混淆②(Lyons 1977:660)。他再次提出,指别是比照应更基本的功能(p. 667)。照应功能预设指称对象已经在语境中占有一席之地,指别则没有这种预设。实际上,指别是首次提及个体的最主要的一种手段(p. 673)。

但是,莱昂斯(p. 667)说指示代词及其他指称词语也可以用来指称一句话前后的各种语言实体,如,形式(form)、词位(lexeme)、表达式(expression)、文本句子(text-sentence)③ 等等。这种功能,他称为语篇指别(textual deixis),很容易与照应混淆。假设有下面这段对话:

(11) X: That's a rhinoceros.
      Y: A what? Spell *it* for me.

其中的"it"指称上一句的"rhinoceros"。不过,它指的只是"rhinoceros"这个词本身,不是这个词所指称的动物。"it"和

---

① 即把指称(reference)跟涵义(sense)对立。前者表示语词跟语言外事物的联系,后者表示语言内部一词语与其他词语的意义联系,如同义、反义、上下义等。

② 这是一个很现实的问题。例如,韩礼德(M. A. K. Halliday)主张区分外指(exophoric)——指称语言外事物,和内指(endophoric)——指称语言内词语;内指又分为回指(anaphoric)和预指(cataphoric)。但是,他在 *An Introduction to Functional Grammar* (1994:312)里说:
Peter, Peter, pumpkin eater,
Had a wife and couldn't keep her.
He put her in a pumpkin shell
And there he kept her very well.
Here *he* and *her* are anaphoric, 'pointing' respectively to Peter and to his wife.
问题是这里的"Peter"和"his wife"是什么意思,是指这两个词本身,还是这两个词指称的人?他说"*he*"和"*her*"在这里的作用是内指,那么按照定义,"*he*"和"*her*"应该分别指"Peter"和"his wife"这两个词。可是"Peter"和"his wife"既没有用斜体,又没有用引号。这似乎表示它们指的又是人。

③ 这里的"form"指的是纯粹的形式,如例(11)中"it"的指称对象"rhinoceros"这个词。"expression"是介乎"lexeme"与"sentence"之间的单位。它不同于"form",可以包括意义。"text-sentence"与"system-sentence"相对,前者指作为实际文本一部分的句子,后者指作为抽象语言系统一部分的句子。

"rhinoceros"并不同指。根据我们上文的定义(即把起照应作用的代词的指称对象也说成语言外事物,不同于指别的是它跟另一个指称词语同指),这个"it"在这里的作用不是照应,而是语篇指别。语篇指别还包括下列句子中的"this sentence"的用法。这种现象被称为记号自指性(token-reflexivity),①它往往导致逻辑悖论。

(12) This sentence, which I am now uttering, is false.

莱昂斯认为例(13)中的"that"代表了另外一种用法。它既不指X所说的那个文本句子本身,也不指其中任何一个表达式的指称对象。某些哲学家可能会说"that"指的是X所说的那句话的命题,其他人可能会说它指的是X的说话行为。②但是不管采纳哪种分析法,"that"所起的作用都介乎指别与照应之间。它同时具有这两种功能。莱昂斯建议把这种用法称作不纯语篇指别(impure textual deixis)。③

(13) X: I've never seen him.
　　 Y: That's a lie. (p. 668)

---

① 类似的例子有:"动词"是名词。这里的"动词"是指这个词本身,不是其指称对象,如"去"。

② 这就是说,"that"既可以指前面这句话的内容,也可以指说出这句话的行为。这就像把"That's a lie"译成汉语"撒谎"。它的意思可以是前面这句话的内容是假的,是谎话;也可以是说出这句话的行为是说假话,是撒谎。

③ 这段论述有问题。莱昂斯没有明确界定什么是纯粹语篇指别,什么是不纯语篇指别。他(1977:443)把命题、说话行为等处于时间、空间之外的抽象实体称为第三级实体(third-order entities)。第一级实体(first-order entities)是指存在于一定时间、空间的有形实体,如、人、动物、事物。第二级实体(second-order entities)是指事件、过程、状态等很难说其存在,但可以说其发生的实体。他在668页说例(13)"that"指称的就是第三级实体,似乎是把对第三级实体的指称叫做不纯指别。如果是这样,例(12)中"this sentence"所起的作用也不是纯粹语篇指别。当我们说"this sentence"指称这句话本身时,我们不仅指这句话的语言形式,而且包括这句话所表达的命题。否则我们无法判断这句话的真伪。(这是其逻辑悖论的根源。而"'动词'是名词"这样的句子就不会导致悖论。)在1995的书里(p. 307),他给纯粹指别、不纯指别下过一个定义。前者是指其意义完全可以由指别概念说明的词所起的作用,如"I, you, this, that, here, there"。后者是包含其他意义成分的,如"he, she, it",它们还分别包含"男性"、"女性"、"中性"等意义。这种区分看来不适用于语篇指别。因为按上述定义"it"的作用应是不纯指别,但莱昂斯分明把它在例(11)中的作用归属纯粹语篇指别。

1981年,莱昂斯在《语言与语言学》中提出"指别跟指称有重合之处。它跟指称一样,也跟使用场合有关。但是,指别一方面比指称泛,另一方面又比指称窄。指称可以是**指别的**或非指别的,指别不一定涉及指称。①指别的……基本特征是,它根据话语的使用时间、地点、说话人、听话人的身份,实际情景中的物体和事件决定话语的结构及解释"(p. 170)。

1995年,他发表了《语言语义学》,把指别看作一种特殊的指称(p. 293)。其中有一节题为"直指性与指别"(indexicality and deixis),认为这两者虽然词源不同,用法却没有什么差别。它们都跟身势指称(gestural reference)有关。"deixis"在希腊语是"指点"、"展示"的意思,拉丁语的"index"是用于指物的手指(食指)的名称。

2.3 话语指别还是照应?

英国语用学家莱文森在其《语用学》一书中有专章讨论指别问题。他基本上同意莱昂斯的观点,认为指别主要涉及语言与语境的关系(p. 54)。缺乏有关语境知识,有些话语是很难理解的。假设我们在大海里捞到一个瓶子,里面有一张纸条写着:

(14) Meet me here a week from now with a stick about this big.

我们不知道到底要等谁,也不知道见面的时间、地点、手杖的长度。这就是说,"me, here, now, this"这些词的意义(即所指)依语境变化而变化。

莱文森采用菲尔默(Charles Fillmore)的术语,区分两种指别用法:身势性(gestural)和象征性(symbolic)。他还把指称词语的非指别用法分为两类:非照应性(non-anaphoric)② 和照应性。

然后,他以人称指别(person deixis)、时间指别(time deixis)、方位指别(place deixis)、话语指别(discourse deixis)、社会指别(social

---

① 非指别的指称就是照应。但是指别在什么情况下不涉及指称,他没有详说。
② 这种既非指别又非照应的用法,包括下列句子中的"you, now, that"等:
    (1) *You* can never tell what sex they are nowadays.
    (2) *Now*, that is not what I said.
    (3) Oh, I did this and *that*.
    这只是一种个别现象,没有普遍意义。

deixis)为题,分别进行了讨论。①前三类是比较熟悉的用法,大家一般没有什么异议。后两类包含什么内容,特别是话语指别到底指什么,人们分歧较大。

莱文森的话语指别本意就是莱昂斯的语篇指别,但实际上这两者不完全一致。莱文森的话语指别涉及运用指称词语来指称话语中的某些部分这一现象,如下列例句中的"this, that"。②

(15) I bet you haven't heard this story.

(16) That was the funniest story I've ever heard. (p. 85)

他把记号自指性明确称为话语指别的一个特例——句内话语指别(intra-sentential discourse deixis)。他也提到了莱昂斯讲过的例(13),但是他的理解有误。他说这个"that"不是照应性的,除非它跟前一位说话人的话语同指,即指称那句话的命题或真值。它也不是指别性的,因为它指的不是那句话本身,而是那句话所表达的陈述(p. 87)。③他沿用莱昂斯的术语,把这个"that"所起的作用称为不纯语篇指别,但同样没有解释纯粹语篇指别与不纯语篇指别的区别。

而且,莱文森(p. 87)认为话语指别还包括"but, therefore, in conclusion, to the contrary, still, however"这样一些表明一句话与其前后话语关系的词语的用法。

美国语用学家格林(Georgia Green)对例(15)、例(16)中的"this, that"有不同的解释。她在《语用学与自然语言理解》中指出,例(17)中的"this"如果指的是一张从月球拍摄的地球的照片,它是指别性的;如果指的是一段证明地球是圆的论述,那就是照应性的

---

① 我在拙作《语用学——理论及应用》(英文)也采用了他这种分类。但这种分法不能穷尽指称词语的用法。我在一个脚注中指出,似乎还应该有"thing deixis",以涵盖下列句子中"this, that"的用法。

Have you seen *this* report on smoking?

Have you seen *that* report on smoking?

② 莱昂斯没有明确说过这样的用法是否属于语篇指别。

③ 国内有些作者把这个"that"的指称对象只说成是前一位说话人的言语行为,误解就更大了。

(p. 24)。①这就是说,那段论述有一个指称对象,这个"this"指的也是这个对象,它们同指。

(17) This proves that Columbus was right.

她在下文(p. 25)进一步提出"但是,'this'、'that'的大多数用法可能都是照应性的,表明它们的指称对象是上文已经提到过的,如,例(18)。"

(18) Columbus reached the New World in 1492, but this/that did not convince anyone that the earth was round.

她跟莱昂斯一样,强调代词起照应作用时,指称的不是其先行词本身,而是其先行词所指称的外部世界的物体(p. 27)。她认为除了代词以外,还有许多其他词语具有照应功能,如(19)中的名词短语"the man",②(20)、(21)中的代谓词(pro-predicate) "as, so"。

(19) Philip stopped by yesterday. The man can't seem to keep from fooling around with other people's wives.

(20) Sandy was afraid of the dark, as was Dana.

(21) James got hot lunch at school, and so will his brother.

令人感兴趣的是格林也谈到了莱文森提到的连词、副词。她认为"thus, therefore, nonetheless, notwithstanding"这些词尽管不是代词那样的指称词语,但它们常常隐含对上文提到过的实体的指称(p. 30)。例如,(22)、(23)中的"therefore, thus"等同于"for that reason, for those reasons";它们引进了一些结论,因此间接地提到了上文陈述的理由。

(22) Therefore Socrates is mortal.

(23) Thus, under this plan, the rich will get richer and the poor

---

① 她还区分一种转指用法(meta-phoric),例如,下例中的"this"指的是由一张具体的报纸代表的该报纸的出版公司。

An Australian publisher bought this for $5 million.

这种由某指称对象引发的对另一对象的指称与本章无关,我们将不再提及。

② 但是,名词短语有一点跟代词不一样。那就是,宾语从句的名词短语不能跟主句的另一个名词短语同指,如下句的"the man"跟"Philip"不同指:

Philip doubted that the man would be caught.

will get poorer.

下列句子中的"moreover, too"相当于"in addition to that":

(24) Moreover, they want you to be their representative.

(25) They want you to be their representative, too. (p. 31)

而且"and, but, or, yet"这些连词也是这样。

格林最后谈到了省略结构。她认为下列零形式也是一种照应手段。它们的指称对象跟上下文出现过的指称词语的一样。

(26) John wants Ø to be president.

(27) If Dana volunteers, Jan will Ø.

(28) Kim bought potatoes and Dana Ø beans.

(29) Sandy picked Ø, Dana washed Ø, and Kim pickled the tomatoes. (p. 32)

2.4 指别——相对指称

从上述讨论,我们可以看出,指别与指称有密切的联系。两者都涉及语言单位与语言外实体的关系。所不同的是指别涉及的指称对象随语境①而变。在这个意义上,我们可以如本章开始时所说,把指别叫做特殊的指称——依赖语境的指称,或称"相对指称"。语用学的研究对象可以通俗地概括为语境意义。而指别正是由于其对语境的依赖,才成为语用学研究者最早注意到的一个课题。这种对语境的依赖,这种相对性指称还决定了指称词语中只有一部分能起指别的作用,主要是人称代词、指示代词、指示副词等。专有名词、有定名词短语等的指称对象一般不会随语境而变,所以它们不起指别的作用。

然而,指别却不能因此归纳为代词、指示词的使用问题。这些词还有其他功能,如照应功能。有人认为第一人称代词、第二人称代词

---

① 这个语境一般认为主要包括说话人、听话人、说话时间、说话地点等。我们认为其中的说话人因素有必要细分。它不仅包括说话人身份、地位、职业等较固定的方面,而且包括说话人说话时的精神状态、情绪、对有关人/物的认识、好恶等临时变数。否则,我们就没法解释 24 页注①提到的下列两句为何能指称同一物体:

(1) Have you seen *this* report on smoking?

(2) Have you seen *that* report on smoking?

只有指别功能,没有照应功能;第三人称代词则只有照应功能,没有指别功能。这种说法失之偏颇。虽然,英语"I, you"这样的代词主要起指别作用;但是,例(30)中的"we",(31)中的第二个"you"至少有一部分照应功能。在某种意义上,(32)中的"I"也有部分照应功能,试比较(33)。

(30) Mary and I are good friends. We have been classmates for years.
(31) You and Tom are from the same university. You must have lots of stories to share.
(32) My name is John Smith. I'm a student of Chinese.
(33) His name is John Smith. He's a student of Chinese.

反过来,第三人称代词也不是完全不能用于指别功能。莱昂斯(1977:671-2)引用别人的例子说,假如一个孩子走向关狮子的笼子,企图去摸摸这只"大猫",动物园管理员完全可以说(34),用"he"指称狮子。这里的"he"起的就是指别功能。他在664页还说(35)中的"he"起的是纯粹指别功能。

(34) Be careful, he might bite you.
(35) For heaven's sake, he's grown a beard.

大概就是出于这个原因,虽然罗素、巴尔-希勒尔等哲学家以具体词语(如 indexical expressions)命名他们的有关研究,后来的语言学家却都把这项研究称为"deixis",即对某些词语的指别功能的研究。

当然,指别功能与照应功能很难截然分清楚,特别是涉及话语指别时。在这一点上,笔者倾向于同意格林的看法,主张把莱文森所谓的大部分话语指别看作照应。①熟悉韩礼德理论的人一眼就能看出,莱文森的话语指别很像韩氏衔接理论(cohesion)。尽管,如21页注②指出,韩礼德有时混淆语言内、语言外指称,他也曾明确说过人称代词、指示代词用于回指时涉及同指关系(1994:316)。他的衔接手段"reference"因此被胡壮麟等(1989:151)译作"照应"。

---

① 即除了例(11)的"it"和"'动词'是名词"中的"动词"之类以外。

第三章 言语行为理论

言语行为理论(speech act theory)是第一个完整的重要语用学理论。其创始人奥斯汀是英国牛津大学哲学教授,后继者塞尔(John Searle)是前者的学生,在美国加利福尼亚大学伯克利分校执教。从1952年开始,奥斯汀在牛津讲授题为"言与行"(Words and Deeds)的课程。1955年,他被邀请到哈佛作讲座,把讲稿题目改成了"怎样用词做事"(How to Do Things with Words)。①这是他的思想第一次被美国公众了解,但立刻受到普遍关注。这一思想迅速冲出哲学界,成为语言学,特别是语用学的重要研究内容。1969年,塞尔以其1959年的博士论文为基础,出版了《言语行为——一篇语言哲学论文》(以下简称《言语行为》)一书,从此"言语行为理论"成了该理论的正式名称。②

3.1 言语行为理论的渊源

言语行为理论刚面世的时候,给人们的冲击很大。大家感觉,这是一个全新的理论,历史上从来没有人提出过类似的思想。奥斯汀在他的文章或讲演中也从没提到过,他曾受到哪位先哲的启发,似乎他的理论完全是他独立思考的结果。这可能是事实,他可能确实没有受到某个人的特别影响。但同样不容否认的是,任何一个人的思想都不能脱离当时的学术氛围,而当时的学术氛围都是前人研究的继续和发展。奥斯汀是一位独创性很强的作者,他的思想有很大

---

① 有人将奥斯汀身后出版的同名书译作《论言有所为》,我们认为不妥。从风格上讲,该译名与原作不一致。译名很雅,属书面文体、正式文体;原作是讲演稿,属口语文体、非正式文体。虽然奥斯汀是个古典学者,讲稿中时不时有些生僻词语,但他的总的文体是通俗的、随意的。他把讲稿名称从"Words and Deeds"改成"How to Do Things with Words",其中一个原因恐怕就是要随意一些。

② 在奥斯汀的《怎样用词做事》中,"speech act"这个说法只出现不到十次。

部分是创新的。尽管如此,我们认为其渊源也是明显的。

从最泛的角度看,言语行为理论讨论的是言与行、说话与做事的关系,而这个话题是人们经常谈论的。虽然比较通行的看法,认为两者是对立的,但把两者看成是一回事的观点,并不是从来没有人提出过。一个较近的例子是伦敦大学的波兰裔人类学家马林诺夫斯基(Bronislaw Malinowski)。他在1923年强调,"语言的原始功能是作为一种行动方式,而不是思想的对应物。"(Malinowski 1923:296)语言在最初的时候"从来没有仅仅被用做反射思想的镜子",这是"语言的一种很牵强的派生的功能"。"在最初的使用中,语言作为人类行为,是连接人类一致行动的纽带。它是一种行动方式,而不是思考的工具。"(同上:313)马林诺夫斯基还为只有社会功能、不传递思想的语言交际,自撰了一个词语——"phatic communion"。这在当时是很有影响的一种观点,我们有理由相信奥斯汀对此至少是有所耳闻的,如果不是完全了解的话。事实上,奥斯汀曾说过一句话,与上述马林诺夫斯基的观点很接近。他反对把语言的功能只说成是"描述",并把这种意见称为"描述性偏见"(descriptive fallacy)。他认为:"即使一部分语言现在是纯粹描述性的,语言也不是历来如此的,而且很大一部分语言现在仍然不是描述性的。"(Austin 1979 [1961]:103)他后来所谓的"施为句"(performative)就属于这样一部分语言。它们的作用不是"描述"行为,而是"实施"行为。

从哲学界内部来看,奥斯汀思想的渊源就更清楚了。奥斯汀属于日常语言哲学派(ordinary language philosophy),是20世纪最重要的哲学派别——分析哲学(analytic philosophy)的一个分支。分析哲学的另一个重要分支是逻辑实证主义(logical positivism)。这两个分支都相信很多哲学问题实际上是语言问题,只要对语言有一个正确的分析,哲学问题就会迎刃而解。但两者之间的分歧也是很明显的。其中一个主要表现是对自然语言的看法。逻辑实证主义者认为自然语言是模糊不清的,不能准确表达哲学命题,因此需要批判自然语言,并以数理逻辑为手段,建立理想的、精确的人工语言。他们强调用逻辑方法分析语言的形式,或者说,分析语言的逻辑形式。①日常语言派则认为,自然语言本身是完善的。概念的模糊不清,原因不在语言,而在于对日常使用的自然语言缺乏正确的分析。因此,他们特别重视对自然语言的日常用法进行认真、仔细的分析。在这方面,奥斯汀比其他任何人都要突出,以致有人认为他与其说是哲学家,不如说是语言学家。

第二个分歧是对意义的看法。哲学家、逻辑学家历来关心的一个问题是句子的真值问题。逻辑实证主义者继承并发展了这一传统,认为一个句子只有能被证明是真的还是假的,才是有意义的,才值得研究。而且,他们根据真值条件来定义意义。日常语言哲学家则持不同的看法。例如,后期维特根斯坦(Ludwig Wittgenstein)认为,"一个词的意义就是它在语言中的使用。"(Wittgenstein 1953:31)斯特劳森(Peter Strawson)主张把句子和句子的使用区分开来。在他看来,一个抽象的句子是谈不上真假的,只有实际使用中的句子才有真假。奥斯汀的理论是对逻辑实证主义者只研究有真假的句子的反动。他认为很多句子是没有真假的,它们照样有意义,照样值得研究。这是他的施为句理论的起点。

3.2 施为句

上世纪30年代末期,奥斯汀跟普里查德(H. A. Prichard)讨论了"许诺"(promising)问题。他开始思考为什么"I promise"这样的句子,看起来跟"I play cricket"一样,是在谈论自己,实际却是在做事。当一个人说了"I promise",他实际上就完成了"许诺"这样一种行为。

1946年,奥斯汀参加了一个关于"他人的心"(other minds)的专题讨论会。剑桥哲学家威斯顿(John Wisdom)曾就这个题目写过八篇文章,讨论我们怎么知道别人在想什么。"知道"(know)这个词的含义到底是什么?他在这个讨论会上作了主题发言。奥斯汀在自己的主题发言中说,他同意威斯顿的大部分主要观点,但想就几个次要问题谈点看法。其中一个问题是,威斯顿在他的第七篇文章中提出,

---

① 第二章提到,罗素曾提议把"I met a man"分析成"I met x, and x is human"。这种分析法被看作逻辑分析的典范。

一个人关于自己的感觉的知识是一种特殊情况。在不涉及预测时，如果一个人感觉痛，并说他痛，那他就不可能错。威斯顿把这种关于自己的感觉的句子，即"I'm in pain"这样的句子，称作"感觉叙述句"（sense-statements）。他说这种句子的特点是，"当它们是正确的时候，而且由 X 说出来的时候，X 知道它们是正确的"（转引自 Austin 1979［1961］：90）。

奥斯汀认为"感觉叙述句"并不特殊。在不涉及预测，只讲对当前状态的判断时，应用非感觉叙述句的人也可以不错。如果一个人在说"This is a (real) oasis"时，已证实了自己的判断，比如，在这个地方找到了水，那他也不会错。

感觉叙述句的一个更主要的问题是，我们不可能对自己的感觉十分肯定。比如味觉，你可能感觉你尝到的是一种很难描述的味道。即使是像视觉那样我们比较有把握的感官，我们也有拿不准的时候。比如，到底什么是品红（magenta），怎么跟木槿紫（mauve）、浅紫色（heliotrope）区分？

那么"If I know, I can't be wrong"这个说法到底是什么含义呢？奥斯汀认为，它的意思是"你不能说'我知道是这么回事，但我可能弄错了'，就像你不能说'我许诺我将做这件事，但我可能做不了'一样。如果你意识到你可能弄错了，你就不应该说你知道，就像如果你意识到你可能食言，你就没有权力许诺"（Austin 1979［1961］：98）。"当我说'我知道'时，我**向别人承诺：我授予别人权力去说**，'S 是 P'"（同上：99）。这就是说，"I know"跟"I promise"是一样的。"If I promise I will, I can't fail"的意思是：我承诺做这件事，你有权力期待、指望、甚至要求我这样做。"If I know that S is P, I can't be wrong"的意思是：我保证"S 是 P"这个命题的正确性，你有权力相信，你甚至可以因为我的权威，说你自己也知道是这么回事。

奥斯汀把"I promise, I know"这样的词语叫做"程式用语"（ritual phrases）。①在合适的条件下，说出这些程式用语，就是实施某种行为。例如，当你未婚、或丧偶，跟一个未婚、或丧偶的女人一起，在没

---

① 但是，"I promise"跟"I know"显然并不完全一样，这一点我们下文再详谈。

有违反任何禁忌①的情况下,面对神甫说"I do"时,你就跟这个女人结成了夫妇。②当你拥有某样东西时说"I give",你就把这东西给了别人。当你有权力发号施令时说"I order",你就发出了一个命令。(同上:102)

在《怎样用词做事》中,这些"程式用语"被改称为"施为句"(performatives)。奥斯汀当时对它们的概括是:

A. 它们不"描述"或"报道"或断言任何东西,不存在"真假";

B. 说出这样的一句话,就是实施一种行为,或实施一种行为的一部分。这种行为**一般**也不会被描述成说话,或"只是"说话。(Austin 1975 [1962]: 5)

除了上文提到过的"I do",奥斯汀用了下列三个例子:

(1) I name this ship the *Queen Elizabeth*.

(2) I give and bequeath my watch to my brother.

(3) I bet you sixpence it will rain tomorrow.

与此相对,那些有真假的、起描述作用的句子,奥斯汀称为"叙事句"(constatives)。③

然后,奥斯汀进一步探讨了施为句与叙事句的具体区别。他强调施为句虽然没有真假,但仍有一些条件需要满足,否则就不能起到实施行为的作用。这些合适条件(felicity condition)包括:合适的程序、人员、场合以及有关人员的相应思想状态(同上:14-15)。如果

---

① "没有违反任何禁忌"的原文是"and not within the prohibited degrees of relationship",奥斯汀没有解释其具体含义。他曾强调不能重婚,但这一点已包括在"未婚、丧偶"中。而如果是指近亲,或身患不宜结婚的疾病者,则似乎强调得过分了。

② 奥斯汀把这句话弄错了,实际应该是"I will"。他在《怎样用词做事》中用的也是"I do",该书编者在注释中说"奥斯汀没有及时意识到婚礼上不用'I do'这个说法,以致没来得及改正这个错误"(Austin 1975 [1962]: 5 n2)。英国语用学家莱文森(Stephen Levinson)在他的《语用学》一书中改用了"I will"(Levinson 1983:230)。但是国内有些作者没认识到这一点,照样不加说明地使用"I do"这个例子。

③ 奥斯汀指出,不是每一个有真假的句子都是描述性的,因此,他宁愿用"constative"这个词,而不用"descriptive"(Austin 1975 [1962]: 3)。在这个意义上,"constative"应该译作"断言句"。但是,这容易跟"assertion"相混。所以,我们尽管把动词"constate"译作"断言",名词"constative"还是译作"叙事句"。

没有合适的程序,只是例(1)这么一句话是不能为船只命名的。如果(1)不是由指定的合适人员说出,它也不会奏效。即使人员合适,场合不对也不行。当英国女王在家里练习例(1)时,这句话不会具有它应有的效应。对有的施为行为,有关人员的相应思想状态也至关重要。一个实施许诺行为的人必须准备兑现自己的诺言。

但是,他很快发现这些条件并不像他希望的那样管用。它们只在部分情况下管用,只适用于部分施为句。①例如,实施许诺行为的施为句不需要固定的程序,说话人可以用"I promise"或者"I give my word",甚至可以只是简单叙述要实施的行为,如"I'll come at nine o'clock"。另一方面,所谓叙事句也有合适问题。在法国现时政治体制下,"The present King of France is bald"这句话是不合适的;就像一个人没有桑索维诺(Sansovino)② 的作品,却说"I bequeath you my Sansovino"一样。实施许诺行为的人需要有相应的意图,同样,断言某种状态的人也必须有相应的信念。没有人能说"The cat is on the mat, but I don't believe it"。

他注意到很多施为句采用第一人称单数主语、现在时制、直陈语气、主动语态。这能不能成为施为句的标志呢?他的结论是,同样不行。主语可以是第一人称复数,第二人称,甚至第三人称;被动语态,祈使语气,过去时制也都可以用。③例如,

(4) We promise to clean the room afterwards.

(5) You are hereby authorized to pay for the purchase.

(6) Passengers are warned to cross the track by the bridge only.

(7) Notice is hereby given that trespassers will be prosecuted.

---

① 实际上,即使在那些需要固定程序的事件中,其严格性也是可以打折扣的。例如,史密斯(Neil Smith 1989: 75-76)注意到乔治·艾略特在她的小说《织工马南》中描写了一个神甫,在为人举行结婚仪式时说"Wilt thou have this man to thy wedded wife?",而婚礼照样有效。《水浒传》里鲁智深在被剃度为僧时,没有按规定回答"能",而说了"酒家记得",剃度也照样有效。

② 桑索维诺(1467-1529),意大利建筑师、雕塑家。

③ 在这一点上,"Thank you"大概可以算一个比较典型的例子。从形式上看,它像祈使句,没有主语;但说了这两个词,说话人就向听话人表达了一种谢意,完成了一种致谢行为,尽管人们会开玩笑地说"你不能光用嘴谢我"。

(8) Turn right.
(9) You did it. （陪审团做出裁定时说的话）

因此，到了《怎样用词做事》的第七、第八章，奥斯汀说"看来，施为句与叙事句并不是总能轻松地区分开的"（同上：94），"应该重新开始讨论这个问题"（同上：91）。事实上，奥斯汀在作哈佛讲座时对施为句/叙事句区分的态度跟早年时已不一样了。他已不再认为这是一个有价值的区分。该讲座第一讲的第一个小节题为"施为句的初步分离"，他注明"这里所讲的一切都是临时性的，都可能在后来的讨论中修正"（同上：4 n1）。①这就是说，到了1955年，甚至在这之前，奥斯汀的兴趣已不再局限于特殊的施为句。他这时候对施为句的讨论只是为了提出一个新的适用面更广的理论——"行事行为理论"（the theory of illocutionary acts）。

3.3 行事行为理论

随着研究的深入，奥斯汀意识到在某种意义上，每个句子都可以用来实施行为，不是只有施为句才有这种功能。就连像"state"这样典型的描述性、叙事性动词都可以用来实施行为。当一个人说"I state that I'm alone responsible for it"，他就发表了一个声明，承担了一种责任。这是什么原因呢？为什么每个句子都可以用来实施行为呢？

奥斯汀认为，这是因为当一个人说话时，他实际上同时完成了三种行为。第一种行为是通常意义上的行为：移动发音器官，发出语音，并按规则将它们排列成合格的词、句子。这种发出语音，说出带意义的语词、语句的行为，奥斯汀称为"说话行为"（locutionary act）。这种行为不是奥斯汀的新发现，语言学家历来研究的就是这种行为。

奥斯汀要强调的是，"我们可以说，实施一个说话行为，一般也是，而且**本身**就是，实施一个（我所谓的）**行事行为**。例如，在实施一个说话行为时，我们也在实施下列行为：提出或回答一个问题，提供一种信息、保证或警告，宣告一个裁定或意图，公布一个判决或任命，

---

① 1958年，奥斯汀参加了一个主要是英法人员出席的研讨会，他在发言第一段的最后一句话明确问道："我们应该接受施为句/叙事句这个区分吗？"（Austin 1971: 13）

提出一项申诉或批评,作出一种辨认或描述,以及其他各种类似的行为"(同上:98-99)。

这第二种行为是表明说话人意图的行为,表明说话人为什么要这么说,或者说,它表达的是说话人的意义。奥斯汀把这种意义叫做"行事语力"(illocutionary force),简称"语力"。①他同时相应地把"意义"(meaning)一词的含义缩小为弗雷格所谓的"涵义"(sense)和"指称"(reference)。作为语言抽象单位的词和句子,只有相对固定的涵义和指称。当说话人实际使用这些词和句子的时候,他会对这些涵义和指称作一些调整,以适应自己的需要,也就是说,他要表达自己的说话人意义。

第三种行为奥斯汀称为"取效行为"(perlocutionary act),涉及一句话的事后效应。

假设,A 君对 B 君说"Morning!"其说话行为是 A 君说了一个英语词,或称一句话。该词本意指早晨到中午这段时间,A 君在此意欲通过使用该词,向 B 君传递问候。这是行事行为。如果两人关系正常,这句话的效应不会很明显,他们只是一如既往而已。如果这之前两人有过摩擦,那么 A 君这句话有可能导致关系好转。但如果 B 君对 A 君成见较深,他可能不接受 A 君的友好表示,而把这看成是虚伪,结果两人的裂隙反而会加深。尽管这违背了 A 君的原意,这种结果仍是 A 的一个取效行为。行事行为跟说话人的意图有关系,取效行为却跟说话人的意图无关。它只指一句话导致的结果,不管这是什么。

奥斯汀承认行事行为不是一个"清楚界定的类别"(同上:99)。而且,"行事语力"可以被看作"meaning"的一部分。当 A 君对 B 君说"Morning!"时,我们可以说"A meant it as a greeting"。"但是",奥斯汀强调,"我希望把**语力**跟意义区别开来(意义只等于涵义和指称),就像把涵义跟指称区别开来现在已成为不可或缺一样"(同上:

---

① 这个术语也可以译成更符合汉语习惯的"言外之意",但"illocutionary act"却不能译成"言外行为",其中的"il-"是"in, within"的意思,不是"not"的意思。详细论证参见附录二。

100)。

奥斯汀的理论第一次在西方学术界把言外之意正式提上了议事日程,在各方人士中引起了热烈反应,许多人就此展开了讨论。其中关于说话行为跟行事行为之间的区分,争论尤其激烈。科恩(Jonathan Cohen)完全反对这一区分。他认为行事语力这个概念是空的(Cohen 1971 [1964]: 580)。说话行为跟行事行为,或者说意义跟语力,是很难分清楚的。在"Is it raining?""I ask whether it is raining"这样的句子中,说话行为跟行事行为是一样的,也就是说,意义跟语力是一样的,都是"询问是否在下雨"(同上: 585)。

奥斯汀曾在《怎样用词做事》中提到,除了施为动词(performative verb)以外,其他表达式也能清楚表明行事语力。例如,同样是"shut it"这句话,因为其他词语的不同,会具有不同的语力。

(10) "Shut it, do"相当于"I order you to shut it"。

(11) "Shut it—I should"相当于"I advise you to shut it"。

(12) "Shut it, if you like"相当于"I permit you to shut it"。

(13) "Very well then, shut it"相当于"I consent to your shutting it"。

(14) "Shut it if you dare"相当于"I dare you to shut it"。(Austin 1975 [1962]: 73)

科恩不同意奥斯汀的这种分析法。他觉得,"奥斯汀似乎认为这些词语只是澄清了行事语力,而不澄清意义。根据这种意见,'It must have rained, because the streets are wet'跟'It must have rained, therefore the streets are wet'这样的句子之间就没有任何意义差别了。但是,大多数普通的英语说话人,更不用说语言学家和翻译人员了,听说这样的句子意义相同,一定会十分惊讶"(Cohen 1971 [1964]: 585)。

科恩所用的"意义"跟奥斯汀显然是不一样的。他用"意义"包括奥斯汀的语力,因此,在他看来,语力差别也是意义差别。但是,我们认为奥斯汀的区分是有道理的。英语词"mean"和"meaning"的日常含义很泛。如果有人对你说"You are a fool",你很可能反问"What do you mean?"你不明白的不是"fool"的涵义和"you"的指称,你不明白的是说话人的意图,说话人为什么要这么说?另一方面,你也可能非常清楚说话人的意图,你的"What do you mean?"并不表示字面意义。你说这句话的意图是表示:你不同意对方的意见。这个例子充分说明,意义(包括涵义和指称)是可以跟语力分开的。即使在科恩的例子"Is it raining?""I ask whether it is raining"中,我们认为也有语力差别。它们的意义,如科恩所说,是"询问是否在下雨",它们的语力却可以随说话人的意图而变。"Is it raining?"可以是"询问现在能不能出去","是不是要拿伞"。更不用说,它还可以是反问:对别人的看法提出质疑。而"I ask whether it is raining",则可以是追问,可以用于别人不回答"Is it raining?"时,以表示不满。当奥斯汀说我们实施说话行为的同时也实施了"提问"等行事行为时,他的意思并不是说,用了疑问句,就是提问。疑问句可以用来实施多种行事行为,"Who knows?"就可以表示"I don't know"。反过来,提问这种行事行为,也可以通过多种句式实现,"I ask whether it is raining"就是一例。

因此,我们赞成斯特劳森的观点。"对奥斯汀的意义概念和说话行为概念尽管可以有各种疑问,就本文来说,关于它们跟行事语力概念的关系我们能够说下面的话,而且我认为我们能够清楚地说这些话,这就足够了。奥斯汀设想,一句(严肃的)话语的意义对它可能具有的语力总是有限制的。有时候,如,当人们用'我道歉'这样的明确施为程式(explicit performative formula)时,一句话的意义可能包含了它的全部语力。这就是说,除了意义以外,可能没有剩下什么语力。但是,很多时候,意义虽然限制语力,却不会穷尽语力。同样,有时候,我们知道了所实施的说话行为后,对一句话的行事语力就没有更多的要说了。但是,很多时候,除了知道所实施的说话行为外,对一句话的行事行为还会有很多需要知道的"(Strawson 1971 [1964]: 23-24)。

尽管说话行为跟行事行为,或者说意义跟语力,有时候是一样的,但这并不能证明这两者是完全一样的东西,因为它们还有很多时候是不一样的。当我们说"morning"的本意是"早晨到中午"这段时间,而人们能用它表示"问候"时,有人可能会想,这难道不是"morning"的正常用法吗？不可否认,用"morning"表示"问候"已在很大程度上成了常规；①但也不要忘记,在合适的场合,"morning"也可以表示"再见"。科恩(1971［1964］:589)自己就提到"I wish you good afternoon"可以表示"你可以走了"。只是他认为这也是"I wish you good afternoon"的意义的一部分。而奥斯汀认为,把意义分成比较固定的一种,和随语境而变的一种,可能更有利于研究。我们感觉奥斯汀的看法是可取的,尽管这两者不是任何情况下都能分得很清楚的。打个比方,意义跟语力,说话行为跟行事行为,就像词素跟词这两个语言单位,虽然很多词素本身就是词,却不能因此证明两者是一个单位,没有必要区分。

塞尔也认为说话行为跟行事行为不好区分,但他的解决办法是用其他术语来代替"说话行为"。奥斯汀(Austin 1975［1962］:95)曾经把说话行为分成三个小的行为:发音行为(phonetic act),措辞行为(phatic act),表意行为(rhetic act)。他举例说"He said 'Get out'"报道的是"措辞行为","He told me to get out"报道的是"表意行为"。"He said 'Is it in Oxford or Cambridge?'"报道的是"措辞行为",而"He asked whether it was in Oxford or Cambridge"报道的是"表意行为"。塞尔觉得报道表意行为时所用的动词,如"tell (somebody to do something)","ask (whether)",也是行事行为动词(illocutionary verb),尽管比较概括,不那么具体(Searle 1971［1968］:266)。这就是说,行事行为跟表意行为是重合的。塞尔猜想在区分说话行为跟行事行为时,"奥斯汀想到的可能是行事行为的内容,或者是某些哲学家所谓的'命题',跟行事行为的语力或类别之间的区分"(同上:272)。因此,他提议用"命题行为"来代替"表意行为",保留"发音行为"、"措辞行为",取消"说话行为"。这样一来,原来的说话行为跟行事行为之间的二分现在成了发音行为、措辞行为、命题行为跟行事行为之间的四分(同上:275)。

关于命题行为,塞尔在1965年写的"什么是言语行为?"中就有所考虑。他列举了下述句子:

---

① 关于常规用法,我们在讲到"间接言语行为"时,还要提及。

(15) Will John leave the room?

(16) John will leave the room.

(17) John, leave the room!

(18) Would that John left the room.

(19) If John will leave the room, I will leave also.

然后说,"第一句话常常是个提问;第二句是关于将来的断言,也就是说,是预测;第三句是要求,或命令;第四句表达的是希望;第五句表达了一个假设性意图。但是说话人在实施上述行为时常常还实施了某种附带行为,它是这五种行事行为所共同含有的。在说上面这几句话时,说话人**指称**了一个人——约翰,**陈述**了一种行为——那个人离开房间。这种指称和陈述当然不是说话人所做的一切,但每一次都是他所做的一部分。因此,我认为,虽然上述行事行为是各不一样的,但至少指称和陈述这个非行事行为是一样的"。这共同的指称和陈述行为,他建议称为"行事行为的命题内容"(Searle 1971 [1965]:618)。

在他1969年的《言语行为》中,塞尔把例句改动了一下:

(20) Sam smokes habitually.

(21) Does Sam smoke habitually?

(22) Sam, smoke habitually!

(23) Would that Sam smoked habitually. (Searle 1969:22)

他的评述也有所改动。"因此,我们可以说,这四句话的指称和陈述是一样的,虽然这些同样的指称和陈述是各自不一样的完整言语行为的一部分。这样,我们就把指称和陈述的概念跟断言、疑问、命令等完整的言语行为概念脱离开了。这种分离的合理性来自一个事实:同样的指称和陈述可以发生在不同的完整言语行为中。""说话人在说出上述四句话时,常常至少实施了三种不同的行为。(a)说出词语(词素、句子);(b)指称和陈述;(c)声明、疑问、命令、许诺,等等"(同上:23)。

他把这些行为叫做:

(a) 说出词语(词素、句子) = 实施**发话行为**(utterance acts)。

(b) 指称和陈述 = 实施**命题行为**(propositional acts)。

(c) 声明、疑问、命令、许诺等等 = 实施**行事行为**(illocutionary acts)。(同上:24)

这就是说,塞尔实际上是把奥斯汀的"说话行为"分成了"发话行为"和"命题行为"。这样做的好处是,例(24)可以跟(20)区分开来,它们的发话行为是不一样的,尽管它们的命题行为和行事行为都是一样的。

(24) Mr Samuel Martin is a regular smoker of tabacco. (同上)

但是,如果我们的重点是要突出行事行为,那么发话行为跟命题行为之间的区分就显得无足轻重,可有可无。我们认为,塞尔的论证只从一个侧面说明"行事行为"是可以跟"说话行为"分开的,尽管他没用"说话行为"(locutionary act)这个名称,尽管他把说话行为的意义更狭义地界定为"命题"。

塞尔在重新命名"发话行为"等行为以后,有一段话很清楚地说明了这些不同行为之间的关系。我们认为这段话同样适用于说话行为跟行事行为之间的关系。"当然,我不是说,说话人同时做这些不同的事情,就像一个人同时抽烟、读书、挠头一样。我的意思是,在实施行事行为时,一个人常常实施了命题行为和发话行为。发话行为、命题行为跟行事行为的关系,也不应被看作买票、上车跟坐火车旅行之间的关系。它们不是手段跟目的之间的关系。发话行为跟命题行为、行事行为之间的关系,[①]应该像在选票上打叉跟选举之间的关系"(同上)。这个比喻很形象地说明说话行为跟行事行为是同一种行为——在选票上打叉。只是看问题的角度不同,着眼点不同,才分

[①] 这句话给人的印象是,塞尔把发话行为作为一方,命题行为和行事行为作为另一方。这跟塞尔对命题行为的定义有关。他认为"命题行为不能单独发生;也就是说,一个人不能只是指称和陈述,而不同时作出断言,提出疑问,或实施其他行事行为"(Searle 1969: 25)。但是,1979年塞尔在《表达式和意义》的"前言"(p. vii)中有个提法,叫"完全成熟的行事行为"(the full blown illocutionary act),它包括行事语力和命题内容两个方面。这样,他就把"命题行为"和"行事行为"合二为一了。虽然这从一个侧面说明,正如我们强调的,这两者有同一性;但同时,这也使该区分失去了意义。当科恩主张用"意义"涵盖"语力"时,塞尔走向了另一个极端——用"语力"来涵盖"意义",用"行事行为"来涵盖"说话行为"。这最终导致他把表达字面意义的行为也看成行事行为,这一点我们在讨论"间接言语行为"时再详细论证。

成两种行为。从该行为的本身看,我们把它叫做"打叉",即"说话行为";从该行为的目的看,我们把它叫做"选举",即"行事行为"。①

3.4 行事行为的分类

在说话行为、行事行为、取效行为三者中,奥斯汀的研究重心是行事行为,他的言语行为理论实际上就是行事行为理论。而行事行为到底有哪些类别是奥斯汀关心的一个重要话题。他在《怎样用词做事》一开始引进"I name this ship the *Queen Elizabeth*"等例句②时,就加注说"这样做不是没有意图的,这些都是'明确'施为句,而且是将被叫做'行使职权型'(exercitives)的那个重要的一类"(Austin 1975 [1962]: 5 n1)。③他用典型的施为句形式(即采用第一人称单数主语、现在时制、直陈语气、主动语态的句子)为测试框架,把英语动词放到其中,看看它具有什么行事语力,并以此为根据将行事行为分门别类。在《怎样用词做事》的最后一章,奥斯汀呈现了他的初步结果:行事行为有以下五个类型。

(a) 裁决型(Verdictives)

所谓"裁决"是指由陪审团、仲裁人、裁判等根据证据或推理对某些事件的性质做出裁决、判定、估量。如,陪审团宣告某人无罪时,他们就是根据他们听到的证据做出了一种裁决、判定。用于这一类型的英语动词包括"acquit, convict, find (as a matter of fact), hold (as a matter of law), interpret as"等。

(b) 行使职权型(Exercitives)

行使职权型涉及权力的使用。"这是一种决定——某事应该如此,而不是判断——某事是如此;是倡导——应该如此,而不是估计——是如此;是判决,而不是估量;是宣判,而不是裁定"(同上:155)。

---

① 英国语言学家利奇(Geoffrey Leech 1983:199)用足球赛做例子,解释奥斯汀的三种行为。他把说话行为比作踢球,行事行为比作进球,取效行为比作赢球。道理是一样的。

② 即3.2节所引例句(1)、(2)、(3)。

③ 这个说法不确切。"name, give"可以算典型的行使职权型动词,"bet"却不是,他在下文将其明确归为"承诺型"。至于"I do"(或者"I will"),恐怕也应该算"承诺型",如果"do"能算典型的施为动词的话。

重要的动词有"appoint, degrade, demote, dismiss, name"等。

(c) 承诺型(Commissives)

"承诺型的要点是使说话人承诺某种行为"(同上:157)。当一个人许诺时,他就承担了实施所许诺行为的义务。用于这一类型的动词有"promise, covenant, contract, undertake, bind myself"等。

(d) 表态行为型(Behabitives)

表态行为型跟社会行为有关,如对别人的行为、时运作出反应等。重要动词包括"apologize, thank, deplore, resent, welcome, challenge"等。

(e) 阐述型(Expositives)

"阐述型动词用于阐述性行为中,包括说明观点,展开论证,澄清用法和指称"(同上:161)。这样的动词有"affirm, deny, tell, ask, testify, agree, argue, conclude by, define"等。

奥斯汀自己对这个分类也不满意。"最后这两类我觉得尤其棘手,它们很可能是不清楚的,或交叉的,甚至可能需要一个全新的分类。我这些意见丝毫不能算最后意见。表态行为型比较棘手是因为它们似乎太杂乱无章。阐述型则是因为数量特别多,而且重要。它们似乎既能包括在其他类中,又有自己独特的地方,而我自己还不清楚到底是什么。很可能的情况是,所有这些问题在五个类型中都存在"(同上:152)。

奥斯汀的感觉应该说还是比较客观的。他对前三类比较有把握,是因为这些是比较常见的用语言做事的场合,最接近他最初提出的施为句。而后面这两类却很难概括剩下的所有行事行为,所以让人觉得杂乱。他以英语动词为例说明行事行为,也使人觉得不好接受。很多词都是多义词,同一个词会出现在不同的类型里。如,"understand, describe, analyse"既属"裁定型",又属"阐述型";"swear, agree"既属"承诺型",又属"阐述型";"favour"既属"承诺型",又属"表态行为型"。有的词用法稍有不同,归属不同的类,如"interpret as"在"裁定型"里,"interpret"在"阐述型"里;"mean to"在"承诺型"里,"mean"在"阐述型"里。另外,"interpose, doubt, know, believe, emphasize"这五个词被打上问号,放在了"阐述型"里,看来他有些犹豫。这涉及上文提到过的对"I know"句式的看法。奥斯汀曾经把它跟"I promise"归为一类,都可以用来做事。但是,两者的区别也是很明显的。一个人说了"I promise",就做出了一种许诺;说了"I know",却不等于就"知道"了。①他把"shall"作为主要动词,放在"承诺型"里,也被认为不合适。总之,这个分类主观随意性太强,缺乏比较可靠的可鉴定的标准。因此,接受的人不多。

塞尔在写作《言语行为》时,认为是否可以把行事行为分成几个基本类型是个很难回答的问题。其中一个原因是,"能够使我们有根据说某个行事行为属于这一类而不属于那一类的区分原则十分复杂"(Searle 1969:69)。两年以后,即 1971 年,他改变了看法。他在纽约布法罗市的暑期语言学班上做了题为"行事行为的分类"的讲演。②他认为行事行为可以在 12 个方面有区别。其中 4 个主要方面是:行事要点(the illocutionary point)、词语与世界的适切方向(the direction of fit between words and the world)、所表达的心理状态(the psychological state expressed)、命题内容(the propositional content)。

所谓行事要点是指说话人说一句话时的意图。"一个命令的要点或意图可以说是一种要听话人做某事的企图。一个描述的要点或意图是(真或假,正确或不正确地)再现某事的状态。一个许诺的要点或意图是说话人承担一种做某事的义务"(Searle 1979 [1975a]:2)。所谓适切方向是指先有事实,然后用词语去适合它,如"断言";还是先有词语,然后用行动去适合它,如"许诺"或"要求"。所谓心理状态是指说话人对所说命题内容的态度。"一个人声明、说明、断言、声称 P 时,表示他相信 P 是事实;一个人命令、指示、要求听话人做某事时,表示他渴望、想要、希望听话人做该事;一个人为某事道歉时,表示他因做了该事而后悔"(同上:4)。所谓命题内容,上文解释"命题行为"时已指出,是指指称和陈述的内容。当塞尔把它用作

---

① 奥斯汀可能认为"I know"跟"I promise"一样,有一种承诺功效。因为"If I know, I can't be wrong",就像"If I promise, I can't fail"。

② 该文 1975 年以"A Taxonomy of Illocutionary Acts"为题发表在 *Language, Mind, and Knowledge*, *Minnesota Studies in the Philosophy of Science* 第七期上,同时又以"A Classification of Illocutionary Acts"为题发表在 *Language and Society* 杂志上。

区分行事行为的标准时,主要是指行事语力显示手段① 所体现出来的不同。"如,报道和预测的区别在于预测是关于将来的,而报道是关于过去或现在的"(同上:6)。

在《言语行为》中,塞尔曾提出,合适条件不仅是否定性的,不满足就不能实施行为,而且应该是肯定性的,如果满足了,就构成言语行为。例如,除了"具备正常的输入、输出条件"等一些一般条件,一个许诺行为要满足下列四个条件:

1. 命题内容条件:

    (a) S 在说出 T 的时候,表达了 p 这样一个命题。②

    (b) 在说出 p 这个命题时,S 陈述了 S 的一个将来动作 A。

2. 预备条件:

    (a) H 宁愿 S 做 A,而不是不做 A,而且 S 相信 H 宁愿他做 A,而不是不做 A。

    (b) S 和 H 都没感觉到,正常情况下,S 会做 A。③

3. 真诚条件:

    S 意欲做 A。

4. 必要条件:

    S 意欲 T 这句话将使他有义务做 A。(Searle 1969:57-60)

现在塞尔认为,这些条件可以跟行事行为的区别方面联系起来:行事要点对应于必要条件,心理状态对应于真诚条件,命题内容对应于命题内容条件。他主要根据这三点,再加上适切方向,把行事行为分成以下五类(Searle 1979 [1975a]:12-20):

(a) 断言类(Assertives)

---

① 行事语力显示手段(illocutionary force indicating devices,简称 IFID),主要包括词序、重音、语调、标点、动词的语气,而最重要的是明确施为动词,如果有的话。

② S 代表说话人,H 听话人,A 动作,p 命题,T 句子。

③ 塞尔认为这一条适用于很多言语行为。如果某人反正会做某事,你就不用"要求"。同样,如果你反正会做某事,你就不用"许诺"。一个婚后生活很愉快的男人要许诺妻子,他不会在下个星期抛弃她,那她的担心将会多于安心。塞尔把这一条跟省力原则挂钩,认为这是该原则的一个例证。但是,婚礼上的承诺显然是正常情况下说话人会做的事,塞尔没有说明这两种承诺的异同。

这一类的行事要点是说话人担保某事是如此的,所说的命题是真的。适切方向是从词语到世界,即先有事实,再用词语去描述它。心理状态是相信。命题内容则是可变的,取决于所断言的事实。他用符号把这一类表示为:⊢↓B(p)。⊢是哲学家表示断言的符号;↓表示从词语到世界的适切方向;B表示"belief";p表示"proposition",这是个变量。

(b) 指令类(Directives)

指令类的行事要点是要听话人做某事。适切方向是从世界到词语,即先有词语,再用行动去实现它。所表达的心理状态,即真诚条件,是希望。命题内容是听话人将做某事。塞尔把提问也归入这一类,因为它要求听话人实施一种言语行为——回答问题。这一类的符号是:!↑W(H does A)。感叹号表示"指令",↑表示从世界到词语的适切方向,W表示"want"(或"wish",或"desire"),"H does A"是"听话人做某事"这个命题内容。

(c) 承诺类(Commissives)

这一类的行事要点是说话人承诺他将做某事。适切方向跟指令类相同,也是从世界到词语。真诚条件是意欲。命题内容是说话人将做某事。承诺类的符号是:C↑I(S does A)。C表示"commissive",↑还是适切方向,I表示"intention","S does A"是"说话人做某事"的意思。

(d) 表达类(Expressives)

这一类的行事要点只是,表达真诚条件所标明的说话人对命题内容涉及的事态所抱的态度,也就是说话人的心理状态。它们没有适切方向。在实施这类行为时,说话人既不需要用词语来适合世界,也不需要用行动来适合词语。词语和世界之间的适合,也就是命题的真实性,是预先设定的。当一个人为踩了你的脚而道歉时,踩脚这个事实已经成立,他只是对这件事表示了一种态度。当然这种态度是个变量,随事件而变。命题内容是表明说话人或听话人具有某种特性,如说话人踩了听话人的脚,听话人赢了一场球赛等。表达类的符号是:E Ø (P) (S/H + property)。E表示"expressive";零符号表示没有适切方向;P表示"心理状态"(psychological state),这是个变量;"S/H + property"是"说话人或听话人的特性"这个命题内容。

(e) 宣告类(Declarations)

宣告类的行事要点是要改变所提到的实体的现状。成功实施这类行为将保证词语与世界之间的一致。如果某人成功地任命你为主席,那你就成了主席;如果某人成功地宣布大会开幕,大会就开始了。因此,这一类行为的适切方向是双向的。说了某句话,就导致某事成为现实。在这个意义上,这一类就是最初的大多数施为句。它们没有真诚条件,说话人不是在表达自己个人的态度。命题内容随事件而变。这一类的符号是:D↕∅(p)。D 表示"declaration";适切方向是双向的,所以用↕;零符号表示这一类不表达心理状态;p 表示命题内容这个变量。

塞尔注意到有些宣告行为跟断言行为是重合的。当法官宣告某人有罪时,他不仅改变了这个人的身份,而且断言这个人真的有罪。他把这一类称为"断言宣告类"(Assertive declarations),算做"宣告类"的一个小类。符号是:D_a↓↕B(p)。D_a 表示"assertive declaration";这一类有两个适切方向↓↕;心理状态同样是零;命题内容同样是变量。

塞尔声称"如果我们把行事要点用做区分语言使用的基本概念,那么我们用语言所做的基本事情就只有有限的几件:我们告诉人们各种事态,我们设法要他们做事,我们承诺自己做事,我们表达自己的感情和态度,我们用语言改变事态"(同上:29)。

莱文森(Levinson 1983:240)认为塞尔的"分类虽然可能比奥斯汀有所改进,却仍然因为缺乏原则性基础而令人失望;跟塞尔的声称相反,它甚至没有系统地建立在合适条件上"。我们感觉,莱文森的批评根据不足。尽管我们也认为塞尔的分类有很多问题,但这个分类是有原则性基础的,而且跟他的合适条件有紧密的联系。不足之处是塞尔把适切方向这一条强调得过分了。他说"适切方向始终是行事要点的一个后果。如果我们能把分类完全建立在适切方向这个基础上,那将是非常精美的"(Searle 1979 [1975a]:4)。因为承诺类和指令类的适切方向一样,他甚至想把它们合二为一(同上:14)。而适切方向跟合适条件并没有太大关系。虽然他在上文说"适切方向始终是行事要点的一个后果",他在下文又说,为什么最终没有把承诺类跟指令类合并,是因为这两类的行事要点不一样。这个说法推翻了他的前一个说法。一个更主要的问题是,他也把行事行为只分成五类,这个数量太少了。例如,把提问归入指令类后,当一个人提出一个问题时,我们说他发出了一个指令,这至少是不方便的。而他在宣告类中设立一个名为断言宣告类的小类,也说明行事行为只分成五类是不够的。要说明的是,奥斯汀曾把他的"表态行为型"分成七个小类,"阐述型"也分成七个小类,其中有两个小类又各自分成两个小小类,另一个小类分成四个小小类,合计十二类。这一切都表明:行事行为只分成五个类别是不合适的。

塞尔不同意维特根斯坦关于语言游戏,或语言运用,有无数种类的说法,声称他已成功地分离出五个基本类型。如果确实如此,塞尔大可不必如此费力。因为传统语法早就告诉我们,语言有三个基本句型:陈述句、疑问句、祈使句,可以用来描述、提问、命令。我们只要再加上奥斯汀所揭示的"I name this ship the *Queen Elizabeth*","I promise"这样一些施为句就行了。塞尔的分类并没有给我们提供更多新的东西。言语行为理论最初的诱人魅力来自它为人们提供了更大的想象空间,似乎有可能从此揭开更多的语言秘密。因此,人们感兴趣的是具体的言语行为。塞尔在《言语行为》中曾具体剖析过实施"许诺"行为到底需要哪些条件,然后把该分析扩展到了"要求"(request)、"断言"(assert, state (that), affirm)、"提问"(question)、"致谢"(thank (for))、"劝告"(advise)、"警告"(warn)、"问候"(greet)、"祝贺"(congratulate)等言语行为。[①]我们认为如果朝着这个方向走下去,言语行为理论的前景可能会更广阔些。

3.5　间接言语行为

在《言语行为》中,塞尔提到"promise"这个词可以具有"许诺"以

[①] 塞尔在该书第 66-67 页概述了这些言语行为的条件,并冠以"言语行为的类别"(types of illocutionary act)这个题目。我们认为这种具体分类比他后来的概括分类,用处更大。实际上,有关刊物上现在还经常有关于某种具体言语行为的讨论。但讨论塞尔的概括分类的,则几乎已完全没有了。

外的行事语力。例如,(25)的行事语力是警告或威胁。(26)用于别人指控你偷钱时,则是明确否认。

(25) If you don't hand in your paper on time I promise you I will give you a failing grade in the course.

(26) No, I didn't, I promise you I didn't. (p. 58)

另一方面,实施许诺行为不一定要用"promise"这个词。你可以只说"I'll do it for you",只要在说话时,你承担了将实施该行为的义务就行。这就是说,只要许诺的必要条件得到满足,不用"promise"照样可以实施许诺行为。同样,"I wish you wouldn't do that"是一个"要求",而不是"希望",如果这句话的要点是要别人做某事,或者不要做某事,即"要求"的必要条件得到满足的话。

塞尔认为"说话的这种特点——一句话在语境中不用某种必要条件所需的明确的行事语力显示手段,就可以表明该必要条件已得到满足——是许多礼貌用语的根源。例如,'Could you do this for me?'这句话,尽管有词汇意义和疑问句的行事语力显示手段,却常常不是用作关于你的能力的虚拟提问;它常常是用作要求的"(p. 68)。

1975年,塞尔在"间接言语行为"这篇文章中,把上述言语行为,或行事行为,叫做间接言语行为——"通过实施另一个行事行为而间接地实施的一个行事行为"(Searle 1979 [1975b]: 31)。他说最简单的表达意义的情形是,说话人说一句话,他的意思完全就是他所说的字面意义。但是,在间接言语行为中,说话人的话语意义(utterance meaning)和句子意义(sentence meaning)是不一致的。他把话语意义叫做"首要行事要点"(primary illocutionary point),字面意义、句子意义叫做"字面行事要点"(literal illocutionary point)、"次要行事要点"(secondary illocutionary point)。说话人怎么能说一层意思,而另外还表示一层意思呢? 刚才提到,塞尔曾在《言语行为》中把这种可能性归于有关的必要条件得到了满足。现在他认为那个答案是不全面的,要解释间接言语行为,需要"言语行为理论,合作会话的一般原则(格赖斯(1975)讨论过其中的一些原则),[①]说话人、听话人共同享有

[①] 关于格赖斯的理论,我们将在第四章详细讨论。

的事实背景信息,以及听话人的推理能力"(同上:32)。

具体地说,在(27)这段对话中,X要通过下面这样的十个步骤,才能推导出 Y 的首要行事要点。

(27) Student X: Let's go to the movie tonight.
　　　Student Y: I have to study for an exam.

　　第一步:我向 Y 提了个建议,他的反应是说了他要准备考试之类的话(会话事实)。

　　第二步:我假定 Y 的会话是合作的,因此他的话是意欲有关联的(合作会话原则)。

　　第三步:一个有关联的反应必须是接受、拒绝、反建议、进一步讨论等(言语行为理论)。

　　第四步:但是他的字面意义不属上述任何一种,所以不是有关联的反应(从第一步、第三步得出的推理)。

　　第五步:因此,他的意思可能比明说的要多。如果假定他的话是有关联的,那么他的首要行事要点一定跟他的字面行事要点不一样(从第二步、第四步得出的推理)。①

　　第六步:我知道准备考试一般要占用晚上很多时间,我也知道看电影一般要占用晚上很多时间(事实背景信息)。

　　第七步:因此,他不太可能在同一个晚上既看电影,又准备考试(从第六步得出的推理)。

　　第八步:接受建议的一个预备条件,或做出其他任何承诺,是有能力实施命题内容条件中所陈述的行为(言语行为理论)。

　　第九步:因此,我知道他的话说明,如果他前后一贯的话,他不太可能接受我的建议,(从第一步、第七步、第八步得出的推理)。

　　第十步:因此,他的首要行事要点很可能是拒绝我的建议(从第五步、第九步得出的推理)。(同上:34-35)

---

① 塞尔说"这是关键的一步。如果听话人没有推理能力,不能发现首要行事要点不同于字面行事要点,他就无法理解间接行事行为"(Searle 1979 [1975b]:34)。

然后,塞尔详细考察了能用来实施间接指令的语句。他把它们分成六组,我们简单介绍如下:

第一组:涉及 H 实施 A 的能力的句子:
Can you reach the salt?
第二组:涉及 S 希望 H 会实施 A 的句子:
I would like you to go now.
第三组:涉及 H 实施 A 的句子:
Officers will henceforth wear ties at dinner.
第四组:涉及 H 实施 A 的愿望的句子:
Would you be willing to write a letter of recommendation for me?
第五组:涉及实施 A 的理由的句子:
You ought to be more polite to your mother.
第六组:把上述成分包含其中的句子,以及包含明确的指令性行事行为动词的句子:
Would you mind awfully if I asked you if you could write me a letter of recommendation?(同上:36-39)

他不同意把实施指令行为看成是这些句子的意义的一部分。例如,(28)可以是第五组的一个句子,但它不包含祈使意义。人们完全可以说(29)这样的话,而不自相矛盾。

(28) Why not eat beans?
(29) I'm just asking you, Bill: Why not eat beans? But in asking you that I want you to understand that I am not telling you to eat beans; I just want to know your reasons for thinking you ought not to. (同上:40)

当然他也不否认,用这些句子表达"要求",是一种常规(convention)。但是,他认为这是一种用法常规(usage convention),而不是意义常规(meaning convention)(同上:49)。在用作"要求"时,这些句子仍然具有字面意义。所以,(31)、(32)这样适合(30)的字面意义的回答,也可以是把(30)作为间接言语行为时的合适的回答。[①]

(30) Can you pass the salt?
(31) No, sorry, I can't, it's down there at the end of the table.
(32) Yes, I can. (Here it is). (同上:43)

他认为"在间接言语行为中,所增加的不是任何附加的或不同的**句子**意义,而是附加的**说话人意义**"(同上:42)。那么为什么这些句子,而不是任意一个句子,可以用来实施指令性间接言语行为呢?塞尔仍然回到了他的合适条件。他把《言语行为》中提到的关于"要求"(现在扩大成"指令")的合适条件简化如下(同上:44):

预备条件:H有能力实施A。
真诚条件:S希望H实施A。
命题内容条件:S陈述了H的将来行为。
必要条件:这可以看作S要H实施A的企图。

他说如果我们比较一下上述六组句子与这些条件,就会发现下列规律:

规律一:S能够通过询问H是否具备实施A的能力这个预备条件,或者叙述H具备了该条件,来提出间接要求(或发出其他指令)。

规律二:S能够通过询问命题内容条件是否具备,或者叙述该条件已具备,来提出间接要求。

规律三:S能够通过叙述真诚条件已具备,而不是询问该条件是否具备,来提出间接要求。

规律四:S能够通过叙述实施A的重要理由,或者询问是否存在这样的理由,来提出间接要求;但不能把H的意愿、希望等作为理由,除非是询问H是否愿意、希望实施A。(同上:45)

[①] 这一点跟"实施指令行为不是这些句子的意义的一部分"有联系。这就是说,这些句子的意义只包括字面意义,所以塞尔才坚持(29)是完全可以接受的。塞尔在这里用的"意义"跟奥斯汀是完全相同的,是窄义的,是跟"语力"相对的。有一个问题是,塞尔把表达字面意义的行为也看成行事行为,以致提出"间接行事行为",或"间接言语行为"这个说法。我们在这一节的末尾将讨论这个问题。

塞尔还分析了理解"Can you pass the salt?"所需的跟分析(27)时类似的十个步骤。最后,他把分析扩展到了承诺性间接言语行为,罗列了类似实施指令性间接言语行为的五组句子,并且提出了五条类似的规律。

他的结论是:"'我怎么知道,当他只问了一个关于我的能力的问题时,他提出了一个要求?'这个问题,跟'我怎么知道那是一辆车,而我所看到的只是高速公路上从我身边经过的一道闪光?'可能是一样的"(同上:57)。因此,他反对哲学家的习惯做法——要为所解释的现象找出一套逻辑上必需而又足够的条件。他也反对当时生成语法派的做法——为用于间接言语行为的句子找出一个深层结构和一套转换规则。他认为这些做法不能令他信服。

那么,塞尔的间接言语行为理论又怎么样呢?能令人信服地解释他所要解释的现象吗?我们的回答是否定的。

第一,他把实施间接言语行为的句子内容跟有关言语行为的合适条件挂钩,这种做法很牵强。他关于间接指令的四条规律,只有三条直接对应合适条件。第四条涉及实施有关行为的理由,跟合适条件的关系比较松散。而跟这一条有关的句子,即第五组的句子,数量很多。他说"You're standing on my foot.""I can't see the movie screen while you have that hat on.""How many times have I told you not to eat with your finger?"等都属于这一类(同上:38)。"It's cold in here"这句很多人讨论过的、用于要求关窗户的话,很可能也属于此列。但我们不清楚,简单的一个"The door, please"用于要求关门时,塞尔会把它归作哪类?塞尔说他讨论的这些间接指令是常规用法,不知道他的标准是什么?如果单从使用频率看,"The door, please"大概也可以算常规用法。但是,这句话能跟哪条合适条件挂钩呢?

他在《言语行为》中曾强调合适条件中的必要条件,也就是说,只要所说的话是意欲实施某种言语行为的,这句话就可以用来实施该行为。这种观点强调说话人的意图,跟格赖斯的非自然意义是一致的。如果谈话有什么规律的话,每个人说话都有目的,应该是一条很重要的规律。要理解一个人的说话,就是要找出其目的,也就是要找出说话人意义。①塞尔的间接指令之所以表面上是疑问句、陈述句，实际上却起到了祈使句的作用，就在于说话人的目的是要把它们用做祈使句。"The door, please"能够起到提出要求的作用，也在于说话人的目的。塞尔讨论过的(27)，以及下面的对话都可以，甚至只能，从这个角度来理解。

(33) A: That's the telephone.
     B: I'm in the bath.
     A: O. K.
(34) A: You're a fool.
     B: What do you mean?

但是，正如塞尔在《言语行为》(Searle 1969: 43f.)中指出的，说话人并不是绝对自由的。他并不能想表达什么意思就表达什么意思。他的意图要受到多种因素，句法的、语义的、语用的因素的限制。语用学在一定意义上就是研究说话人要遵守的语用规则。在这方面，格赖斯的会话含义理论指出了一个正确的方向。他认为"我们的谈话通常不是由一串互不相关的话语组成的，否则就会不合情理。它们常常是合作举动，至少在某种程度上；参与者都在某种程度上承认其中有一个或一组共同目标，至少有一个彼此接受的方向"(Grice 1975: 45)。因此，他提出了合作原则："使你的话语，在其所发生的阶段，符合你参与的谈话所公认的目标或方向"(同上)。塞尔正是认识到了这一点，才在"间接言语行为"这篇文章中引进了格赖斯的理论。但是，他做的还不够。他虽然在理解首要行事要点的十个步骤中，提到了合作会话原则，在关于间接指令的四条规律中却对此只字没提。

第二，如盖士达(Gerald Gazdar 1981)指出，当塞尔坚持(30)这样的句子仍然具有字面意义时，他忽略了一个问题，那就是这些句子作为"提问"是不符合他的有关合适条件的(转引自 Levinson 1983: 273 n21)。在《言语行为》(Searle 1969: 66)中，塞尔曾讨论过"提问"

---

① 当然具体如何找出说话人的意义是个很复杂的问题。我们将在第四、第六、第七章详细探讨其他几种重要的建议。

的合适条件,我们把它简化、改写如下:

预备条件:S不知道答案,不知道该命题是真,还是假。

真诚条件:S需要该信息。

命题内容条件:任何命题。

必要条件:这可以看作S要从H处得到该信息的企图。

这就是说,如果(30)确实同时也是提问,说话人就不知道答案,而且想知道答案。可是,塞尔在分析理解这句话所需的十个步骤时说,

> 第三步:会话情景提示,对方对我的递盐能力没有理论兴趣(事实背景信息)。
>
> 第四步:而且,他很可能早已知道,这个问题的答案是"是"(事实背景信息)。

(Searle 1979 [1975b]: 46)

这是不是有点自相矛盾呢?

塞尔承认,这样的问句有时候是有缺陷的(defective)。但是,他坚持,这种**形式**不会是有缺陷的。"甚至在字面话语是有缺陷的时候,间接言语行为也不依赖它的有缺陷"(同上:43)。这种说法,值得商榷。美国语用学家霍恩(Laurence Horn)认为"如果我问你能否把盐递给我,在你如此做的能力不成问题的语境中,你就有资格推断,我不只是在问你能否把盐递过来,我的意思比这要多——我实际上是在要求你这么做。(如果我确切知道你能把盐递给我,这个是否问题就是无意义的;假定我是遵守关系准则的,那么你就能推断,我的意思比我明说的要多。)"(Horn 1984:14)。[①]

这个问题引出了下一个更严重的问题——"间接言语行为"这个提法是有问题的。塞尔对间接言语行为的定义,我们在开始时引述过,即"通过实施另一个行事行为而间接地实施的一个行事行为"。在他看来,例(30)这样的句子有两个行事行为:首要行事行为(primary illocutionary act)是"要求",次要行事行为(secondary illocution-

---

① 霍恩的理论,我们将在第七章详细讨论。

ary act)是"提问"。但是,刚才我们已指出,把"提问"看作行事行为是有问题的,它不符合有关的合适条件。除非塞尔更改合适条件,否则就不能把这种句子中的"提问"看成行事行为。

更糟糕的是,塞尔还同时把次要行事行为表达的意义叫做"字面行事语力",有时候甚至直接叫做"字面意义",[①]"句子意义"。这就是说,即使他修改合适条件,使得次要行事行为成为真正意义上的行事行为,他的理论也混淆了奥斯汀力图区分的两种意义:一种是只包括指称和涵义的窄义的意义,另一种是行事语力。所以我们在40页注①中指出,当科恩用"意义"涵盖"语力"时,塞尔用"语力"涵盖了"意义"。

如果我们坚持奥斯汀的立场,坚持区分"意义"与"语力",那么塞尔所谓的间接言语行为就不是通过实施**另一种行事行为**,而是通过**表达字面意义**,得到实施的。这样一来,"间接言语行为"这个术语,就真的如英国语用学家托马斯(Jenny Thomas 1995:94)所说,完全是多余的了。

利奇(Leech 1983:33)认为,所有的行事行为都是间接的,语力都是通过会话含义推导出来的,尽管不同话语的间接程度会有很大的差别。格赖斯曾指出,如果有(35)这样的对话,B君的回答就会有(36)这样的会话含义。利奇则觉得(37)也应该是会话含义。如果B君的回答是(38),那么(39)也是会话含义。只是跟(36)相比,(37)、(39)这样的会话含义的间接程度可能差一些。

(35) A: When is Aunt Rose's birthday?

    B: It's sometime in April.

(36) B is not aware of which day in April is Aunt Rose's birthday.

(37) B believes that Aunt Rose's birthday is in April.

(38) It's on 10 April.

---

① 塞尔曾专门撰文讨论字面意义,反对把字面意义看成是完全脱离语境的。我们认为他的论证有失偏颇。我们不否认,在绝对严格的意义上,字面意义也是语境意义。但至少这是一种比较常见的语境意义,跟需要特殊语境的意义是有程度差别的。

(39) B believes that Aunt Rose's birthday is on 10 April.

利奇感觉,奥斯汀的"意义"主要指的是"涵义"(sense),不包括"指称"(reference),所以,他用涵义跟语力相对。他说他的上述看法是"把涵义跟语力看成两种不同意义的一个结果。这就是说,一句话通常既有涵义,也有语力;即使在有些场合,如直接叙述信息时,一句话的语境意义(meaning-in-context)① 似乎自动来自涵义"(同上:33-34)。

会话含义,我们第四章要详细讨论,是间接表达的。从本质上说,奥斯汀的行事语力跟它是一个东西,只是名称不一样而已。这一点从3.3节关于行事行为跟说话行为的区别也可以看出来。奥斯汀认为说话行为表达的意义只包括指称跟涵义,实际上就是指字面意义,虽然他没有这么明说。而行事行为表达的行事语力,则是说话人在特定场合想要表达的特定意义,也可以称为"说话人意义"或"话语意义"。这就是说,奥斯汀的意思是,人们说话的时候,不仅表达字面意义,而且表达说话人意义、话语意义。只不过,他把这说话人意义、话语意义叫做"行事语力",并且认为表达这种意义的行为,是另外一种行为,叫"行事行为"。字面意义是直接表达的,说话人意义、话语意义、行事语力则是在表达字面意义的同时,通过表达字面意义间接表达的。因此,奥斯汀的行事行为理论就是间接言语行为理论,塞尔根本就没有必要多此一举,增加一个术语。②

---

① "语境意义"就是"语力"。
② 但是,考虑到"间接言语行为"已被大家接受,我们在以后的讨论中仍将使用该术语。

第四章 会话含义理论

会话含义理论(the theory of conversational implicature),前文提到过,是由另一位牛津哲学家格赖斯(Herbert Paul Grice)① 提出的。他在上世纪50年代初期就有了该理论的初步设想,②但直到1967年他才在哈佛大学的威廉·詹姆斯讲座上公诸于世。讲座的部分内容首次在1975年发表,1978年发表了第二部分内容,全文则在他谢世一年后的1989年才正式出版。我们这里的介绍将主要以他1975年、1978年的论文为基础。

4.1 合作原则

格赖斯1975年的论文题为"逻辑与会话"。跟奥斯汀一样,格赖斯也是日常语言哲学家,认为自然语言是完善的,不需要用逻辑语言来替代它。在该文的开头,格赖斯进一步提出,逻辑语言中的联结词跟自然语言中相应的"not, and, or"等词语在意义上并没有差别。那种认为它们有差别的看法,"(总的来说)是一个常见的错误,其根源在于对影响会话的条件的性质及其重要性没有足够的注意"(Grice 1975:43)。而他在这里要做的就是探讨会话的一般条件,也就是会话的一般规律。接着,他在该文惟一的小标题"含义"(impli-

---

① 格赖斯早年在牛津大学圣约翰学院任研究员,后来在美国加利福尼亚大学伯克利分校任教授,直至1980年退休。

② 斯特劳森(Strawson 1952:179)指出,格赖斯曾告诉他,语言运用中有一条如下的语用规则:当一个人能同样真实地(而且同样简洁地)做出一个强断言时,他不会做一个更弱的断言。

cature)下,开始了他关于会话规律的讨论。①

他首先假设有如下一段对话(A、B两人在谈论他们的共同朋友——在银行工作的C):

(1) A: How is C getting on in his job?
    B: Oh quite well, I think; he likes his colleagues, and he hasn't been to prison yet. (同上)

他说这时候A很可能问B,"C还没进过监狱"是什么意思?答案可以是"C是容易受钱财诱惑的人",或"C的同事不好处、不可靠"等。但是,A很可能没必要提问,在这种语境下(即他们互相很熟),答案是很清楚的。他认为,不管B暗含(imply, suggest, mean)什么意思,它跟B所明说(say)的意思很明显是不一样的。他建议把这种暗含的意义叫做"含义"(implicature)。②他解释说,"明说的意思"是跟词或句子的常规意义(conventional meaning)很接近的意义。如果我们只具备英语知识,但不了解说话的情景,那么,在"He is in the grip of a vice"这句话中,我们只知道说话人**说**了"某人(或某动物)在说话人所指的时间(1)不能摆脱一种坏习惯,或(2)他的某一部分被夹在一种工具中了"。我们不知道这人(或动物)是谁?是在什么时间?"in the grip of a vice"到底是(1)的意思,还是(2)的意思?这就是说,"明说"指的是"字面意义",不包括跟语境有关的"指称"、"辨别歧义"等。

有时候,词语的常规意义不仅决定一个人所明说的意思,而且决定他所暗含的意思。"He is an Englishman; he is, therefore, brave"这句话的一个意思是:"他勇敢,是因为他是英国人"。但这个意义不

---

① 这篇名为"逻辑与会话"的文章,实际上只在开头部分提了一下"逻辑",其余篇幅都在讨论"会话"。不过,格赖斯在1978年公开的另一部分讲稿——"关于逻辑与会话的进一步说明"中,确实谈到了逻辑语言与自然语言的关系。他认为自然语言有时表现出来的比逻辑语言多的意义来自语言运用,而不是语言系统,也就是说,这些多出来的意义是会话含义。在这个意义上,会话含义理论是为了解释逻辑语言与自然语言的表面差异而提出来的。

② 实际上,当时格赖斯提议的是用"implicature"表示"implying"这种动作,"implicatum"表示所暗含的意义。但他有时候也用"implicature"表示所暗含的意义,而且大多数人现在都用这个词,而不用"implicatum"。

是明说的,是暗含的,所以是"含义"。从真值条件语义学(truth-conditional semantics)角度说,只要他确实是英国人,确实勇敢,这句话就是真的。至于前者是不是后者的原因,跟这句话的真值无关。这种含义,格赖斯称为"常规含义"(conventional implicature)。他将在文章中着重讨论的却是一种非常规含义(nonconventional implicature),他叫做"会话含义"(conversational implicature)。这种含义不是由词语的常规意义决定的,而是由会话的一般特征,一般规律决定的。

什么是会话的一般规律呢?格赖斯的第一个尝试性回答是:"我们的谈话通常不是由一串互不相关的话语组成的,否则就会不合情理。它们常常是合作举动,至少在某种程度上;参与者都在某种程度上承认其中有一个或一组共同目标,至少有一个彼此接受的方向。这个目标或方向可能是在开始时规定的(如,在开始时提出一个要讨论的问题),它也可能在谈话过程中逐渐变化;它可能是比较确定的,也可能不太确定,参与者有较大的自由(就像在随意谈话中那样)。但是在每一阶段,总有**一些**可能的会话举动会被认为不合适,而遭到排斥。因此,我们可以提出一个初步的一般原则,参与者(在其他条件相同的情况下)一般都会遵守。那就是:使你的话语,在其所发生的阶段,符合你参与的谈话所公认的目标或方向"(Grice 1975:45)。格赖斯把这叫做"合作原则"(cooperative principle)。

为了进一步说明合作原则的内容,格赖斯又提出了一些准则。①仿效德国哲学家康德(Immanuel Kant),他把这些准则分成四个范畴:数量(quantity)、质量(quality)、关系(relation)、方式(manner)。康德曾在他的《纯粹理性批判》中根据数量、质量、关系、模态(modality)把判断分作如下12类:

数量:全称的(universal)、特称的(particular)、单称的(singular)
质量:肯定的(positive)、否定的(negative)、不定的(infinitive)
关系:直言的(categorical)、假言的(hypothetical)、选言的(disjunctive)

---

① 他说,遵守这些准则一般会导致符合合作原则的结果(Grice 1975:45)。

模态：或然的(problematic)、实然的(assertoric)、必然的(apodeictic)

但格赖斯看来只是借用了其名称，判断的具体内容跟他的准则没有任何关系。就连名称他也有所改动，如最后一个范畴。他的各项准则的具体内容如下：

数量准则：

1. 使你的话语如(交谈的当前目的)所要求的那样信息充分。
2. 不要使你的话语比所要求的信息更充分。

质量准则：设法使你的话语真实。

1. 不要说自知虚假的话。
2. 不要说缺乏足够证据的话。

关系准则：要有关联。

方式准则：要清晰。

1. 避免含混不清。
2. 避免歧义。
3. 要简短(避免冗长)。
4. 要有序。　　(Grice 1975：45-46)

格赖斯对第二数量准则是否必要，有些疑虑。一方面，提供过多的信息只是浪费时间，并不违反合作原则。另一方面，如果是为了防止因为提供的信息过多而引起误解，那么关系准则也可以起到同样的作用。至于关系准则本身，格赖斯觉得问题还是比较多的。"虽然这个准则本身很简短，这种表述方式却掩盖了许多令我惶悚不安的问题：有哪些不同种类、不同中心的关联性？这些关联性在谈话过程中又是如何演变的？应该如何解释会话主题的合理变动？等等"(同上：46)。[①]

对于质量准则是否跟其他准则平行，他也有点犹豫。"事实上，人们可能感觉至少第一质量准则很重要，不应该被包括在我现在构建的体系里；只有先假定这条质量准则已得到满足，其他准则才能发

[①] 对关联性的看法，日后成了语用学家争论的一个焦点，也是第六章、第七章要讨论的一个主要话题。

挥作用"(同上)。但是,从产生会话含义的角度来看,这条准则的作用跟其他准则是一样的,因此他认为至少暂时把它跟其他准则一样处理,会方便一些。

合作原则及其准则虽然采用了祈使句的形式,它们却是描述性的,不是规范性的;是对人们实际所作所为的描述,而不是告诉人们应该怎么做。但是,格赖斯希望能找出人们之所以这么做的原因。他觉得合作原则及其准则不仅是所有人,或者大多数人,**事实上**所遵循的,而且是我们**有理由**遵循,**不应该**抛弃的。他曾经认为,合作原则及其准则可以被看作一种准合同(quasi-contract),在其他领域也同样存在。在他看来,谈话典型地显示了合作性交往的一些特征:

1. 参与者有一个共同的现时目的,比如把车修好;当然他们的最终目的可能是互相独立的,甚至是互相矛盾的——每个人都可能想把车修好,以便自己一走了之,把对方撂在那边。一般的谈话都有一个共同目的,即使这只是个次要目的,如在邻居间的墙头闲聊中。这就是说,每一方都要暂时认同对方的临时会话兴趣。

2. 参与者的言论必须如卯眼对榫头,互相吻合。

3. 双方有一种默契(它可能是明确的,但常常是暗含的):在其他条件相同的情况下,交往应该以合适的方式继续下去。除非双方都同意终止,没有人能随意抬腿就走或转身去干别的。(同上:48)

但是,他发现上述准合同不适用于某些场合,比如,吵架、写信。尽管如此,他认为如果一个人说话没有关联,或含混不清,受损失的首先是他自己,而不是听众。因此,格赖斯愿意把遵守合作原则及其准则看成是合情合理的行为。任何想要实现会话目的的人,都会愿意遵守合作原则及其准则。[①]

综上所述,合作原则是为了解释为什么人们能够意会,能够表达

[①] 但是,他承认他不能肯定这个结论一定是对的。"除非我对关联性的性质,以及什么情况下需要关联性,能有一个清楚得多的认识,否则,我相当肯定我不能得出这种结论。"(同上:49)

言外之意而提出来的。所谓"合作"是指说话人和听话人为实现同一个目标而共同努力,因此,他们的话语一般总是互相有联系的。①分属四个范畴的准则是把合作原则具体化,这就是说,所谓"合作",所谓"话语间有联系",具体讲就是:提供足够的信息量,说真话,说有关联的话,而且要清楚地说。虽然在格赖斯提出来之前,没有人如此明确地意识到过。但在人们的潜意识里,这些原则和准则历来存在。例如,当你对所说的话,没有太大把握时,你会说"我不敢肯定,可能是这样"等。理解别人说话时,也是这样。人们感觉,一个人说话总是有目的的,总是要表达某种意思的。如果从表面上看某句话意义不大时,他们会设法找出其原因,找出背后隐含的意义。

4.2 各种违反准则的情况

尽管格赖斯认为遵守合作原则及其准则是合情合理的,他也注意到违反合作原则及其准则的情况同样不少。于是,他用剩下的一半篇幅讨论了违反准则这个问题。

他首先归纳了说话人不遵守准则时可能采用的四种方式:

1. 他可能偷偷地、不显山不露水地**违反**准则;如果是这样,在某些情况下,他很可能误导别人。②

2. 他可能既**退出**(opt out)准则,也退出其合作原则;他可能明说,暗示,或使这一点变得清楚:他不愿意如准则要求的那样进行合作。例如,他可能说,"我不能再说了;我要守口如瓶了"。

3. 他可能面临**冲突**:例如,他可能无法遵守第一数量准则(如要求的那样信息充分),而同时不违反第二质量准则(对所说的话要有足够的证据)。

---

① 关联理论的提出者从字面意义的角度理解"合作",看不到格赖斯的"合作"与"关联性"的关系,主张用关联原则来代替合作原则。我们将在第六章详细讨论这个问题。

② 克拉克和哈维兰(Clark and Haviland 1977:2)认为故意暗中违反准则将导致谎言,而无意的违反仅仅导致误解。但是,霍恩(Horn 1984:14)却认为,关键是违反什么准则。故意违反质量准则将导致谎言,故意违反数量准则将导致误解,而故意违反关系准则仅仅是于事无补,或有悖常理。在法庭上,证人要宣誓说真话,而且说全部真话,也就是要遵守数量准则和质量准则,而说无关的话仅仅会招来律师的反对意见,或法官的责骂。

4. 他可能**无视**^①某准则；那就是，他可能**公开地**不遵守该准则。如果假定说话人有能力遵守该准则，而且这么做不会(因为冲突)违反另一条准则；他没有退出；从他行为的公开性看，他不是要误导别人；那么听话人面临的只是一个小问题：怎么把他实际所说的话跟他是遵守合作总原则的假定协调起来？这是一种典型的导致会话含义的情形；当一个会话含义通过这种方式产生时，我将说该准则被利用(exploit)了。(同上：49)

在格赖斯的理论里，会话含义是依赖合作原则及其准则的。只有假定说话人是遵守准则的，至少是遵守合作总原则的，是在为实现会话目标而努力的，才会有推导会话含义的基础。在这个意义上，用第一种、第二种方式违反合作原则及其准则的人是没有会话含义的。这不是说他的话没有言外之意，说谎的人也希望别人相信他所说的话，但这不是格赖斯所谓的"会话含义"。^②因此，格赖斯接下去讨论的违反准则的情形都属于第三种、第四种方式。

格赖斯把他要讨论的例证分作三类。上面提到的第三种、第四种违反准则的方式分别属于第二类、第三类。而第一类则不同，这种话语没有违反任何准则，至少是不清楚哪个准则被违反了。如，

(2) A：I am out of petrol.

B：There is a garage round the corner. (同上：51)

他认为这个例子不同于例(1)，两人所说的话很明显是有联系的。B君的话说明他相信加油站是营业的，是有油的，也就是说，A君能在那里加油。即使把方式总准则理解为"不仅说话内容要清晰，话语之间的关系也要清晰"，该准则也没有被违反。^③这个例子说明，说话人在遵守准则时也可以传递会话含义，会话含义不只产生于准则被违反的时候。这类会话含义后来被莱文森称为标准会话含义

---

① 原文是"flout"。格赖斯在这里区别这种方式跟第一种方式——"违反"(violate)，但他有时候也把这种方式叫做"违反"。因此，大多数人都用"违反"涵盖这四种方式。

② 如果这样看，会话含义就不能涵盖言外之意的全部，它只是一种言外之意，是依赖合作原则及其准则的言外之意。

③ 雷柯夫(Robin Lakoff 1995：2)对该例有不同看法。她认为B君可以说违反了数量准则，或者关系准则，或者两者都违反了。

(standard conversational implicature)。

第二类,如上所述,就是上述第三种方式,是不同准则互相冲突的情形。假设 A 跟 B 准备到法国去度假,A 希望方便的话顺道去看一下 C。如果他们的谈话如下:

(3) A: Where does C live?

B: Somewhere in the South of France. (同上)

格赖斯认为 B 君的回答信息量不够,不能满足 A 君的要求。B 君对第一数量准则的这种违反只能解释成,他意识到提供更多的信息就会违反"不要说缺乏足够证据的话"那条质量准则。因此,他隐含(implicate)他不知道,C 君住在哪个城市。

第三类是他讨论的重点。他按准则的顺序逐条讨论了违反,或者用他当时的说法,"利用"、"无视"各准则的一些例证。关于第一数量准则,他用的例子是一个人为试图做哲学工作的学生写的推荐信。假设他的信只有例(4)的内容:

(4) Dear Sir, Mr. X's command of English is excellent, and his attendance at tutorials has been regular. Yours, etc. (同上: 52)

格赖斯认为写信人不可能退出合作原则,如果他不想合作,为什么写信?他也不可能是没有能力写,而且他知道应该提供更多的信息。因此,他一定是想传递一种他不愿意写下来的信息,那就是: X 先生不适合做哲学工作。

违反第一数量准则的极端的例子是"Women are women, War is war"这种同义反复。格赖斯认为在明说的层次上,这种句子是完全没有信息量的,因此是违反数量准则的。但在暗含的层次上,它们却是有信息量的。

关于第二数量准则,格赖斯说,如果 A 君想知道是否 p,B 君不仅说了是 p,而且提供证据,证明确实是 p,那么他就违反了该准则。B 君可能想用这种方法间接地表示,在某种程度上,到底是否 p,是有争议的。但格赖斯再次提到,这种会话含义也可以援引关系准则来解释,不一定需要第二数量准则。我们设想,(5)大概可以是个具体的例子。

(5) A: Where is X?

B: He's gone to the library. He said so when he left.

格赖斯讨论的违反第一质量准则的例子都是传统的修辞格。第一种是反语(irony)。假设,X把A的秘密泄露给了A的竞争对手。在A和他的听众都知道这一点的情况下,A说"X is a fine friend"。他的意思显然跟他明说的不一样,除非他的话语是完全无意义的。但他的含义又必定与此有关,而一种很明显的有关的含义是明说的反面,所以,这是一句反语。

第二种是隐喻(metaphor)。"You are the cream in my coffee"这样的句子,犯了分类错误,其反义才是正确的。但因为这是不言而喻的,所以,反义肯定不是说话人在此要表达的意思。可能性最大的是,说话人认为他的听话人有一些特性跟他所提到的物体有相像的地方。当然,反语有时候可以跟隐喻合起来。听话人可以先得出隐喻解释"You are my pride and joy",然后再得出反语解释"You are my bane"。

第三种是缓叙(meiosis)。如,一个人把所有的家具都打碎了,另一个人却说,"He was a little intoxicated"。

最后一种是夸张(hyperbole),如"Every nice girl loves a sailor"。

违反第二质量准则的例子,格赖斯觉得不太好找。但是,如果他在谈到X的妻子时说,"She is probably deceiving him this evening",他可能没有足够的证据。听话人为了维持会话仍然在按规则进行这个假定,就会认为说话人是企图传递一个他确实有证据的信息:即X的妻子是有可能(possibly)① 这么做的一个人。

讲到关系准则时,格赖斯说"通过真正地,而不是表面上,违反关系准则传递含义的例证可能是非常罕见的"(同上:54)。但是,他说,如果在一个高雅的茶会上,A君与B君之间进行了如下的对话,那么,B君就是公然不顾该准则,使自己的话与A君的毫无瓜葛了。

(6) A: Mrs. X is an old bag.

B: The weather has been quite delightful this summer,

---

① 英语的"probably"比"possibly"表示的可能程度要高。

hasn't it?(同上)

在方式准则的四个次则中,格赖斯只讲到了违反前三个次则的例子。他第一个讨论的是故意有歧义的情况。他的例子是布莱克(William Blake)的"Never seek to tell thy love, Love that never told can be"这两行诗句。前一个"love"既可以指"爱情",又可以指"爱人";"love that never told can be"则既可以指"无法诉说的爱",又可以指"不能说出来,一旦说出来,就将不复存在的爱"。这是一个四向歧义。而其中没有一个意义比其他的更直接,因此,诗人的意图只能是四个意义都要表达。

当有歧义的句子的几个意义有明显的直接、间接差别时,格赖斯认为不管直接的意义是否意欲表达,间接意义是一定要表达的。假设占领了信德(现在巴基斯坦境内)的英国将军向本部发了一封电报,上面只有一个拉丁词"Peccavi"。其英译是"I have sinned"(我违抗命令了),但他有可能同时想间接表达"I have Sind"(我占领信德了)的意思。这是一种语音歧义。其直接意义是否意欲表达,取决于这位将军是否真的违抗命令了,以及这个意义是否对受话人是有关联的。但他既然用了拉丁词,让受话人多花费了时间去猜测其意义,那么这间接意义是一定意欲表达的,否则就有背常理。

他第二个讲到的是故意含混不清的情况。显然,要遵守合作原则,说话人就应该让听话人明白他的意思。所以,他的故意含混不清是针对第三者的。假设,A 跟 B 当着孩子的面在谈话,A 可能故意表达得含含糊糊(虽然不至于含糊得让 B 不明白),企图不让孩子听懂他们的谈话。那么,A 就隐含他们的谈话内容不能告诉孩子。有人曾用(7)作为这种情况的例子。

(7) A: Let's get the kids something.

B: Okey, but I veto I-C-E C-R-E-A-M-S.

如果一个评论家用(8b),而不是用(8a)来描述 X 小姐的演唱,那么他就违反了"要简短"这条准则。他很可能是要表达"X 小姐的演唱有严重的不足"这个意思。

(8) a. Miss X sang 'Home sweet home'.

b. Miss X produced a series of sounds that corresponded

closely with the score of 'Home sweet home'. (同上：55)

格赖斯没有提到违反"要有序"这条准则的情况,这是可以理解的。一个人说话颠三倒四,除了暴露出他的思维有问题,不能传递任何意义。(9b)不是(9a)的颠倒,这两句话都是有序的。它们描述的不是同一种情况。但(10a)跟(10b)却据说是中国历史上有名的颠倒句。它们描述的是同一个事件,含义却截然相反。

(9) a. They got married and had a baby.

　　b. They had a baby and got married.

(10) a. 屡战屡败。

　　b. 屡败屡战。

这些讨论使我们看到,会话含义跟字面意义之间的关系可以是多种多样的。有的紧密些,有的很松散,很难说有什么固定的模式。这里的关键是:说话人的意图,说话人意欲传递什么信息。另一个要注意的问题是,是否违反某准则,要看在哪个层次上,是在言说的层次,还是在意会的层次?言说层次的违反,不是真正的违反,只是表面上的违反。在这个意义上,这些话语并没有违反准则。最重要的是:即使某项准则真的被违反了,说话人也不能违反合作总原则,他也应该是在为实现共同的会话目标而努力,否则就不会有格赖斯意义上的会话含义。最后一点是,如 63 页注③所示,人们对某句话是否违反了准则,到底违反了哪条准则,会有不同的看法。这一方面说明,是否违反准则是个程度问题,很难绝对化。这是格赖斯在讨论中用了很多"可能"、"大概"的一个原因。另一方面也说明,这些准则有需要改进的余地。不同准则之间的界限不是很清楚,重合的现象比较严重。因此,后来的语用学家提出了其他一些原则,试图用它们来代替格赖斯的合作原则及其准则,这些我们将在第六章、第七章详细讨论。

4.3 会话含义的特性

在"逻辑与会话"的最后,格赖斯简单地提了一下会话含义的五个特性。

1. 他认为,既然必须假定人们至少遵守了合作总原则,才能推导会话含义;既然人们有可能退出合作原则,那么,会话含义① 就可能在特殊情况下被取消(cancel)。说话人可以再说一句话,表明,或者暗示,他已退出合作原则,从而明确地取消原有的会话含义。②他也可以把通常具有某种会话含义的话,用于特殊语境,通过语境取消有关含义。

2. 如果说,要确定某种会话含义是否存在,除了语境和背景信息,只需要知道所说话的内容,说话方式无关紧要,那就不可能有这种情况——一个表达同样意思的说法会没有同样的会话含义。这就是说,会话含义是不可分离的(non-detachable),除非该会话含义跟方式准则有关。③

3. 既然推导一句话的会话含义需要首先知道这句话的常规意义(conventional force),那么,会话含义就应该不是常规意义的一部分。尽管,有时候一个会话含义可能转化成常规意义,至少在开始时它还不是。

4. 因为明说(what is said)的真理性不要求会话含义也具备真理性(明说是真的,会话含义可能是假的),会话含义就不是明说的一部分,而是说话行为的一部分。

5. 既然确定会话含义,就是确定需要假设什么才能维持合作原则已得到遵守这个假定;既然可能有各种各样,甚至没完没了的假设,会话含义就只会是其中的一个。而如果假设真的多得没完没了,那么,会话含义就会是不确定的(indeterminate)。

事实上,格赖斯在前文还提到过一个特性。那就是:"会话含义的存在必须是能够推导出来的;即使你实际上能凭直觉感到它的存

---

① 格赖斯当时用的词语是"一般会话含义"(general conversational implicature),但其他语用学家都把这看成是各种会话含义的特性,不只局限于一般会话含义。关于会话含义的分类,我们将在下一节详细讨论。

② 我们在第一章开始时引用过的朱镕基总理1999年4月在MIT的演讲,就是一个取消会话含义的很好的例子。

③ 如例7的会话含义利用了方式准则,它是可分离的。如果B的回话改成"But don't give them ice screams",原话的含义就不再存在。

在,除非这种直觉能被替换成论据,这个含义(假设有的话)也不是**会话**含义,只会是**常规**含义"(同上:50)。

1978年,萨德克(Jerrold Sadock)发表了他最初于1976年开始写作的论文"会话含义的测试",对格赖斯的上述六个会话含义特性提出了批评。首先,他认为,会话含义的非常规性(non-conventionality)是循环论证。要区分会话含义跟常规含义,就是要知道哪个是常规的,哪个不是。如果凭直觉就能做出这种区分,那其他标准就都不需要了。会话含义不是明说意义的一部分这一条,跟非常规性很接近,同样是循环的。不确定性这一条,则因为有"可能"这个词而使其作用受到严重影响。

在他看来,只有"可推导性"(calculability)、"不可分离性"(non-detachability)、"可取消性"(cancellability)三者才值得认真考虑。因此,他详细分析了这三个特性。

可推导性,萨德克认为是个必要条件,却不是充足条件。没有可推导性,人们就不能传递会话含义。但是,能用合作原则及其准则推导出来的不一定就是会话含义。假设有人说"Bill is the Rock of Gibraltar"(直布罗陀山),我们是不是也要把它看成隐喻,从而推导出含义呢?如果是,合作原则及其准则的作用是不是太强大了?是不是任何含义都可以被推导出来?另一方面,有的常规含义是从会话含义发展来的。这些常规含义,也可以引用合作原则来推导。这样,可推导性这条标准就不能用来区分会话含义跟常规含义。例如,"go to the bathroom"这个说法现在已不再只有字面意义"去洗手间",它已被用作"小便"的常规表达式,因此,"My dog went to the bathroom on the living room carpet"不是一个自相矛盾的句子。

不可分离性这一条受到很大的限制,格赖斯自己承认跟方式准则有关的会话含义没有不可分离性。在这个意义上,它不是必要条件。其实,即使就其他会话含义而言,不可分离性也既不是必要条件,又不是充足条件。衍推(entailment)① 同样具有不可分离性。"Bill and Harry left"这个句子,不管换什么说法,都会衍推"Harry left"。更严重的是,不可分离性涉及"表达同样意思"这个问题。而什么是"表达同样意思",是很难决定的。严格地说,任何表达式的意思都是不一样的,否则它们就没有存在的必要。至少,有些只用过一次的词语,是没有同义词的。而如果把"表达同样意思"这个条件放宽,就会出现"恶性循环"。例如,有人认为,"Can you open the door?"作为一个"要求",不是会话含义,而是常规含义,因为把"can"换成同义的"be able",就没有同样的"要求"意义。②但是,别人也可以反过来说,"be able"之所以不能替换"can",就是因为它们并不"表达同样意思"。

至于可取消性,萨德克认为,这是测试会话含义的最好的标准。既然会话含义是听话人根据常规意义和语境推导出来的,说话人自然就能通过改变语境(包括语言语境和情景语境)来改变会话含义。但是,这个标准也有问题。如68页注①指出的,格赖斯说的是**一般**会话含义能被取消。而一般会话含义是指不需要特殊语境的会话含义,这样,上面讨论的那几个标准,就有个怎么跟常规含义区分的问题。第二个问题是怎么区分消除歧义跟含义被取消?如,"Everyone speaks one language although no one language is spoken by everyone"是个消除歧义的例子,而不是会话含义被取消。萨德克提到,塞尔(1975b)曾企图证明"Can you pass the salt?"没有歧义,它只有一个"提问"意义。当它被用作"要求"时,表达的是会话含义。塞尔的根据是,这样的句子可以跟否定其"要求"含义的句子连用。而萨德克认为这恰恰是有歧义的情形。

---

① 有的作者把"entailment"译成"蕴涵",我们认为这种译法不妥。在逻辑学中,"蕴涵"通常是"implication"的汉语译名,而"entailment"只是"strict implication",跟"material implication"是有区别的。因此,我们采用沈家煊(1990)的提议,把"entailment"译成"衍推"。(程雨民(1997:107)也采用这一译法,但涂纪亮(1987:545)译作"导出",桂诗春(1991:322)译作"推演"。)

② 萨德克在下文又讲到,在某些情况下,"be able"是能替换"can"的。所以,更全面的说法恐怕是,"be able"表示"要求"不像"can"这样方便。

萨德克觉得另外有一个特性跟可取消性相连,但格赖斯没提到。既然会话含义不是常规意义的一部分,就有可能把会话含义明确表达出来而不至于累赘。这就是说,会话含义是可以强化的(reinforceable),而常规含义却不行。如,"It's odd that dogs eat cheese and they do"是累赘,但是"Maggie ate some, but not all, of the cheddar"却是完全正常的。他承认"可强化性"也有个跟消除歧义区分的问题。"Everyone speaks one language and it is the same language"的可接受性,不证明前一个分句包含一个会话含义。但是,他坚持"对会话含义来说,可强化性应该是一个跟可取消性一样好,或一样差,的测试"(Sadock 1991 [1978]: 374)。

因此,萨德克的结论是:目前还没有有效的方法可以测定什么是会话含义,什么不是。

格赖斯在1978年发表的另一部分威廉·詹姆斯讲稿——"关于逻辑与会话的进一步说明"中再次讲到了会话含义的特性。他说他本来也无意把这些特性作为测定会话含义的决定性标准,虽然他希望其中有一些至少可以为确定是否存在会话含义多少提供一些初步证据(Grice 1978: 114-115)。

他进一步解释了不可分离性。"如果不可能找到另一个表达相同意思(或大致相同意思)的说法,不具备某个含义,那么该含义就是不可分离的"(同上:115)。如,当有人说"One tried to do x"时,他隐含这个人没成功,或可能没成功。如果他改用其他说法,就像,"A attempted to do x, A endeavored to do x",或"A set himself to do x",上述含义仍然存在。这说明这个含义是不可分离的。

他承认不可分离性不是必要条件,依赖方式准则的会话含义就没有不可分离性。另一方面,可能找不到表达相同意思的其他说法,或者其他说法很不自然、太冗长。不可分离性也不是充足条件。"He has left off beating his wife"这样的句子预设(presuppose)这个人曾经殴打他妻子,这种预设也是不可分离的。而且一个句子的衍推(entailment)也是不可分离的。①他之所以提出这个特性,主要是为了

---

① 关于衍推跟会话含义的区别,我们将在下一节详细讨论。

区分某些常规含义跟非常规含义(同上)。格赖斯在这里指的很可能是他 1961 年讨论过的"but"的情况。从真值条件语义学的角度说,"but"跟"and"的意义是相同的,只要它们联结的两项分别都是真的,整个命题就是真的。但是,"but"另外还有个意义——它所联结的两项是互相对立的,"and"却没有。例如,莎士比亚名句"My friends were poor, but honest"中的"but"如果换成"and",这个意义就消失了。这就是说,这个意义是可以跟句子分离的,因此格赖斯认为这是常规含义,不是会话含义。

格赖斯比较详细地讨论了可取消性。他认为这是每一个会话含义都具备的特性。不幸的是,这不是充足条件,有些比较随意的(loose, relaxed)说法所具有的意义也是可取消的,却不是会话含义。假设有两个人在挑选一条深浅适中的绿色领带,他们可以说"It is a light green now",或者"It has a touch of blue in it in this light";虽然严格地说,他们应该说"It looks light green now",或者"It seems to have a touch of blue in this light"。但是,因为双方都知道,而且知道对方知道,这里不存在真的改变颜色的问题,他们不必非用严格的说法不可。

跟可取消性相连,他特别讨论了"or"的用法。在逻辑学里,"or"用做"相容析取"(inclusive disjunction)。它所联结的两项中有一项真,或者两项都真,整个命题就是真的。在自然语言中,它却可以被用做"相斥析取"(exclusive disjunction),即,它所联结的两项中只能有一项是真的。怎么解释这两种意义呢?一种做法是把"or"看成是有歧义的:它既可以是相容析取,也可以是相斥析取。格赖斯认为如果是这样,那么"or"应该在大多数场合是相容的。但是,事实正好相反。在大多数情况下,"or"是相斥的。如"It is not the case that A or B",一般表示"既不是 A,也不是 B"。"Suppose that A or B",一般是假设"或者 A,或者 B",不包括假设"两者都是"。在寻宝游戏中,更是如此。"The prize is either in the garden or in the attic"这句话表明,其中肯定只有一项是真的。跟"歧义说"相比,格赖斯认为会话含义理论提供了一个更好的解决方法。那就是:把相容析取看成"or"

的真值条件意义,相斥析取则是其会话含义。①当到底 A 真还是 B 真这一点对听话人有关联时,一个用"or"的叙述,比明确说到底是 A 还是 B,信息量要弱。如果说话人没有退出合作原则,那么根据质量准则第二条次则他应该有足够的证据这么说,也就是说,说话人有证据认为这两者不会同时都真。这样,我们就得出了一个"相斥"的解读。

格赖斯还建议把"若无必要,不应该增加涵义(sense)"作为一条公认的原则,他称之为"修订版奥卡姆剃刀"。②像"or"这种情况,当其中的一个意义可以被解释成会话含义时,就没有必要说它是歧义的。

4.4 含义的种类

"含义"(implicature)一词有广义、狭义两种用法。当"含义"用做"会话含义"(conversational implicature)这个意义时,它是狭义的。这是一种省略用法、简称用法。但它还有一种广义用法,用做各种隐含意义的总称。这时候,"会话含义"不等于"含义",前者只是后者的一个种类。除此以外,还有其他的"含义"。下面,我们将首先讨论"常规含义"(conventional implicature),其对立面是"非常规含义"(non-conventional implicature)。"会话含义"是"非常规含义"的一个分类。格赖斯认为,除了他讲到的准则,还有其他美学的、社会的、伦理的准则,比如"要讲礼貌"。这些准则也会生成非常规含义(Grice 1975:47)。因为它们跟会话含义相对,这些非常规含义可以叫做"非会话含义"(non-conversational implicature)。英国语言学家利奇(Geoffrey Leech)曾试图提出一个跟合作原则平行的礼貌原则,但是,响应的人不太多。因此,到底还有哪些其他非常规含义,或者说非会话含义,至今没有明确的答案。

4.4.1 常规含义

如上文所述,格赖斯在引进"含义"这个概念后,就指出有一种含

---

① 这就是 58 页注①提到的格赖斯关于逻辑语言与自然语言关系的看法。从真值条件角度看,逻辑联结词跟它们的自然语言对应词的意义相同。不同的是,自然语言联结词有会话含义,逻辑联结词没有。

② 奥卡姆(William of Occam,约 1285-1349)是当时英国影响最大的哲学家,曾提出"若无必要,不应该增加实体"(Entities are not to be multiplied beyond necessity.),世称"奥卡姆剃刀"(Occam's Razor)。

义是由词语的常规意义决定的,他称之为常规含义。他当时用的例子是"He is an Englishman; he is, therefore, brave"。这句话的一个含义是:"他勇敢,是因为他是英国人"。这个含义来自"therefore"这个词,跟这句话的真值条件无关。只要这个人确实是英国人,确实勇敢,这句话就是真的;至于前者是否是后者的原因,那无关紧要。

上文还提到,格赖斯在1961年讨论过"but"的常规含义。从真值条件语义学的角度说,"but"跟"and"的意义是相同的,只要它们联结的两项分别都是真的,整个命题就是真的。但是,"but"另外还有个意义——它所联结的两项是互相对立的,"and"却没有。例如,美国女演员特纳(Kathleen Turner)在英国广播公司1994年8月27日的一次节目里说了下面的话:

(11) I get breakdowns from the studios of the scripts that they're developing...and I got one that I sent back furious to the studio that said "The main character was thirty-seven but still attractive." I circled the *but* in red ink and I sent it back and said, "Try again!"(转引自 Jenny Thomas 1995: 57)

1979年,卡图恩(Lauri Karttunen)和彼得斯(Stanley Peters)在他们的"常规含义"一文中专门讨论了这个问题。他们着重分析了"even"这个词。他们认为在句(12)中,"even"跟该句的真值条件无关。只要句(13)表达的命题是真的,句(12)就是真的。也就是说,从真值条件角度说,(12)跟(13)是等价的。至于"even"表达的(14)所列的意义是次要的、附带的。

(12) Even Bill likes Mary.
(13) Bill likes Mary.
(14) Other people besides Bill like Mary.
　　Of other people under consideration, Bill is the least likely to like Mary.

当然,如果(12)中的(14)这部分是错的,(12)的说话人也会受到批评。但这种批评会比较温和,人们会承认该说话人至少有一部分是对的。他们会说,"Well, yes, he does like her; but that is just as one would expect"。相反,如果(13)这部分错了,很少有人会说"Yes, you wouldn't expect Bill to like Mary; as a matter of fact, he doesn't like her"。

这两部分内容的区别还可以从包含(12)的复合句,如(15)、(16)中看出来。

(15) I just noticed that even Bill likes Mary.

(16) If even Bill likes Mary, then all is well.

句(15)的说话人刚刚注意到的是(13),不是(14)。句(16)的说话人需要证实的也是(13),不是(14)。他只有对(14)有充分把握时,才能说(16)。

对(12)的两部分内容的不同反应,说明它们之间有某种本质差别。上面我们说了,其中的(13)部分是真值条件意义,而(14)部分是非真值条件意义。另一个说法是,(13)部分是"明说",而(14)部分是"暗含",也就是含义。这个含义是由"even"的常规意义决定的,所以是常规含义。

如果对照上一节讨论的会话含义的特性,我们会发现常规含义基本上不具备这些特性。会话含义可以被取消,常规含义不行。假设有人说"He is an Englishman; he is, therefore, brave. But I don't mean the former is the reason for the latter",这个人就是自相矛盾。同样,没有人能说"Even Bill likes Mary, though there are no other people besides Bill like Mary, or of other people under consideration, Bill is not the least likely to like Mary"。常规含义是可分离的,这点已讨论过了。常规含义是常规意义的一部分,这一点不言而喻。因此,常规含义也是确定的。常规含义跟会话含义的惟一相同点是:它也不是真值条件意义,不是明说的一部分。[①]在某种意义上,如格赖斯(Grice 1978:115)所说,提出这些特性就是为了区分常规含义跟会话含义。在论述"可推导性"这一条时,他更明确地提到,会话含义必

---

① 正是在这个意义上,莱文森(1983:127)把常规含义定义为:非真值条件推理,不是根据[格赖斯]准则那样的总的语用原则推导出来的,只是根据常规附属于某些特定词语或表达式的。

须是能够推导出来的,否则,它只会是常规含义,不会是会话含义(Grice 1975:50)。①

从上述讨论也可看出,常规含义一般只见于少数词语。但莱文森(Levinson 1983: 128-9)认为"however, moreover, besides, anyway"等起连接作用的词,"sir, madam, mate, your honour"等称呼语也都有常规含义。他特别提到下列两个句子,它们的真值条件相同,不同的是两者显示的人际关系。

(17) Tu es le professeur.

(18) Vous êtes le professeur.

4.4.2 一般会话含义和特殊会话含义

在会话含义内部,还可以进一步区分小类。这一节,我们先讨论一般会话含义和特殊会话含义。

在"逻辑与会话"(Grice 1975:56-57)接近结尾时,格赖斯讲到了会话含义的一种小类———一般会话含义(generalized conversational implicature)。他说,"X is meeting a woman this evening"这句话,通常隐含 X 要见的人不是他的妻子、母亲、妹妹、甚至也不是他的红颜知己。为了证实格赖斯的论断,克拉克夫妇(Clark & Clark 1977:122)设想如果听话人接着问,"Does his wife know about it?"而说话人回答"Of COURSE she does. The woman he is meeting IS his wife",那么听话人一定会很生气。他可以指责说话人骗人,尽管如利奇(Leech 1983: 91)指出,从逻辑角度说,说话人并没错,X 的妻子确实是"女人"。

同样,"X went into a house yesterday and found a tortoise inside the front door"这句话,通常隐含这房子不是 X 自己的。这似乎说明当人们使用"an X"这样的表达式时,他们隐含这个 X 跟所谈论的人没有密切的关系。但是格赖斯注意到,有时候"an X"这样的表达式就没有这样的含义。当有人说"I have been sitting in a car all morn-

---

① 如68页注①表明,格赖斯在"逻辑与会话"的末尾讨论会话含义的特性时,重点讲的是一般会话含义与常规含义的区别。因为格赖斯认为一般会话含义(我们将在下一小节详细介绍)是很容易被当做常规含义的(1975:56)。

ing"时,这车可能是他自己的,也可能不是。而当有人说"I broke a finger yesterday"时,他的意思则相反。这句话往往表示,他割破了自己的手指头。怎么解释这种现象呢?难道"an X"这样的表达式是有歧义的:它有时候表示这个 X 跟所谈论的人没有密切的关系,有时候表示这个 X 跟所谈论的人有密切的关系,有时候又介乎两者之间?

格赖斯不同意采用"歧义论",他认为从会话含义的角度来解释可能更可取。[①]

这种含义不需要特殊的语境,是某些词语在通常情况下所具备的。格赖斯把它叫做"一般会话含义"。莱文森(Levinson 1983:126)把它定义为"不一定需要特殊语境或特别场面就能出现的含义"。1987年,他改变了一下措辞,把它叫做"没有语境提示相反解读时的优先解读"(Levinson 1987b:410)。1991年时,他干脆把一般会话含义叫做"默认解读"(default interpretation)(Levinson 1991:127)。这就是说,一般会话含义是,如果不引用特殊语境就不会有其他解读时的通常解读。一个更普通的一般会话含义的例子是(19)所隐含的意义(20)。一般情况下,人们听到(19),都会把它理解成(20)。

(19) John has three cows.

(20) John has only three cows.

国内有些作者,正如格赖斯所担心的那样,混淆一般会话含义与常规含义。他们把一般会话含义不需要"特殊"语境,理解成不需要"任何"语境。这样一来,一般会话含义就只能来自个别词语的常规意义了。就是说,一般会话含义等于常规含义。这是一种误解。

我们在上一节讲到,常规含义只见于个别词语,没有普遍性。它们除了也是非真值意义外,跟一般会话含义没有共同性。例如,常规含义是可分离的,换一个词语,有关常规含义就不复存在。或者说,这些词语没有同义词。"but"跟"and"并不是真正的同义词,它们只

[①] 格赖斯的这个说法只解释了"an X"这种表达式的一个意思,没有解释为什么在有的情况下,"an X"又可以指称与所谈论的人有密切关系的物体。这个问题我们在第七章结尾处再详细探讨。

在两者都有合取作用(conjunction)这一点上相同。更重要的是,常规含义不能被取消。我们曾提到,假设有人说"He is an Englishman; he is, therefore, brave. But I don't mean the former is the reason for the latter",这个人就是自相矛盾。同样,没有人能说"Even Bill likes Mary, though there are no other people besides Bill like Mary, or of other people under consideration, Bill is not the least likely to like Mary"。但是,一般会话含义是可以被取消的。在这一点上,上述(19)的会话含义表现得很明显。如果说话人在说了(19)以后,接着说"if not more",也就是说,如果他说的是(21),(20)这个含义就将不复存在。

(21) John has three cows, if not more.

这种含义也可以通过语境取消。如果"拥有三头奶牛"是获得政府补助的起码条件,那么,当督察员用(22)询问约翰的邻居时,他的回答(23)绝对没有(20)这个含义。

(22) Has John really got the requisite number of cows?

(23) Oh sure, he's got three cows all right.

与此相对照,格赖斯在这以前讨论的那些会话含义全都是特殊会话含义(particularized conversational implicature),是需要特殊语境的。比如,格赖斯用来引进"含义"概念的例子,A、B两人在谈论他们的共同朋友——在银行工作的C,B告诉A"He hasn't been to prison yet"。没有特殊语境,B不会说这句话,说了对方也不会理解。再如,"Mr. X's command of English is excellent, and his attendance at tutorials has been regular"只讲了这个人的英语水平和出勤情况,如果没有特殊语境,就不会有"X先生不适合做哲学工作"这个会话含义。如果该学生是在申请教英语的工作,这封信反而是对他很有利的推荐。同样,"The weather has been quite delightful this summer, hasn't it?"这句话,一般情况下不会有"现在不要谈论Mrs. X这个话题"的含义。

美国语用学家格林(Georgia Green 1989:95)认为一般会话含义跟特殊会话含义的区分是一个依赖语境的程度问题,很难绝对化。我们觉得她的话有点道理,但至少应该承认,大致的差别还是存在的。

4.4.3 标准会话含义和非标准会话含义

这是会话含义内部的另一个区分。我们在讨论违反准则的不同方式时提到,格赖斯认为不违反任何准则时,照样会有会话含义。他当时用的例子,我们重复如下:

(24) A: I am out of petrol.

B: There is a garage round the corner. (Grice 1975: 51)

格赖斯没有给这类会话含义起名字,莱文森(Levinson 1983: 104)把它叫做"标准(standard)会话含义"。相应地,那些在违反格赖斯准则时出现的含义可以叫做"非标准(non-standard)会话含义"。

但是,我们在 63 页注③中指出,雷柯夫(Robin Lakoff 1995: 2)曾对该例提出不同看法。她认为 B 君可以说违反了数量准则,或者关系准则,或者两者都违反了。这说明是否违反准则也是个程度问题。我们的态度跟对待前一个区分一样,即,至少应该承认大致的差别。

这一区分跟前一个关于一般会话含义和特殊会话含义的区分,在理论上是很清楚的:两者的划分标准不同。前一个区分是根据是否需要特殊语境,这个区分则根据是否违反格赖斯准则。但是,实际上,这两个区分是交叉的。有些一般会话含义是在遵守格赖斯准则的情况下出现的,因此,它们同时也是标准会话含义。例如,格赖斯提到的"X is meeting a woman this evening",或者上文的例(19),就没有违反任何准则。不过,并不是所有的一般会话含义都是标准会话含义。莱文森(Levinson 1983:127)认为(25)这样的隐喻和(26)这样的同义重复"是比较独立于语境的"。它们一般不需要特殊语境,所传递的意义可以看作一般会话含义。但很明显,它们违反了有关准则,属于非标准会话含义。

(25) England is a sinking ship.

(26) War is war.

反过来说也是这样。有些标准会话含义不需要特殊语境,如刚才提到的例(19),它既是一般会话含义,也是标准会话含义;或者说,既是标准会话含义,也是一般会话含义。但有些标准会话含义却需要特殊语境,如例(24)。如果 A 说的是"I have a flat tyre",或者"My car's broken down",B 的回话的含义就会不一样。这就是说,例(24)的会话含义是特殊的。

上一节提到,国内有些作者混淆一般会话含义跟常规含义。有的人更进一步把标准会话含义拉进来,说"一般会话含义实际上不可能由违反某些准则而产生",有的甚至说"一般会话含义是在遵守合作原则中的某项准则时产生的"①。这样一来,三种不同的含义:常规含义、一般会话含义、标准会话含义就成了一个东西。尽管常规含义理解起来有些困难,尽管一般会话含义跟标准会话含义有交叉,我们认为这三者从原则上来说,还是可以区分清楚的,不应该混淆。

莱文森非常重视一般会话含义与标准会话含义的交集——既是一般会话含义,又是标准会话含义的部分。他认为它们"对语言学理论具有特别重要的意义。这些含义恰恰是很难跟语言表达式的**语义**内容区分清楚的,因为它们常常在普通语境中跟有关表达式联系在一起"(Levinson 1983:127)。也就是说,它们表达的到底属于"明说"、还是"暗含",属于"言传"、还是"意会",是不太容易区分清楚的。他日后的研究重点就是这些会话含义,虽然他只把它们简单叫做"一般会话含义"。

4.4.4 衍推

70 页注①已说明,衍推是我们采用的"entailment"的汉译。这一类意义可以看作"推理"(inference)的一部分,在这个意义上,它也是暗含的。但是,它跟其他暗含的内容又有明显的差别。它跟明说的联系是如此的紧密,以致在一定意义上把它看成明说的一部分,甚至就是明说,也是完全合理的。下面我们具体阐述这个论点。

先看几个例子。我们曾经说例(19)有(20)这样的一般会话含义,其实它还包含很多其他意义。我们把(19)、(20)重复为(27)、(28),(19)包含的一些其他意义列作(29)、(30)。

---

① 这个说法很荒谬。按照这个说法,非标准会话含义也可以算一般会话含义。因为非标准会话含义并不是在违反所有格赖斯准则时才产生,它往往只违反其中的个别几项,就是说它也会遵守其中的某一项。

(27) John has three cows.

(28) John has only three cows.

(29) a. John has some cows.

b. John has some animals.

c. John has something.

d. Somebody has three cows.

e. Somebody has some cows.

f. Somebody has some animals.

g. Somebody has something.

(30) There is a man called John.

例(27)包含的上述其他意义中,(29)属于衍推,(30)则是预设(presupposition)。衍推是不同句子[①] 间的一种逻辑关系。如果第一个句子为真时,第二个句子必真;第二个句子为假时,第一个句子必假,那么我们就说第一个句子衍推第二个句子。如(27)与(29)各句之间的关系。预设则有所不同。当一个句子预设另一个句子时,第二个句子必真,不论第一个句子是真还是假。如(27)与(30)之间的关系,不管"John has three cows"是否为真,"There is a man called John"必然为真。如果没有约翰这个人,你根本就不能谈论他是否有奶牛这件事。因为预设将在下一章单独讨论,这一节我们只讨论衍推。

从这个介绍我们可以看出,衍推是一种真值条件意义,这是衍推跟前面所讨论的各种含义的最大区别。除了这一点以外,衍推跟4.4.1小节讲到的常规含义还有一个区别。那就是它像会话含义一样,也是不可分离的;而常规含义,前面已讲到,是可以分离的。例如,下列各句都衍推(29),虽然其中的有关词语已作了变动。

(31) John owns three cows.

---

① 有人根据格赖斯关于会话含义不是明说的一部分,而是说话行为的一部分这个观点,提出会话含义不是"句子"的特性,而是"话语"(utterance)的特性。如果是这样,衍推跟会话含义的区别就很清楚了。那就是:衍推属于句子,会话含义属于话语。问题是,在实际使用时,"句子"和"话语"这两个概念并不是总能分得很清楚的。所以,我们认为有必要再从其他角度加以区分。

(32) John possesses three cows.
(33) There are three cows which belong to John.

但是"不可分离性"只是衍推跟会话含义的惟一相同之处。在其他各个特性上,衍推都跟会话含义不同。如,衍推是不可取消的。当(27)为真时,(29)中的各句都必然为真。没有人能在肯定(27)的同时,否定(29)的任何一句。这同时说明,它是确定的,不可变的。但是,(28)的会话含义则不同,(27)为真时,它可能为假。衍推属常规意义,而会话含义,如早就指出的,是非常规含义的一种。在某种意义上,我们可以说,认识"cow"这个词,就是知道这是一种"animal";认识"John"这个词,就是知道这是人的名字,可以用"somebody"来代替。因此,衍推是不可推导的。当你不知道一个词的衍推时,你不能根据合作原则及其准则将其推导出来,你只能去查词典。在这个意义上,衍推是词典意义的一部分,不属于语境意义,也可以说,不属于暗含的意义,而属于明说。

综合上述关于各种意义之间区别的讨论,我们可以把意义的类别大致划分如下(参考 R. Harnish (1991 [1976]: 325), J. Sadock (1991 [1978]: 366-7), S. Levinson (1983: 131) and L. Horn (1988: 121))[①]:

[①] 大家会注意到,这张图表没把"预设"包括进来。这是因为"预设"很复杂,它到底该归属哪一类意义,我们将在下一章详细探讨,这里暂时存疑。哈尼什(Harnish 1991 [1976]:325)的图把"预设"跟"常规含义"、"非常规含义"并立,作为"含义"的第三个分类。似乎想表示"预设"既不是"常规的",也不是"非常规的";或者,既是"常规的",又是"非常规的"。他的第二个层面也有三个分支:意义(what was meant)、明说(what was said)、含义(what is implicated)。而最上面的一层,即相当于我们的"意义"这层,他没有起名字。我们感觉这样不妥,如果除了"明说"、"含义"以外还有"意义",这又是什么意义呢?这大概也是他没法给这三者找到一个合适名字的原因。我们把他的图复制在我们的图的下面,供大家参考。

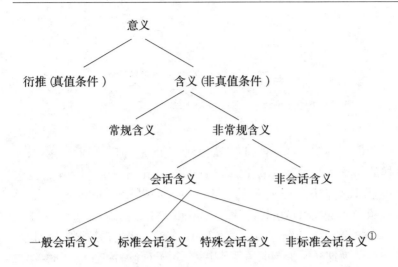

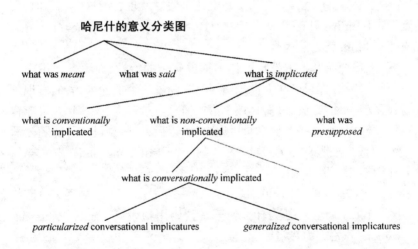

哈尼什的意义分类图

---

① 我们把这两对概念这么交叉画,是为了更形象地反映它们之间的关系。

第五章 预　　设

预设(presupposition)，上一章提到，指的是"John has three cows"这样的句子的一种暗含意义，即"There is a man called John"。这就是说，预设是使用一个句子的先决条件。如果没有 John 这个人，你就不能说他是否有奶牛这件事。所以，"John doesn't have three cows"同样预设"There is a man called John"。从逻辑角度说，预设可以被定义为这样一种句间关系：当一个句子预设另一个句子时，第二个句子必真，不论第一个句子是真还是假。就现在的这个例子而言，不管"John has three cows"是否为真，只要有这句话，"There is a man called John"就必然为真。

上述介绍基本上把预设作为抽象句子的特性，而不是使用中的话语的特性。但是，在上世纪 70 年代，随着研究的深入，人们发现预设不仅是个语义概念，而且是个语用概念。某些词、某些句式可能在某些场合具有某些预设，但是场合变了以后，这些预设也可能随之而变。例如，按照前一段的说法，"The present King of France isn't bald"应该预设"There's a king in France now"，但是，"The present King of France isn't bald, because there's no such person"这句话却不是自相矛盾。这是为什么？于是，"语用预设"(pragmatic presupposition)开始成为热门话题。

众所周知，"pragmatics"这个英语词是美国逻辑学家莫里斯(Charles Morris) 1937 年创造的，用来指称符号学的一个分支。后来，以色列哲学家巴尔-希勒尔(Yehoshua Bar-Hillel)从语用学角度研究过指别问题(deixis)。[①] 50 年代中期，奥斯汀正式提出了第一个完整的语用学理论——言语行为理论，60 年代格赖斯又提出了会话含

---

① 　虽然他当时的论文题目是"直指表达式"(indexical expressions)。

义理论。语言学意义上的语用学研究,即语言语用学(linguistic pragmatics),以区别于符号学意义上的语用学研究,已蓬蓬勃勃地开展起来了。但是,奥斯汀和格赖斯都没用"pragmatics"这个词,"pragmatics"的广泛使用是随着预设研究的深入而开始的。在这个意义上,"预设"是"语用学"正式进入语言学领域的突破口。

5.1 哲学家对预设的研究

在现代,预设问题是一百多年前由德国哲学家弗雷格(Gottlob Frege)首先提出来的。我们在第二章提到,弗雷格在1892年的文章"论涵义与指称"中提议区分"指称"("Bedeutung",英语一般译作"reference")与"涵义"("Sinn",英语一般译作"sense")。他的理由是某些词语的指称可能相同,涵义却可能不一样。例如,"the Evening Star"和"the Morning Star"指称同一个天体,但例(1)是同义反复,例(2)却代表了重大的天文学发现。

(1) The Evening Star is the Evening Star.

(2) The Evening Star is the Morning Star.

在讨论了单词的指称、涵义以后,他接着讨论了句子的指称和涵义。[①]他认为"He who discovered the elliptical shape of the planetary orbits, died in misery"中的定语从句"who discovered the elliptical shape of the planetary orbits"有一个指称对象,那就是"Johann Kepler"。而且,从(3)我们可以推断(4)。

(3) Kepler died in misery.

(4) There was a man called Kepler.

这种推理不是句子的逻辑意义的一部分,(3)没有直接告诉我们(4)。但是,(4)却是(3)的先决条件。如果(4)不成立,我们就不能说(3)。所以弗雷格提出"如果有人作出断言,那么其中永远有一个明显的预设——他所用的简单或复合专有名词有一个指称对象"(Frege 1952 [1892]:69)。他注意到相应的否定句也有相同的预设,(5)同样预设(4)。

---

① 弗雷格认为句子的指称对象是其真值。这个看法跟本章的讨论无关,我们不在此详细论述。

(5) Kepler didn't die in misery.

除了专有名词,他认为时间状语从句也有预设。例如,"After the separation of Schleswig-Holstein from Denmark, Prussia and Austria quarrelled"预设"Schelswig-Holstein was once separated from Denmark"(同上:71)。

英国哲学家罗素(Bertrand Russell)在1905年发表了"论指谓",批评了弗雷格的分析法。他把"the Evening Star"、"the present King of France"这样的词语叫做指谓短语(denoting phrase)。他认为指谓短语本身没有意义,具有意义的是包含指谓短语的命题。[①]所以,他主张重新分析指谓短语,例如,(6)应该分析成(7),分析后的句子不再包含指谓短语"the author of *Waverley*"。

(6) Scott was the author of *Waverley*.

(7) It is not always false of x that x wrote *Waverley*, that it is always true of y that if y wrote *Waverley* y is identical with x, and that Scott is identical with x.

在1918年的"逻辑原子论的哲学"里,罗素提出(8)应该分析成(9)。

(8) The present King of France is bald.

(9) There is a c such that c is now King of France and c is bald.[②]

这就是说,(8)包含(10)中的三个命题:

(10) a. There is a King of France.

　　b. There is no one else who is King of France.

　　c. The King of France is bald.

在这两篇文章中,罗素都认为(8)是假的,而(11)却是有歧义的。

[①] 罗素把弗雷格的"Sinn"译作"meaning","Bedeutung"译作"denotation",而且他坚持意义的指称论(the referential theory of meaning),把词的意义说成其指称对象。因此,他这篇文章中有关意义的论述是非常混乱的,被人称为"20世纪哲学中最令人费解的段落之一"。

[②] 严格说,(8)应分析成 There is a c such that c reigns over France now and c is bald;否则,指谓短语 King of France 还继续存在。

当它表示(12)时,它是真的;当它表示(13)时,它是假的。

(11) The present King of France is not bald.

(12) It is false that there is an entity which is now King of France and is bald.

(13) There is an entity which is now King of France and is not bald.

1950年,英国哲学家斯特劳森(Peter Strawson)撰写"论指称"(On Referring),又批评了罗素的分析法。首先,他主张区分"句子"和"句子的使用"。他提出,句子本身没有真假,只有句子的使用才有真假。就(14)本身而言,我们不能说它是真的,还是假的。如果有人在路易十四时期说这句话,那它就是真的;如果有人在路易十五时期说这句话,那它就是假的;而如果有人现在说这句话,那它就无所谓真假。

(14) The King of France is wise.

最后这点是他跟罗素观点的最大差别。法国现在是共和国,没有国王。罗素认为在这种情况下,任何对国王的评价都是假的;①斯特劳森却认为这些评价没有真假值,既不能算真,也不能算假。罗素曾把(8)分析成(10),就是说,(8)这个句子有三个意思,其中之一是(10a),"There is a King of France"。斯特劳森不这么看,他认为"说'法国国王很英明'在某种意义上**蕴涵**(imply)法国有个国王。但是,这是一种非同寻常意义上的'蕴涵'。这种意义上的'蕴涵'绝对不等于衍推(entail)(或'逻辑蕴涵')"(Strawson 1971 [1950]:12)。

在1952年的《逻辑理论导论》里,斯特劳森明确地把"预设"用于跟"衍推"对立的意义。他说,(15)在逻辑上是荒谬的,但这跟(16)这种自相矛盾的荒谬是不一样的。

(15) All John's children are asleep; but John has no children.

(16) All the men at work on the scaffolding have gone home; but some of them are still at work.

---

① 所以,"The present King of France is bald"和"The present King of France is not bald"这两个矛盾的句子都可以是假的。然而,从逻辑角度说,这是违背矛盾律的。两个矛盾的判断,真值应该不一样。这是斯特劳森提出反对意见的一个原因。

在(16)这个自相矛盾句里,一个句子 S("All of them have gone home"),跟使其为真的必需条件(句子 S',即"some of them have gone home")的否定连用,这就是说,S 跟 S' 的关系是衍推关系。在(15)中,跟 S("All John's children are asleep")连用的也是 S'("John has children")的否定,但是这个 S' 是 S 为真还是为假两者共同的必需条件。斯特劳森把(15)这样的 S 跟 S' 的关系叫做预设,或者说,在这里 S 预设 S';只有 S' 为真,S 才谈得上真假(Strawson 1952:175)。

5.2 语义预设

自从 1965 年乔姆斯基在他的语法体系里增加了语义部分,语言学家对语义的兴趣越来越浓,预设作为意义的一种自然也开始成为一个研究课题。但是,早期的研究都把预设作为语义学的内容,所以我们把这个时期的研究称为"语义预设"(semantic presupposition)。

下面我们着重介绍初期的三种从语义角度展开的预设研究:乔姆斯基把预设作为"焦点"(focus)对立面的研究,菲尔默(Charles Fillmore)把预设作为语义信息的研究,以及吉帕斯基夫妇(Paul Kiparsky and Carol Kiparsky)对叙实谓词(factive predicate)的研究。

把预设作焦点对立面的研究,是乔姆斯基在 1970 年发表的"深层结构、表层结构、语义解释"中提出的。他在脚注中提到,该文的部分内容源于 1966 年夏在日本东京,以及此前在麻省理工学院、加利福尼亚大学的讲演。就我们所看到的资料,这大概是当代语言学家对预设的最早的研究。

他在文章中讨论了(17)、(18)这样的句子。

(17) Is it JOHN who writes poetry?

(18) No, it is BILL who writes poetry.

在正常情况下,(17)的"John"是句子重音所在,(18)是一个可能的回答,其重音在"Bill"上。乔姆斯基认为,"John、Bill"这种重读的词是句子的焦点,而"someone who writes poetry"则是这两个句子的预设。他要解决的问题是这种关于焦点和预设的信息究竟来自深层结构,还是表层结构。他的结论是:这种信息来自表层结构。①他把预设跟焦点对立的做法,虽然没有得到很多人的响应,但是,预设是表层结构的特性这一点却从此成为共识。

菲尔默对语义研究一向很重视。他在 1968 年发表了著名的"格辨"(The Case for Case),提出了后来被称为"格语法"(Case Grammar)的基本思想。在乔姆斯基的理论里,"NP"(名词短语)、"VP"(动词短语)、"PP"(介词短语)等语类概念(categorial notion)是基本概念,"主语"等表示语法功能的概念是通过语类概念定义的。如,"主语"被定义为节点"句子"下的"名词短语","宾语"被定义为节点"动词短语"下的"名词短语"。菲尔默不同意这种做法。他认为语类概念不能解释所有的语法功能,还必须有关系概念,或者叫语义概念。例如,"by the cleaner, with a knife, in a week, toward the moon, for your friend, on the street"等词语,按乔姆斯基的说法都是"介词短语",但从语义角度看,它们分别是"施事"、"工具"、"持续时间"、"方向"、"受益者"、"地点"等。菲尔默把这些语义概念叫做"格",强调它们代表了深层语法关系。

1969 年,菲尔默又撰写了两篇文章——"各种词汇信息"和"判断动词",专门讨论预设。他主张,"预设,或者叫使用词语的'合适条件'(happiness conditions)②,'恰当'(aptly)使用词语所必须满足的条件,也必须包括在词典里"(Fillmore 1971〔1969a〕:370)。他试探着为一些词语写出了各自的基本意义和预设,例如,他为"accuse"(指控)写的词条如下:

(19) ACCUSE〔Judge, Defendant, Situation (of)〕③
　　　Meaning: SAY〔Judge, "X", Addressee〕
　　　X = RESPONSIBLE〔Situation, Defendant〕
　　　Presupposition: BAD〔Situation〕(Fillmore 1971〔1969b〕:282)

---

① 他的详细论证,读者可参看拙作《语用学——理论及应用》(英文)(166-168 页)。我们不在此重复。
② 这是借自奥斯汀的概念,即"felicity conditions"。
③ 本引文有所简化。

第一行说明使用"accuse"这个词时需要提到的几个成分：判断人（Judge），判断对象（Defendant），情形（Situation）。第二行、第三行是基本意义：判断人对受话人说"X"，"X"表示"被判断人要为某情形负责"。最后一行是预设："该情形是坏的"。假设有这么一句话："Harry accused Mary of breaking the vase"，"Harry"就是判断人，"Mary"是被判断人，"breaking the vase"是情形。其基本意义是"哈里对受话人说玛丽要为打破花瓶负责"，预设是"打破花瓶是件坏事"。

叙实谓词和非叙实谓词这对概念是吉帕斯基夫妇在1970年的"事实"一文中首次提出的。他们发现，"significant, likely"这两个词属于两个不同的类别，虽然它们有时似乎用于相同的结构，如(20)、(21)。但它们更多的时候不能用于相同的结构，如(22)、(23)，或(24)、(25)。

(20) It is significant that he has been found guilty.

(21) It is likely that he has been found guilty.

(22) The fact that the dog barked during the night is significant.

(23) *The fact that the dog barked during the night is likely.

(24) *He is significant to accomplish even more.

(25) He is likely to accomplish even more.

类似"significant"的词还有"odd, exciting, matter, count, suffice, amuse, bother"等，类似"likely"的词还有"possible, true, false, appear, happen, chance"等。因为第一类谓词预设有关事件是事实，他们把这类叫做"叙实谓词"；第二类则相反，没有这种预设，因此叫做"非叙实谓词"。

在带宾语从句的动词中，他们发现也有这种区分。如，(26)、(28)用的是叙实谓词，(27)、(29)用的是非叙实谓词。

(26) I regret that it is raining.

(27) I suppose that it is raining.

(28) I don't mind your saying so.

(29) *I maintain your saying so.

类似"regret, mind"的动词还有"ignore, grasp, comprehend, take into consideration, take into account, bear in mind, make clear, forget (about), deplore, resent, care (about)"等;类似"suppose, maintain"的动词还有"believe, assert, allege, assume, claim, charge, conclude, conjecture, intimate, deem, fancy, figure"等。

语言学家的这种研究大大扩展了人们的视野,揭示了越来越多的预设触发语(presupposition triggers)——可能导致预设的词或结构。莱文森(Levinson 1983:181-184)在前人的基础上列出了13个类型,我们加以简化、调整如下:

1. 确指描述语(Definite descriptions, see Strawson 1950, 1952):①

    John saw / didn't see *the man with two heads*.
    >> There exists a man with two heads.

2. 叙实谓词(Factive predicates, see Kiparsky & Kiparsky 1970):

    Martha *regrets* / doesn't *regret* drinking John's home brew.
    >> Martha drank John's home brew.

3. 蕴涵动词(Implicative verbs, see Karttunen 1971):

    John *managed* / didn't *manage* to open the door.
    >> John tried to open the door.
    (其他蕴涵动词包括:X *forgot* to V >> X ought to have Ved; X *happened* to V >> X didn't plan or intend to V; X *avoided* Ving >> X was expected to, or usually did, or ought to V)

4. 改变状态动词(Change of state verbs, see Sellars 1954; Karttunen 1973):

    John *stopped* / didn't *stop* beating his wife.
    >> John had been beating his wife.
    (其他改变状态动词包括:*begin*; *continue*; *start*; *carry on*; *cease*; *take* (如,X *took* Y from Z >> Y was at/in/with

---

① 预设句的肯定、否定形式用 / 隔开;除了分裂句等结构,预设触发语用斜体表示;符号 >> 代表"预设"。

Z); *leave*; *enter*; *come*; *go*; *arrive*)

5. 反复词语(Iteratives):

   The flying saucer came / didn't come *again*.

   >> The flying saucer came before.

   (其他反复词语包括: *anymore*, *return*, *another time*, *back*, *restore*, *repeat*, *for the nth time*)

6. 判断动词(Verbs of judging, see Fillmore 1969b):

   Agatha *accused* / didn't *accuse* Ian of plagiarism.

   >> (Agatha thinks) plagiarism is bad. ①

7. 时间从句(Temporal clauses, see Frege 1892):

   While Chomsky was revolutionizing linguistics, the rest of social science was / wasn't asleep.

   >> Chomsky was revolutionizing linguistics.

8. 分裂句(Cleft sentences, see Chomsky 1970; Atlas & Levinson 1981):

   It was /wasn't Henry that kissed Rosie.

   >> Someone kissed Rosie.

   ("What John lost was his wallet"这类准分裂句也属这一类。)

9. 隐性分裂句(Implicit clefts, see Chomsky ibid.; Wilson & Sperber 1979):

   Linguistics was / wasn't invented by CHOMSKY.

   >> Someone invented linguistics.

10. 比较和对照句(Comparisons and contrasts, see G. Lakoff 1971):

    Marianne called Adolph a male chauvinist, and then HE insulted HER.

    >> For Marianne to call Adolph a male chauvinist would be

---

① 上文讲到菲尔默曾研究过这类预设,但莱文森(Levinson 1983:182)认为"这种蕴涵到底算不算真正的预设,是可商榷的;跟其他预设不一样,这种蕴涵与其说是说话人的,不如说是判断动词的主语的。"

to insult him.①

(除了重音,比较和对照还可以由"too, back, in return"之类词语或比较结构表示。)

11. 非限定性定语从句(Non-restrictive relative clauses):

The Proto-Harrappans, who flourished 2800 - 2650 B. C., were / were not great temple builders.

>> The Proto-Harrappans flourished 2800 - 2650 B. C.

12. 反事实条件句(Counterfactual conditionals):

If Hannibal had only had twelve more elephants, the Romance languages would / would not this day exist.

>> Hannibal didn't have twelve more elephants.

13. 疑问句(Questions, see Katz 1972; Lyons 1977):②

(a) Is there a professor of linguistics at MIT?

>> Either there is a professor of linguistics at MIT or there isn't.

(b) Is Newcastle in England or is it in Australia?

>> Newcastle is in England or Newcastle is in Australia.

(c) Who is the professor of linguistics at MIT?

>> Someone is the professor of linguistics at MIT.

5.3 语用预设

如注①所述,语用预设最初是指"Marianne called Adolph a male chauvinist, and then HE insulted HER","John called Mary a Republican and then SHE insulted HIM"之类句子的预设。这种预设——把某人叫做"大男权主义者"或"共和党人"是一种侮辱——完全依说话

---

① 这类预设纯粹依赖人们的信念,是最初被叫做"语用预设"的一类。类似的例子还有"John called Mary a Republican and then SHE insulted HIM"。

② 疑问句一般跟相应陈述句具有相同的预设,这里列举的预设来自疑问句的形式。是否问句的预设实际上是空泛的,如(a)所示,它只是"是"或"否"两种回答之一。选择问句的预设也是两者择一,但如(b)所示,它不是空泛的。特殊问句的预设,是把特殊疑问词换成相应的不定代词或副词后的陈述句。

人的信念而定,说话人的信念不一样,预设就会不一样。但是,后来人们发现,所谓语义预设也会随语境而变。预设触发语并不是在任何情况下都会触发预设的,预设是可以被取消的。例如,我们在本章开始时提到"The present King of France isn't bald, because there's no such person",就没有预设"There's a king in France now"。这就是说,预设实际上是个语用概念。在这个意义上,所有预设都是语用预设,或者说,都应该从语用角度来研究。

首先提出这个问题的是基南(Edward Keenan),他在1971年写了"自然语言的两种预设"。第一种预设,如我们在本章第一段定义的,是句子间的一种逻辑关系,他叫做"逻辑预设"。我们上文罗列的13种预设触发语,他大部分都提到了。但是,他认为预设也可以被看作话语跟其使用语境之间的关系,或者,要恰当地使用一句话所必须满足的条件。他把语用预设定义为"说出一句话就语用预设其语境是合适的"(Keenan 1971: 49)。例如,法语的"Tu es dégoûtant"(你真讨厌)预设"听话人是动物、孩子、社会地位比说话人低、或者跟说话人关系很密切"。①

在文章最后,基南引用了例(30)。他的本意是要说明,预设可以与说话人的信念无关。那就是:"It isn't John who loves Mary"预设"Someone loves Mary",虽然(30)的说话人并不相信该预设。但这个例子恰恰说明,如果说话人不相信某预设,该预设实际上就不存在。换句话说,尽管根据预设触发语,这个句子应该有某种预设,然而,由于说话人没有相关信念,该预设没有被实现,或者,被取消了。我们在下文要讲到,该说话人实际上从一开始就采用了某种语言手段,中止了该预设,然后再一步一步地把听话人引导到取消该预设。

(30) You say that someone in this room loves Mary. Well, maybe so. But it certainly isn't Fred. And clearly it isn't John. And . . . . Therefore no one in this room loves Mary.

(同上:52)

---

① 大家会注意到上一章4.4.1节末尾曾引用莱文森(Levinson 1983:129),把类似的意义叫做"常规含义"。5.4.1节将提到,有人曾明确提出,有些预设就是常规含义。

到底如何从语用角度解释预设,人们提出过很多方案。我们在这里要介绍的是盖士达(Gerald Gazdar)提出的方案。他在1979年出版了一部著作《语用学——含义、预设及逻辑式》,同时把一部分内容以"投射问题的一个解决方案"为题在一个论文集发表。

他的主要办法是把含义和预设都分成潜在的、实际的两种。一个句子会有一些潜在的含义和预设,但只有"那些满足话语语境的部分才实际上成为该话语的含义和预设"(Gazdar 1979b:68)。①这就是说,语境,包括语言语境和情景语境,是一个取消机制,由它决定哪些潜在预设会成为实际预设。语境是什么呢?根据莱文森(Levinson 1983:212),语境是"参与者互相知道,或者至少公认无异议的一个命题集"。而且,语境会随着会话的发展而扩大。话语表达的所有命题,包括明确的和暗含的,也就是说,话语所衍推、隐含、预设的命题,都将被扩充进语境,只要它们跟原有语境一致。换句话说,只有跟原有语境(包括先期扩充的语境)一致的潜在预设才能成为实际预设,那些跟已有语境不一致的潜在预设则将被取消。为了保证准确生成实际预设,话语所表达的命题还必须按照一定的顺序一步一步地被扩充到原有语境。这个顺序是:衍推 > 含义 > 预设。②衍推,我们在第四章讲到,可以被看成明说的一部分,所以它最先成为新语境的一部分;然后是含义,包括常规含义、会话含义等各种含义;最后才是预设。这就是说,潜在预设只有跟情景语境、语言语境(实际上就是衍推)、含义等一致,才会转变成实际预设。

下面我们介绍这个理论的具体操作。先看例句(31)。

(31) At least John won't have to regret that he did a Ph.D.

因为"regret"是一个叙实动词,(31)的宾语从句"he did a Ph.D."就是一个潜在预设。它能否成为实际预设,取决于原有语境和其他可能在本预设之前被扩充进语境的命题。这个句子没有其他命题,所以只要看该预设表达的命题是否跟原有语境一致。假设原

---

① 因为这里主要讨论预设,下文将不再提及含义。
② 原文还区分分句含义(clausal implicature)和等级含义(scalar implicature),但这个区分在这里不重要,我们省略。

有语境是约翰获得博士学位后,终于找到了工作,"he did a Ph.D."跟该语境一致,所以它就会成为实际预设。但是,假设原有语境是约翰没有通过博士入学考试,"he did a Ph.D."跟该语境有冲突,这时候这个潜在预设就不会成为实际预设。

同理,(32)的潜在预设(33)也会被情景语境取消。但如果对比(34),里面用了"cried",而不是"died",我们也可以说,(32)的潜在预设是被"died"这个语言语境取消的。

(32) Sue died before she finished her thesis.

(33) Sue finished her thesis.

(34) Sue cried before she finished her thesis.

不过,真正被语言语境取消的潜在预设大概要算(35)、(36),因为里面有"in fact he didn't even try"和"in fact he never did do one"。这两个从句明确表达了跟潜在预设相反的内容。这种内容也可以说是衍推,而衍推要在预设之前被扩充进原有语境,在这个意义上,这两个例子也是潜在预设被衍推取消的例子。这种方法同样可以解释我们在本章开头提到的,为什么(37)是可以接受的句子。

(35) John didn't manage to pass his exams, in fact he didn't even try.

(36) John doesn't regret doing a useless Ph.D. in linguistics because in fact he never did do one.

(37) The present King of France isn't bald, because there's no such person.

现在我们来看一下潜在预设被含义取消的例子,我们把上文的(30)作为(38),重复在下面。首先,其中的第二句子有个"maybe",这个词隐含"someone in this room loves Mary"只是一种可能性,是不能肯定的。这个含义为最后取消这里的潜在预设打下了伏笔。然后说话人一个一个地否定有可能爱上玛丽的人,这些句子在开始时仍然潜在预设"someone in this room loves Mary",但是,等到把在场的每一个人都否定以后,这时候就出现了一个衍推,一个明确表达的命题——"在场的人没有一个爱上了玛丽"。开始时的潜在预设"someone in this room loves Mary",到这时就被彻底取消了。

(38) You say that someone in this room loves Mary. Well, maybe so. But it certainly isn't Fred. And clearly it isn't John. And .... Therefore no one in this room loves Mary.

5.4 预设、衍推、含义的关系

我们在第四章末尾列表阐明了各种意义之间的关系,但没有包括预设。因为我们认为,这种意义的性质很复杂,非详细讨论不可。前几个小节,我们介绍了对预设现象的研究,这一节侧重对其性质的探讨。我们先论述语言学家中较有代表性的几种观点,然后谈一下我们自己的看法。

5.4.1 "预设"是"含义"的一部分

我们在上一章讲到,卡图恩(Lauri Karttunen)和彼得斯(Stanley Peters) 1979 年发表了"常规含义",详细论证了"even"这个词的常规含义。但我们当时没有提到,他们这篇文章的主题是,所谓的预设并不是同一种现象。"一大堆不同的东西被集结到了同一个名称之下,这是为什么人们对应该如何分析预设,长期争论不休的主要原因"(Lauri Karttunen and Stanley Peters 1979:2)。他们的解决办法是,解散这个集结,把其中涉及的意义分散到其他不同类型中去,如,特殊会话含义、一般会话含义、常规含义等。他们对"even"的讨论,只是要说明,先前从预设角度对"even"进行的研究是错误的。他们同时提出,"too, either, also, only",甚至"forget, realize, take into account"等叙实动词,"manage, fail"等蕴涵动词,也都不是预设触发语,这些词语带来的附加意义都应该算常规含义(同上:11)。

他们在文章中还讨论了虚拟条件句,或者叫反事实条件句。他们认为这也不是预设触发语,这种句子暗含的意义,应该叫做"特殊会话含义"。为了证明这一点,他们分析了下面三个句子:

(39) If it were raining outside, the drumming on the roof would drown out our voices.

(40) If Mary were allergic to penicillin, she would have exactly the symptoms she is showing.

(41) If Shakespeare were the author of *Macbeth*, there would be

proof in the Globe Theater's records for the year 1605.

他们感觉,这三个句子中,只有(39)的条件从句是假的。听话人既然能听见这句话,那就证明其中的结论是假的;因为结论假,就可以推导出前提条件也是假的。但(40)的条件从句则正好相反,应该看作是真的。说话人认为,这是玛丽之所以有她所显现出来的症状的理由,至少是可能性很大。(41)的情况有点复杂,它在有的语境下是假的,在其他语境下则可能是真的。假设这句话是在刚刚搜索完环球剧院的资料而没发现有关证据时说的,这个条件从句是假的。但如果说话人是在猜测谁是《麦克佩斯》的作者,那他可能认为这是真的,所以提议查看一下环球剧院的资料。即使在第一种语境下,假设说话人接下去说,"Let's go through them once more to make sure we didn't overlook that proof",刚才的假定——"莎士比亚不是《麦克佩斯》的作者",也就被取消了。这就是说,这种句子的暗含意义是随语境而变的,因此,他们把它归为"特殊会话含义"(同上:8)。

我们认为卡图恩和彼得斯的论证是有问题的,尽管他们对"even"的分析是合理的。他们在文章中没有具体讨论"too, either, also, only",或者"forget, realize, take into account"等叙实动词和"manage, fail"等蕴涵动词,把相关论证交给读者自己去做了。可是,这些词并不是同一个类型的,特别是叙实动词、蕴涵动词跟"even"的差别是很大的。"even"的有关意义属于常规含义,不能自动证明叙实动词、蕴涵动词的有关意义也是常规含义。

他们对虚拟条件句的论证也不全面,他们只讨论了动词是"were"的一类,没讨论"If Hannibal had only had twelve more elephants, the Romance languages would / would not this day exist"这一类,而这两类是非常不同的。动词"were"一般用于对现在状态、将来状态作出反事实的假设,而"had had"这种过去完成句形式则用于对过去状态作出反事实的假设。前者在很大程度上是一种可能性,特别对将来的假设,所以其中的条件从句在一定条件下可能是真的。后者则相反,过去的事实已经存在,对它作相反的假设就只能是假的。卡图恩和彼得斯没有考虑到这一点,不能不说是一个很大的疏忽。

5.4.2 "预设"是"衍推"的一部分

威尔逊和斯波伯(D. Wilson and D. Sperber 1979),也想把预设归为其他意义。但他们的归属方向跟卡图恩和彼得斯相反,是把预设归做衍推。在他们看来,我们在第四章讲过的(42)的衍推(43)和预设(44)都是(42)的衍推。①

(42) John has three cows.

(43) a. John has some cows.

　　b. John has some animals.

　　c. John has something.

　　d. Somebody has three cows.

　　e. Somebody has some cows.

　　f. Somebody has some animals.

　　g. Somebody has something.

(44) There is a man called John.

当然,他们承认这些衍推的性质是不一样的。他们把(43)的衍推叫做"语法标明的衍推"(grammatically specified entailment),或者"焦点范围"(focal range),它们是用"something, somebody"之类不定代词替换原句中的有关词语的结果。它们还按彼此的衍推顺序排列,如,"John has some cows"衍推"John has some animals",后者又衍推"John has something",而不是倒过来。另一方面,(44)这样的衍推则是"语法未标明的"(grammatically unspecified),从语法上讲,它们跟衍推句没有明显的关系。

在语法标明的衍推内部,他们还根据重音区分"前景衍推"(fore-

---

① 他们的例子如下,他们认为(2)中的意义全都是(1)的衍推(Wilson and Sperber 1979:304):

(1) Bill's father writes books.

(2) a. Bill exists.

　　b. Bill has a father.

　　c. Someone writes books.

　　d. A parent of Bill's writes books.

　　e. Someone's father does something.

　　f. Someone does something.

ground entailment)和"背景衍推"(background entailment)。他们提出,焦点范围内部有个带重音的成分是"焦点"(focus)①,用不定代词替换该焦点得到的衍推是这个句子的背景衍推。②位于背景衍推前面的句子,即能从中衍推出背景衍推的句子,是前景衍推。在有的情况下,这个焦点成分可能有大小不一样的几个,这几个合到一起,叫做"焦点阶梯"(focal scale)。例如,在正常重音下,(45)的焦点可以是名词"apples",名词短语"my apples","all my apples",动词短语"eaten all my apples",甚至整个句子,这些焦点组成这个句子的焦点阶梯。

(45) You've eaten all my APPLES.

假设,(45)的"all my apples"是焦点,那么,它的背景衍推是(46),前景衍推是(47)。

(46) You've eaten something.

(47) a. You've eaten all my apples.③

b. You've eaten all of something of mine.

c. You've eaten all of something.

假设,"You've eaten all my apples"的重音在句首,如(48)。那么,它的背景衍推就是(49),前景衍推则只有(50)。

(48) YOU'VE eaten all my apples.

(49) Someone's eaten all my apples.

(50) You've eaten all my apples.

他们说,一句话的主要信息由前景衍推承载,有时候它也可以由其他语法手段,如分裂句、准分裂句、隐性分裂句等表达。这就是说,

---

① 在一定意义上,威尔逊和斯波伯也把预设跟焦点对立,这跟5.2节提到的乔姆斯基的用法很接近。威尔逊和斯波伯明确表示,他们受到乔姆斯基(1970)的影响。

② 他们有时把这叫做"第一背景衍推"(first background entailment),以区别于其他背景衍推。

③ 把这一句作为前景衍推,似乎跟"前景衍推是焦点范围的一部分"这个说法不一致,因为它不是替换词语的结果。但是,从上一章关于衍推性质的讨论看,这是有道理的。我们曾指出,衍推"可以看作'推理'(inference)的一部分,在这个意义上,它也是暗含的。但是,它跟其他暗含的内容又有明显的差别。它跟明说的联系是如此的紧密,以致在一定意义上把它看成明说的一部分,甚至就是明说,也是完全合理的。"

(45)的主要意义跟(51)一样,(48)的主要意义跟(52)一样。

(51) What you've eaten is all my apples.

(52) The person who's eaten all my apples is you.

背景衍推则是加上焦点构成全句命题的部分,是双方共享的部分,其作用是预设。因此,只是附带信息,不可能成为主要信息。

至于语法未标明的衍推,如(44),它们分属两种情况。如果(42)的焦点是"John",那么它的背景衍推,即(43d),跟(44)没有任何衍推关系。(43d)既不衍推(44),(44)也不衍推(43d)。①但是,如果(42)的焦点是"three cows",那么它的背景衍推,即(43c),就衍推(44)。这时候(44)就是标准预设,否认(44)的真理性,就等于否认(42)的合适性。

他们也讲到了叙实动词,如(53)。如果这个句子的焦点是"that she LEFT",那么它的背景衍推是(54),这时候一般认为的预设(55)跟(54)没有任何衍推关系。它对(53)的正常解读不起任何作用,更不能成为(53)的主要部分。

(53) Susan regrets that she LEFT.

(54) Susan regrets something.

(55) Susan left.

但是,他们说,既然(55)应该跟(54)加到一起,构成(53)的一部分,那么它就像(44)在焦点是"John"时的(42)那样,是一种"存在衍推"(existential entailment)②。尽管这不是标准预设,否认它仍然等于否认(53)的合适性。

归纳起来,他们说,有五种衍推。我们删除了与本讨论没有太多关系的一种,并将他们的措辞稍作修改,加上例子,解释如下:

1. 前景衍推,承载句子的主要信息,如(47)。

2. 第一背景衍推,起预设作用,如(46)、(49)。

3. 由背景衍推所衍推出来的衍推,可能,但不一定,起预设作

---

① 这是不是说,当"John"是句子焦点的时候,他存在与否就成了句子断言的一部分,而不是预设。这一点,威尔逊和斯波伯没有明确提到。

② 因为一般人把(44)这样的预设叫做"存在预设"。

用。例如,在(42)的焦点是"three cows"时,(44)是预设。

4. 跟背景衍推没有衍推关系的衍推,跟句子的正常解读无关。例如,在(42)的背景焦点是"John"时的(44),或者(53)中的(55)。(参照 Wilson and Sperber 1979:321)

威尔逊和斯波伯的讨论有其合理的成分,特别是把各种分裂句的预设看成衍推,是说得过去的。有一个问题他们自己已经涉及到,但又回避了。那就是:疑问句的预设能不能都算衍推?例如,(56)的预设是(57),但它的一个可能回答是(58),而把"no one"说成"someone"的衍推是荒唐的。他们说这是疑问句一般的问题,不是他们的方案特有的,因此,他们存疑。(同上:313)

(56) Who did he see?

(57) He saw someone.

(58) He saw no one.

一个更严重的问题是:怎么看待否定句的预设?研究预设的人都注意到,否定句跟相应的肯定句具有相同的预设,这是预设的一大特点。然而,威尔逊和斯波伯对此连提都没提,是疏忽吗?我们不得而知。

对威尔逊和斯波伯的方案来说,否定句是个令人头痛的问题。假设有(59)这样一个句子,他们很难说它有(60)这样的衍推,因为前者为真时,后者不一定为真;后者为假时,前者又不一定为假。然而他们又很难否认它有(61)这样的预设。这是公认的衍推跟预设之间的区别,威尔逊和斯波伯试图把预设归为衍推的一种,却对这一区别只字不提,不能不让人感到遗憾。

(59) John doesn't have three cows.

(60) a. John has some cows.

b. John has some animals.

c. John has something.

d. Somebody has three cows.

e. Somebody has some cows.

f. Somebody has some animals.

g. Somebody has something.

(61) There is a man called John.
5.4.3 肯定句的"预设"是"衍推",否定句的"预设"是"含义"

这是莱文森(Stephen Levinson)的方案,在1981年他和阿托拉斯(Jay David Atlas)合写的"分裂句、信息量及逻辑式——激进语用学"中首次提出。1983年他又在《语用学》一书中进一步论证了这个方案。

在某种意义上,这个方案是在总结前两个方案的基础上提出来的。其基本思想是:预设一方面跟句子的语义结构,又叫做逻辑式,有关;另一方面跟语用原则有关。因此,语言学家的任务也是两方面:确定句子的逻辑式,和确立相关的语用原则。

具体地说,莱文森(Levinson 1983:221)认为(62)这个句子的逻辑式是(63)。

(62) It was John that Mary kissed.

(63) $\lambda x\ (x = \text{John})\ (\gamma x\ \text{kiss}\ (\text{Mary},\ x))$

逻辑符号 λ 表示这里的名称 x 具有复合特性:一方面 x 等于"John",另一方面它有"the property of being kissed by Mary"。逻辑符号 γ 是集体操作词(group operator),在这里构成集合名称(collective term),即用于指称一组个体的名称。这就是说,(63)这个逻辑式表示,名称 x 一方面等于"John",另一方面又是"a group that have the property of being kissed by Mary"。把这两者合起来,我们得到:"A group that have the property of being kissed by Mary is John"。换句话说,该逻辑式的主语[①] 是"a group kissed by Mary"。因此,我们可以从(62)推断出(64)。

(64) Mary kissed someone.

这种推理一般叫做"预设",但莱文森采用威尔逊和斯波伯的说法,把它叫做"衍推"。理由很简单,那就是:当(62)为真时,(64)必真;当(64)为假时,(62)必假。

莱文森认为一个句子的逻辑主语点明了该句子的话题,是该句子论述的对象。这时候他引进了一条语用原则:"如果一个句子是关

---

① 严格地说,在逻辑学里,它应该叫"主词"。

于 t[①] 的,那么这个 t 的存在或实在性可以被认为是无争议的,或给定的,除非另有明确的示意或假设与此相反"(同上)。这就是说,从(62)我们还可以推断出(65)。

(65) There exists John.[②]

这又是一条人们一般所谓的"预设",莱文森还把它叫做"衍推"。他的结论是:在肯定句里,一般所谓的"预设"都是"衍推"。[③]理由仍然是:当(62)为真时,(65)必真;当(65)为假时,(62)必假。

至于否定句,莱文森(同上:222)有一个不同的分析法。他认为(66)的逻辑式是(67)。

(66) It wasn't John that Mary kissed.

(67) $\sim (\lambda x \ (x = \text{John}) \ (\gamma x \ \text{kiss} \ (\text{Mary}, \ x)))$

这时候的否定是"外部否定"(external negation)、"大范围否定"(wide-scope negation),其意思是:"不是玛丽吻了约翰",或者"这不是事实,玛丽吻了约翰"。这种否定没有多少信息量,我们只知道"玛丽吻了约翰"这个说法不是事实,但不知道为什么这不是事实,是因为玛丽根本就没有吻任何人,还是玛丽吻了别人,没有吻约翰。

这时候莱文森又引进了一条语用原则——信息量原则(the principle of informativeness):"在话语中加入尽可能多的与你的背景知识相一致的信息"(同上:146-147)。根据这条原则,听话人有权把"外部否定"、"大范围否定"理解成"内部否定"(internal negation)、"小范围否定"(narrow-scope negation)。这就是说,(67)将被理解成(68)。

(68) $\lambda x \ (x \neq \text{John}) \ (\gamma x \ \text{kiss} \ (\text{Mary}, \ x))$

这样,(66)的逻辑主语跟(62)一样,仍然是"a group that have the property of being kissed by Mary"。(66)跟(62)的区别只是,这里

---

① 这个 t 代表什么,莱文森没有说明。它可能是 topic,或者 term 的缩写。

② 莱文森当时的说法是(63)不仅衍推(64),而且衍推"Mary kissed John"。我们认为他省略了中间的推理。当然,严格地说,我们的推理也省掉了"There exists someone. Someone is John"等中间环节。

③ 莱文森主要分析的是分裂句,所以他讲到的肯定句、否定句,都是指分裂句的肯定式、否定式。但我们感觉他的分析同样适用于其他句型。

的"a group that have the property of being kissed by Mary"不等于"John"。用日常语言说,(68)的意思是:"玛丽吻的人不是约翰","玛丽没有吻约翰"。既然否定句的逻辑主语仍然是"a group that have the property of being kissed by Mary",那么它仍然"衍推"(64)。但是,(68)是根据语用原则推导出来的,所以它是"会话含义"。而(64)又是从(68)推断出来的,那么,它也就成了"会话含义"。于是,在否定句里,一般所谓的"预设"就成了"会话含义"。

前文介绍,预设一般是由某些词语或句式触发的。这给人的感觉是,预设跟会话含义不一样,是可分离的(detachable)。莱文森担心,这会成为有些人反对把"预设"分解成"衍推"和"含义"的理由。但是,他认为,预设其实也是不可分离的。例如,(69)各句全都预设(70)。

(69) a. John regrets that he ate all the pudding.
  b. John is sorry that he ate all the pudding.
  c. John repents of having eaten all the pudding.
  d. John is unhappy that he ate all the pudding.
  e. John feels contrite about eating all the pudding.
  f. John feels penitent about eating all the pudding.
  g. John feels remorse about eating all the pudding.

(70) John ate all the pudding.

莱文森意识到他的方案存在一个问题——要为各种句子确定合适的逻辑式并不容易(同上:224)。但是,我们认为这个方案还有其他一些问题。例如,莱文森没有说明(64)跟(65)的不同之处。在这一点上,他比威尔逊和斯波伯退了一步。[①]如果是这样,当年罗素认为(71)的一个意思是(72),也就是(71)衍推(72),就是对的了。而斯特劳森的反对意见则是错的。

(71) The present King of France is bald.
(72) There is a King of France now.

[①] 威尔逊和斯波伯把(64)这一类叫做"语法标明的衍推",(65)则属于"语法未标明的衍推"。

更严重的是,这样一来,衍推跟会话含义之间的区别也被抹杀了。上文讲到莱文森有一条关于话题的实在性的语用原则:"如果一个句子是关于 t 的,那么这个 t 的存在或实在性可以被认为是无争议的,或给定的,除非另有明确的示意或假设与此相反"。而(65)这样的衍推是根据这条原则做出的。①这就是说,衍推也可以根据语用原则推导出来。而且,衍推也要受语境制约,不能同时存在与其相反的示意或假设。这似乎意味着,衍推也可以被语境取消。第七章我们将看到,莱文森后来进一步把这条原则归入了"信息量原则",成了后者的一个组成部分。而信息量原则是莱文森提出的解释会话含义的三大语用原则之一,如果衍推也要依赖它来推导,那么衍推跟会话含义的异同就需要重新界定了。

5.4.4 预设就是预设

从上面的讨论可以看出,不管把"预设"归为"含义",还是"衍推",都有不合适之处。而莱文森提出的分解方案——把肯定句的"预设"归为"衍推",否定句的"预设"归为"含义",我们感觉同样是不合适的。上文已经指出了其中的一个问题,这里要说的一个问题是:对肯定句和相关否定句做不同的分析,至少是不方便的。

我们认为,应该承认,目前对预设的研究已经比较深入。我们基本上清楚预设是一种什么现象,大概有哪些表现。人们不太满意的是,它不像其他意义,如衍推,或含义,那样整齐划一,那样容易归纳特点。但我们感觉这恰恰是预设的特点:肯定句的预设像衍推,否定句的预设像含义;有的由词语的特性决定,有的受句型结构的影响;既有常规意义的性质,又有非常规意义的性质;有的部分属于语义学,有的部分属于语用学。

因此,我们倾向于从语义学角度把预设界定为句子之间的逻辑关系,但同时承认预设是可以被语境取消的,既包括语言语境,也包括情景语境;既包括明说的语言语境(衍推),也包括暗含的语言语境(含义)。

---

① 莱文森没有说的这么明确,因为他把(64)、(65)混在一起了,但是"衍推可以根据语用原则推导出来"这个意思是绝对有的。

伯顿-罗伯茨(Noel Burton-Roberts 1989:453)从语义学角度界定过预设跟断言(assertion)的区别。我们认为他说得很清楚,最后在这里提一下。

当说话人**断言**P时,他承诺P为真,同时承认P有可能为假(这是断言P的价值所在)。但是,当说话人**预设**P时,他虽然也承诺P为真,却不再承认P有可能为假。

第六章　关联理论

第四章介绍的格赖斯会话含义理论,继言语行为理论之后,在西方学术界又一次掀起了语用学研究热潮。"合作原则"、"会话准则"、"会话含义"等概念一时间成了讨论的中心。人们普遍感到,格赖斯理论为研究语言应用提供了正确的方向,值得继续深入探讨。但是,他的理论也有不合适之处,需要加以改进。按照霍恩(Laurence Horn 1988:130-131)的说法,格赖斯的理论框架说得轻一点是不全面,说得重一点是无可挽回地不合适。他的准则既互相重叠,又互相冲突。因为会话含义的不确定性,不同准则之间会有冲突,这是可以预料的。而会话准则的互相重叠,则容易导致更严重的后果。因此,后格赖斯时期的语用学家都力求在格赖斯准则的基础上,提出少数真正不可或缺、而又不互相重叠的原则。这一章我们讨论把准则减少到只有一条原则的理论——关联理论(relevance theory),下一章讨论另外两种理论。

关联理论是由巴黎大学的斯波伯(Dan Sperber)和伦敦大学的威尔逊(Deirdre Wilson)共同提出的。该理论的最初设想 1979 年开始见诸文字,1986 年在《关联性——交际与认知》(以下简称《关联性》)中正式提出,1995 年斯波伯和威尔逊乘《关联性》出第二版之际,写了一个很长的"后序"(postface),对他们的理论做了一些重大修改。我们把这三个时期分别称为"成长期"、"成熟期"、"修订期",并以此为线索,展开我们的讨论。最后一节,我们将归纳关联理论跟格赖斯理论的异同,并谈一下我们对该理论的总的评价。

6.1　成长期的关联理论

这一节,我们主要介绍、评论他们于 1979 年、1981 年、1982 年发表的三部著述,涉及一点《关联性》中与 1981 年文章有关的内容,并附带提一下写作于 1980 年、但发表于 1983 年的一篇文章。我们根据内容分别称之为:关联性思想的雏形,关联原则统括说,关联性思想的深化。

6.1.1 关联性思想的雏形

关联理论的写作计划制定于 1975 年,但见诸公开发表文字的历史始于 1979 年。这一年,威尔逊在与史密斯(Neil Smith)合著的《现代语言学——乔姆斯基革命的成果》中首次披露了斯波伯和她正在写作、但 1986 年才出版的《关联性》中的一些内容。他们强调,"关联性概念在任何语用解读理论中都将发挥中心作用"(p. 176)。在他们看来:

> 一句话的解读取决于听话人对这句话意欲(intended)有多大关联性的判断。如果他判定一句话是意欲有关联的,就会想方设法对它做这样的解读,即使这意味着要读进去一些这句话所没有公开传递的信息。(1)、(2)、(3)可以看作这类间接传递信息的例子。如果他判定一句话是**意欲**无关联的,他仍然可以从中获取一些有关联的信息。例如,(4)中 B 君关于要赶火车的话可以看成,他蕴涵① 他有比回答 A 君问题更重要的事要做;或者他因对巧克力的事有内疚而不愿意回答这个问题。不管哪种情况,他的话都是以拒绝回答的方式对 A 君的问题做出的间接反应。例(3)和例(5)也可以作这样的解释。这里的要点是:即使表面上无关的话也可以被看作传递了某些有关信息,只要这句话能被认为是针对前一句的。当然还可以有第三种解释,那就是所涉及的这句话确实是无关的,但这只是意外情况:比如,因为听错了前一句话,或者那句话本身是无关的,或者不值得考虑,或者其他什么原因。例(1)、(3)、(4)都可以作这种解

---

① 原文是"imply"。斯波伯和威尔逊在著述中区分动词"imply"和"implicate",名词"implication"和"implicature"。从他们的用法来看,"implication"比较泛,可以指一句话跟语境结合后推导出来的各种意义;"implicature"专指要额外增加前提才能推导出来的意义,是说话人有意传递的意义。我们把"imply"和"implication"都译作"蕴涵";"implicate"和"implicature"则仍按前几章的做法,分别译作"隐含"和"含义"。

释。总之，听话人只会设法从一句话中听出他认为说话人企图说的话，他对一句话意欲有的关联性的判断将决定他准备付出多少努力去寻找这句话的寓义。

(Smith and Wilson 1979:175-6)

(1) A: Where's my box of chocolates?
    B: Where are the snows of yesteryear?
(2) A: Where's my box of chocolates?
    B: I was feeling hungry.
(3) A: Where's my box of chocolates?
    B: The children were in your room this morning.
(4) A: Where's my box of chocolates?
    B: I've got a train to catch.
(5) A: Where's my box of chocolates?
    B: Where's your diet sheet?   (同上:174-5)

这就是说，一句话的关联性可以有三种情况：有关联，表面无关联而实际有关联，确实无关联。第一种情况的关联性可以是直接表明的，如，B君听到上述A君的问题后回答"It's in the cupboard"[①]。这种情况比较简单，他们没有讨论。他们讨论的关联性都是间接的。间接关联性又可分成两类：说话人有意有关联，如(1)、(2)、(3)；说话人有意无关联，如(4)、(5)。[②]如果(4)、(5)中B君的话是针对A君的问题而说的，那么，它们属于"表面无关联而实际有关联"。然而，他们不否认，有的话语由于各种原因，确实是无关联的，(1)、(3)、(4)都有可能属于这种情况。他们要强调的是，这只是意外情况。实际上，他们的意思是，正常情况下，每一句话都跟其前后的话语有关联，即使有的话表面上看没有关联性。

[①] 这个例子是笔者的。威尔逊的确切说法跟笔者也有点区别。她在该书174页说上述5个例子都"是对同一问题的或多或少直接的反应"，在175页她又说"在合适的情况下，这些句子大多数都传递了对A君问题的某种回答，但是这种回答有时候可以是间接的"。

[②] 如引文所示，威尔逊明确讲到了(1)、(2)、(3)属于前一类，(4)属于后一类，没有讲(5)到底属于哪一类。

他们当时把关联性定义为:"如果一句话 P 和另一句话 Q,加上背景知识,能产生它们单独加上背景知识时所不能产生的新信息,那么 P 与 Q 就有关联"(同上:177)。他们承认,"这个定义把[其他]一些我们显然愿意包括进来的关联性排除在外了:跟一个场合或语境的关联性,跟一个一般目的的关联性,跟一个话题的关联性,等等"(同上)。但是,他们认为,就他们当时的目的来说,这个定义所包括的内容已足够了。

这是斯波伯和威尔逊第一次尝试提出关联理论。该理论的重要内容,有些已经在此初露端倪,如,一句话的关联性可以有三种情况。有的思想他们后来有较大的改动,或者说,发展,如,关联性的定义。

6.1.2 关联原则统括说

1981 年,威尔逊和斯波伯发表"论格赖斯会话理论",第一次提出要用关联原则统括(subsume)格赖斯的合作原则及其各项准则。他们把关联原则定义为"说话人已为实现最大关联性尽了最大努力"(Wilson and Sperber 1998 [1981]: 361),[①]并逐条比较了格赖斯各准则与该原则的异同。

他们认为格赖斯的数量准则非常含混,没有说明判断信息量充足与否的标准。[②]而关联原则却做到了这一点。如果说话人隐瞒某种可能导致语用蕴涵的信息,那么他不仅违反了第一数量次则,而且违反了关联原则。如果他提供的信息不能产生语用蕴涵,那么他同样不仅违反了第二数量次则,而且违反了关联原则。格赖斯自己说过第二数量次则的作用可以由他的关系准则承担,威尔逊和斯波伯则进一步提出第一数量次则的作用也可以由他们的关联原则承担。

讲到质量准则时,他们指出听话人要确定一句话的关联性,必须根据前提进行有效推理,因而这些前提必须是真实的,或被认为是真

---

① 他们在下一页又称该原则为最大关联原则。但在 1995 年《关联性》第 2 版中,他们明确区分最大关联性和最佳关联性。6.3.3 小节将详细讨论这个问题。

② 这是一个曲解。如我们在第四章介绍的,格赖斯在数量准则中明确提出,信息量要如当前交谈所要求的那样充足。在讲到不同准则之间的冲突时,格赖斯又指出作为对 A 君"Where does C live?"的回答,B 君的"Somewhere in the South of France"的信息量是不够充足的,不能满足 A 君的需要。

实的。另一方面,说话人要实现最大关联性,一般情况下,也必须讲真话,必须有足够的证据。因此,在大多数情况下,关联原则统括质量准则。但是,就例句(6)而言,关联原则的预测要比质量准则准确。

(6) I'm ill.

当病人对医生说这句话时,他并没有足够的证据。因此,格赖斯可能会说病人违反了质量准则。而在关联原则框架里,只要说话人是真诚的,那么这句话就必然有关联性。至于说话人是否有资格宣称自己有病,与这句话的含义无关。斯波伯和威尔逊在1986年的《关联性》中对上述论证作了些补充。在第233页,他们声称"说话人[一般]被假定旨在实现最佳关联性,而不是字面真理"。如果一个人每月挣797.32英镑,当一个多年不见的老朋友在喝咖啡时问起他的工资,他很可能回答"800英镑"。①

格赖斯的关联准则,他们感觉,显然隶属于他们的关联原则。

在方式次则中,他们认为"避免晦涩"和"要有序"这两条可以由关联原则派生出来。"避免歧义"和"要简短"这两条则完全没有必要,可以剔除。

他们说,要确定一句话的关联性,听话人必须清楚这句话表达的命题。如果说话人用词晦涩,听话人就无法确定所表达的命题。因此,用词晦涩是违反关联原则的。

同理,说话有歧义,也会使听话人无法确定所表达的命题。在这

---

① 斯波伯和威尔逊对格赖斯的质量准则理解有误。如第四章所述,质量准则有一条总则:设法说真话。两条细则是:不说自知虚假的话,不说缺乏足够证据的话(Grice 1975: 46)。显然,格赖斯不是在谈论字面真理。他的意思是:不要故意说假话,不要故意骗人,以达到某种目的。由于认识的限制,或者其他原因,人们会说一些实际上违背客观真理的话。但只要不是故意骗人,就不在违反质量准则之列。因此,"I'm ill"和"800英镑"这两个例子都不足以推翻质量准则。更何况斯波伯和威尔逊还要加上"说话人是真诚的"这个条件。什么是真诚?不就是不说自知虚假的话吗?至于"800英镑"这个例子,我们猜想,他不太可能回答"1000英镑"。这就是说,说话人还是要受到"字面真理"的限制的。其实,这种现象可以用省力原则来解释。从说话人角度讲,"800英镑"比"797.32英镑"省力。从听话人角度讲,他会对"800英镑"作常规解释,即"800英镑左右",不一定是"恰好800英镑",一分不多,一分不少。霍恩(L. Horn 1984)、莱文森(S. Levinson 1987)在自己的理论中发展了这种省力原则。6.3.2和6.3.3小节将简单提及他们的理论,下一章将详细论述。

个意义上,也违反了关联原则。但他们认为,从本质上讲,这条方式次则是一个误植(misplaced)。事实上,人们说的每一句话都是有歧义的。在这个意义上,这条次则是永远不会有人遵循的。

他们提出,"要简短"次则至少是表述有误。首先,格赖斯没有说明判断简短与否的标准。是指音节数、词数、词组数,还是句法、语义复杂性,不清楚。其次,例(7)、(8)中的(b)句虽然比(a)句冗长,①在某些情况下,却可能更合适;而且,虽然说话人违反了该次则,却没有会话含义。

(7) a. Peter is married to Madeleine.

　　b. It is Peter who is married to Madeleine.

(8) a. Mary ate a peanut.

　　b. Mary put a peanut into her mouth, chewed and swallowed it.

威尔逊和斯波伯认为,例(7)、(8)中的(a)、(b)句具有相同的逻辑蕴涵,所不同的是这些蕴涵被赋予了不同的重要性。说话人通过改变语法形式,甚至不惜冗长,把听话人的注意力吸引到某些特定逻辑蕴涵上。如果这些蕴涵正是这句话的关联所在,那么说话人只是尽力向听话人表明应如何确定关联性而已。相反,如果像例(9)那样,其特殊形式不表明关联性,那么说话人就违反了关联原则,至于表达啰嗦只是个附带的问题。②

(9) The baby is putting arsenic into his mouth, chewing and swallowing it!

在他们看来,"要有序"次则主要是为了说明"and"有"and then"、"and so"等含义而设立的。如例(10)中的(a)、(b)句可能表达不同的含义。但他们强调,语序不同,确定关联性所依据的初始设想(initial assumptions)就会不同,因此关联原则能自动派生出比该次则更明确

---

① 这说明判断简短与否是很容易的,不需要规定是按音节数、词数、词组数,还是按句法、语义复杂性。

② 威尔逊和斯波伯一方面说冗长句式没有会话含义,另一方面又说句式的改变是为了把听话人的注意力吸引到某些特定逻辑蕴涵上来,这是不是有点自相矛盾?

的要求。

(10) a. Jenny sang, and Maria played the piano.
b. Maria played the piano, and Jenny sang.

最后,他们讲到了合作原则。尽管关联原则跟合作原则不矛盾,不承认会话的合作性的理论不是一种可信的理论;但他们认为,用合作性来解释会话的特点似乎理由不够充足。会话本质上是自我中心的(egotistic),某种程度上的合作是说话人不得不付出的代价。他们强调,跟格赖斯理论引导人们所期待的相反,从会话行为的规律性中不能总结出任何明确的道义性、社会性原则。①

格赖斯认为交谈双方有"一个或一组共同目标,至少有一个彼此接受的方向"(Grice 1975:45)。斯波伯和威尔逊在《关联性》中提出,格赖斯所假定的这种合作程度太高。"一个真心的发话者(communicator)和一个自愿的受话者(audience)所必须共同拥有的惟一目标是成功实现交际;那就是,使受话者辨认出发话者的通报意图"(Sperber & Wilson 1986/1995:161)。"因此,实现最佳关联比遵循格赖斯准则要容易"(同上:162)。不提供当前交谈所要求的信息,如故意隐瞒,照样可以实现最佳关联。

从上述介绍可以看出,斯波伯和威尔逊并不反对格赖斯的大多数准则。他们之所以另外提出关联原则,并不是因为格赖斯的准则是错误的,而是因为关联原则比这些准则明确,而且简洁。所以,他们用的词是"统括",而不是"代替"。

6.1.3 关联性思想的深化

1982年,斯波伯和威尔逊发表了《理解理论中的相互知识与关联性》。这是他们在一次关于相互知识(mutual knowledge)的研讨会上的发言。他们的基本思想是:相互知识既不是语境的充足条件,也不是必要条件,真正对话语理解起指导作用的是关联性。关于相互知识,我们在讨论他们的"明示推理交际观"(ostensive-inferential

---

① 但是,格赖斯的合作原则及其准则是对会话规律的总结,不附带任何道义性、社会性。我们在第四章讲"含义的种类"时提到,在格赖斯眼里,与道义性准则、社会性准则有关的含义不属于会话范畴,是"非会话含义"(non-conversational implicature)。

communication)时将再次提及,在这里我们主要介绍他们当时对关联性的看法。

他们为关联原则作了类似前一年的定义:"说话人会设法表达对听话人来说可能是关联性最大的命题。"(Sperber and Wilson 1982:75)他们认为,"在一个给定的语境中具有语境蕴涵,是关联性的必要充足条件,而且这可以用作关联性定义的基础。"(同上:73)同时,"关联性是一个程度问题,不是简单的二分概念;人们可以给可能的解读赋予不同程度的关联性,因此,我们可以认为说话人和听话人应用的是最大关联性标准,而不是简单关联性标准。"(同上:74)"关联性程度取决于投入与产出之间的比率,这里的产出是指语境蕴涵的数量,投入是指推导这些语境蕴涵所需的处理努力。"(同上)

他们说大多数语用学理论都假定,语境是事先给定的,最多只在理解过程中作一些小的调整。他们不同意这种观点。在他们看来,搜索一句话的关联性最大的解读的过程,也是搜索语境,使这种解读变成可能的过程。"换句话说,确定语境不是理解的先决条件,而是该过程的一部分。"(同上:76)他们把对前一句话的解读叫作后一句话的初始语境。听话人通过查看一句话在该语境中可能推导出来的语境蕴涵,决定其解读。如果没有语境蕴涵,或者不足以满足关联原则,初始语境可以一次一次地扩展。但是,扩展语境将增加处理成本,从而减少关联性。"因此,如果一句话在初始语境,或最小扩展语境中,没有足够的关联性,它很难在进一步扩展的语境中增加关联性,即使其语境蕴涵会得到增加"(同上)。

他们还区分简化的关联原则和完整的关联原则。在简化关联原则里,说话人成功地表达了关联性最大的命题;在完整关联原则里,说话人只是**设法**这么做。假设"一句话有两种解读,一种具有通常关联程度,另一种的关联程度要高得多。在简化模式里,后者会被选中。但是,完整关联原则一般会(正确地)选择前者。设想有两位母亲在闲聊,一位对另一位说:'My son has grown another foot.'这句话可以表示她的儿子长高了,或者她儿子又长了一条腿。第二种解读的关联性当然大得多。但是,如果这确实是意欲的解读,关联原则就受到了严重的违反。如果她儿子真的变成了三条腿,说话人完全可以用关联性大得多的话语,而不是简单叙述事实。……因此,在这种情况下,完整关联原则无疑会选择较通常的、关联性较小的解读"(同上:83)。

这段论述有两个问题。首先,他们没有考虑到语境的作用。在不同语境中,这两种解读的关联性是不一样的。前一种解读需要特殊的语境,在一般情况下,其处理成本要比后者大。因此,从投入与产出之比的角度看,前者的关联性不一定比后者的大。第二,这里的"关联性"有不同的意义。当他们说,"又长了一条腿"比"长高了"关联性大时,他们指的是前者的语境蕴涵比后者的多。当他们说"如果她儿子真的变成了三条腿,说话人完全可以用关联性大得多的话语"时,这里的"关联性"指的是理解起来更容易的话语,也就是所需处理成本小的话语。

首次发表于1983年的"如何界定'关联性'",由于是1980年在加利福尼亚一次研讨会上的发言,观点更接近"论格赖斯会话理论"。他们强调关联性的重要性,认为这是语用学理论的奠基之石。他们已开始讲到关联性取决于所投入的努力和所取得的效应两方面。但给人印象更深的是,他们认为,"在一般情况下,信息处理的目标是尽可能最大化正在处理的信息的关联性。"(Wilson and Sperber 1986 [1983]: 196)

这个时期,他们的思想已日趋成熟。日后得到进一步阐发的很多思想,这个时期已经萌芽。例如,"关联性取决于投入与产出之间的比率","语境是择定的,不是给定的"。他们的关联原则也开始从涉及最大关联性向最佳关联性转变,虽然这时候用的措辞是:"简化的关联原则"和"完整的关联原则"。同时,他们理论中的问题,也逐渐暴露得充分起来,如,上文指出的"在不同意义上使用关联性概念"这个问题。

6.2 成熟期的关联理论

这一节介绍斯波伯和威尔逊在1986年出版的《关联性——交际与认知》。该书一共有四章,分别以"交际"、"推理"、"关联性"、"语言交际的一些问题"为题。我们的讨论将以第一章、第三章为主,第四章的内容会有所涉及,第二章关于人类推理能力的探讨则完全略而不谈。跟第一节一样,我们将在介绍斯波伯和威尔逊观点的同时将做一些简单评论。

6.2.1 交际的明示推理性质

斯波伯和威尔逊在书中提出了一种新的交际观——明示推理交际(ostensive-inferential communication)。交际一般被看成是说话人编码、听话人解码的一个过程,斯波伯和威尔逊反对这种传统观念。他们认为,"交际的成功不在听话人辨认出话语的语言意义之时,而在他们从话语中推断出说话人意义之时"(Sperber and Wilson 1986/1995:23)。"语言交际是一种复杂形式的交际。它要涉及语言编码、解码,但一句话语的语言意义不足以承载说话人要表达的意义。语言意义只对受话者① 推断说话人要表达的意义起帮助作用。受话者会把解码过程的输出正确地理解成用以推断发话者意图的论据。换句话说,编码、解码过程附属于格赖斯推理过程。"(同上:27)

他们在这里提到的"格赖斯推理过程",指的是格赖斯 1957 年在"意义"一文中提出的一种看法。格赖斯在文中建议区分英语"mean"的下面两个涵义:

(11) Those spots mean measles.

(12) That remark, 'Smith couldn't get on without his trouble and strife', meant that Smith found his wife indispensable.

句(11)提到的符号"spots"(皮疹)跟它的意义"measles"(麻疹)之间有自然联系,前者是后者的外在征象。而(12)中的"Smith couldn't get on without his trouble and strife"跟其意义"Smith found his wife indispensable"则没有自然联系,特别是其中还用"trouble and strife"表示"wife"。这种伦敦土话②,局外人一般都不知道。格赖斯

---

① 如 6.1.2 小节注明的,"受话者"的英文是"audience"。斯波伯和威尔逊为了使自己的理论有更大的适用面,一般用"communicator"(发话者)和"audience"(addressee)。只有在专门谈论语言交际时才用"speaker"(说话人)、"hearer"(听话人)。我们采用不同的译名,以示区别。

② 英文叫"Cockney rhyming slang"。其他类似的例子还有:"apples and pears"表示"stars","mince-pies"表示"eyes","bees and honey"表示"money","plates of meat"表示"feet"。

把(11)这样的"mean"的涵义叫作"natural meaning"(自然意义),(12)这样的"mean"的涵义叫作"nonnatural meaning"(非自然意义),简称"meaningNN"(动词为"meanNN",译作"非自然意谓")。实际上,"非自然"就是"人为的","非自然意义"就是人为表达的意义;就是人通过某种媒介,包括语言,**有意**表达的意义。语言的一个特性是"任意性",语词,主要是其声音,跟意义之间没有必然的内在联系。语言是人类社会约定俗成的产物。在这个意义上,用语言表达的意义都属于"非自然意义"。

但是,格赖斯的"非自然意义"概念并不局限于这么简单的内容。他深入探讨了到底什么叫"非自然意义",或"非自然意谓"?实际上就是,到底什么是人们用语言,或其他手段,**有意**表达的意义?

格赖斯的讨论从史蒂文森(Charles Stevenson 1944)对非自然意义的看法入手。①史蒂文森反对把符号的意义说成是"人们使用这个符号时**所指的东西**",他主张根据"使用该符号的人们的心理反应来定义"意义(姚新中等(译)1991:50)。这就是说,他跟布龙菲尔德一样,采用行为主义心理学的观点。不过,史蒂文森所讲的反应不是一种固定的心理过程,而是一种倾向(同上:63)。而且,他为这种倾向加上了限制,要满足某些条件,否则,这种倾向就不能被称为"意义"。例如,"在某种意义上,咳嗽可以'意谓着'某人着凉了;但不一定就具有一种我们所说的意义,因为它缺少交流思想所必需的复杂条件作用"(同上:66)。按格赖斯的说法,咳嗽一般传递的是自然意义。但格赖斯认为史蒂文森没有把其中的"复杂条件"说清楚,所以他详细论证了这种条件。

格赖斯提出的第一个条件是:x 要非自然意谓某事,其说话人就要意欲在听话人身上诱发某种信念,即,要让听话人相信说话人的话。否则,这就不是**有意**传递的,就不是非自然意义。但是,他立刻

---

① 史蒂文森没有用"非自然意义"这个说法,但是他讨论的意义,在格赖斯看来,显然属于"非自然意义"。不过,史蒂文森谈到了笑、呻吟、叹息等表示情感的"自然形式"与词语等表示情感的"惯例"之间的区别。说不定格赖斯的"自然"、"非自然"说法受到史蒂文森的启发。

第六章 关联理论

补充说,光这一条不够,至少还要加上一条:说话人要意欲听话人辨认出这句话语背后的意图。而且这两种意图不是互相独立的,说话人要听话人辨认其意图正是为了诱发某种信念。然后,他把讨论的范围从陈述句扩大到了祈使句,因而把"诱发某种信念"改成了"产生某种效果"。他最后的定义是:"'A君用 x 非自然意谓某事'(大致)相当于'A君发出 x,意欲使听话人通过辨认他的意图而产生某种效果'"(Grice 1971 [1957]:442)。

斯波伯和威尔逊认为格赖斯的上述观点也可以看成"交际的推理模式"(an inferential model of communication)(Sperber and Wilson 1986/1995:21)。这就是说,交际不仅涉及编码、解码,而且涉及推理。听话人不仅要明白词语的一般意义,更要明白说话人此时此地运用这些词语的特殊意义。但是,他们认为这个模式也有缺陷,需要改进。

斯特劳森(Peter Strawson 1964)曾进一步阐发格赖斯的思想,提出这里面有三种意图:

> 如果说话人意欲(i_1)通过发出 x,使听话人作出某种反应,意欲(i_2)听话人辨认出他的第一个意图,而且意欲(i_3)听话人对说话人第一个意图的辨认构成其作出某种反应的根据,或部分根据,那么,说话人就用 x 这个话语非自然意谓了某事。(Strawson 1971 [1964]:28)

不过,斯特劳森认为这三种意图还不够,"我们必须给格赖斯的条件再加上一个条件,那就是:说话人还应该有一个意图(i_4)——听话人应该辨认他的第二个意图"(同上:29)。否则,说话人还不能算**有意**表达了某种意思,也就是说,算不上"非自然意谓某事"。

斯波伯和威尔逊不同意斯特劳森的看法。他们认为根据斯特劳森的逻辑,四种意图也不够,我们永远可以在最后一个意图后再加上一个意图,要求辨认前一个意图。在他们看来,交际活动的成功与否不取决于听话人是否相信说话人的陈述之类的效果或反应。只要听话人辨认出说话人的意图,即使他不相信后者的陈述,该交际活动同样是成功的。例如,玛丽对彼得说了(13),她意欲(i)彼得相信她上个圣诞夜嗓子疼,意欲(ii)彼得辨认出她的上述意图,而且意欲(iii)

对她意图的辨认至少构成他相信她的部分理由。

(13) I had a sore throat on Christmas Eve.

斯波伯和威尔逊认为,按照格赖斯和斯特劳森的观点,只有上述三个意图都得到实现,交际才算成功。[①]但是,如果彼得辨认出了玛丽的意图,却不相信她说的话,斯波伯和威尔逊感觉,应该说玛丽同样实现了交际。这就是说,在格赖斯和斯特劳森的意图中,只有第二个是必需的,第一个、第三个,更不用说第四个,都是不必要的。因此,他们主张:第一个意图根本不是交际意图。这是通报受话者某事的意图,应该叫做"通报意图"(informative intention)。只有第二个意图,即希望受话者能辨认出自己通报意图的意图,才是交际意图(communicative intention)(Sperber and Wilson 1986/1995:29)。

这时候,斯波伯和威尔逊引进了一个新概念——"显现"(manifest/manifestness)。他们反对一般所谓的"相互知识假设"(mutual knowledge hypothesis),认为这只是"哲学家的虚构,没有现实对应物"(同上:38)。在他们看来,真正需要的是"相互显现",而不是"相互知识"。例如,玛丽不需要假设相互知识,就可以对彼得说(14)。

(14) I've been inside that church.

"玛丽只需要一种信心——在必要的时候彼得有能力把那幢建筑物看作教堂,或者说,某种设想(assumption)将在合适的时候显现在他的认知环境中。在玛丽说这句话之前,彼得没有必要想过这一点。事实上,在玛丽说话之前,他可能一直以为那是个城堡,只是因为玛丽这句话,那是个教堂这一点才向他显现出来"(同上:44)。

他们给"显现"下的定义是:

> 当,且仅当,某个体在某一时刻有能力在头脑中再现一个事实,并把这一事实接受为真,或很可能为真时,该事实才在当时对他是显现的。(同上:39)

接着他们又解释说"显现的东西就是可感知的、可推断的"(同

[①] 其实,这不是格赖斯和斯特劳森的看法。他们认为只有满足这三个条件,才算传递了"非自然意义",或者用斯波伯和威尔逊的说法,完成了交际行为。但是,这三个条件只规定说话人要有这三个意图,并没有规定要实现(fulfill)这三个意图。

上)。他们强调显现的东西不一定是知道的东西。假设公路上有一辆汽车开过,"你没有对它加以注意,所以你没有关于它的知识,没有关于它的设想,甚至连最起码的'知识'、'设想'都没有。但是,有一辆车正在公路上开这个事实对你却是显现的"(同上:41)。①

引进"显现"概念以后,他们对"通报意图"和"交际意图"的定义作了相应的改动。前者被定义为"向受话者显现或进一步显现一个设想集$\{I\}$"的意图(同上:58),后者是"向受话者和发话者相互显现发话者有某种通报意图"的意图(同上:61)。同时,他们又引进了一个新概念,进一步把这种传递交际意图的行为,即"显现意欲显现某事的行为"(behaviour which makes manifest an intention to make something manifest),称为"明示行为"(ostensive behaviour),简称"明示"(ostension)(同上:49)。②他们接着说"向某人展示(show)某物是一种明示。我们将证明,人类的有意交际也同样是一种明示"。这就是说,交际还有明示的一面。他们的看法,实际上是,"交际涉及推理"这种说法只是从听话人角度出发的;从说话人角度看,交际是一种明示行为,是说话人明示自己的交际意图的行为。因此,完整的交际过程应该是"明示"加"推理"的过程。在这个意义上,我们把他们的交际观称为"明示推理交际观"。

然后,他们把明示与关联性联系在一起。他们声称"犹如断言(assertion)与暗含的真理性保证同行,明示与暗含的关联性保证同行"(同上)。在这个基础上,他们提出了《关联性》中关联原则的第一种表述:"一个明示行动包含一种关联性保证"(同上:50)。为了更好地理解关联原则,下一小节我们先讨论关联性。

6.2.2 关联性的定义

斯波伯和威尔逊在第三章专门讨论了关联性,分别从语境、交际个体、现象三个角度对关联性作出了界定。

---

① 从这段论述可以看出,斯波伯和威尔逊把知识的范围限制的比较小。如果我们把知识的定义扩大一点,"显现"跟"知识"之间的区别就不一定有他们说的那么大。

② 但是,1998年以后,他们逐渐抛弃了这个术语,把6.2.3小节提到的关联原则中的"every act of ostensive communication"改成了"every utterance"。详情请见132页注①。

他们在一开始首先声明这里的"relevance"是个专门术语,不是普通英语词。作为普通词,"关联性"的意义很模糊,不同的人会赋予它不同的意义,同一个人在不同时间也会赋予它不同的意义。尽管如此,他们的讨论还是以人们对关联性的直觉认识为出发点。他们把关联性暂时界定为设想(assumption)与语境的关系。他们认为,如果以一个设想集{C}为语境,任意加上的另一个设想{P},一般很难在该语境中有关联,或者有语境效应。例如,此时此刻他们书里下面这三句话,对他们的读者来说都没有关联性。第一句话是个新认识,但它跟语境中的其他信息没有任何联系。第二句话传递的认识是现有语境的一部分,没有新意。第三句话与已有语境抵触,但它很弱,不足以推翻原语境。这就是说,它们不能跟现有语境结合导致新的认识,它们所表达的设想没有语境效应。

(15) 5 May 1881 was a sunny day in Kabul.

(16) You are reading a book.

(17) You are fast asleep.

然而,他们强调,缺乏语境效应的只是这三句话所明确表达的设想。传递这些无关设想这个事实本身却是非常有关联的。他们用这三句话做例子,说明了什么是语境效应,这三句话用在这里跟说明这个问题有关联。换句话说,"关联性是可以通过表达无关设想实现的,只要这个表达行为本身是有关联的"(同上:121)。

这种表达行为本身的关联性,跟人们对"关联性"的直觉认识有些距离,理应成为其理论概念的重要组成部分。遗憾的是,他们没有对此进行深入探讨,没有把它跟作为设想与语境关系的关联性区分清楚。[①]他

---

① 在为笔者投给《语用学杂志》(*Journal of Pragmatics*)的一篇稿子所写的评语中,斯波伯说"可能除了最初的著述,那时我们可能对这一点还不很清楚,我们都把一句话所附带的关联性假定首先看成是该交际行动所附带的。它可以,但不一定,要通过话语本身的内容实现(如,话语所表达的那个句子)。换句话说,是说出 P[这个行动]被假定为有关联,不管 P[本身]是否有关联"(Sperber 2001)。1986 年的《关联性》是他们成熟期的代表作,肯定不属于他所说的"最初著述"之列。然而,在这里我们将看到,他们所费力界定的关联性仍然附属于 P 本身,不是说出 P 的这个行动。关于表达行为本身的关联性,他们只在这一章开头这么提了一下,后来再没有涉及。

们在该书中为关联性下的第一个定义仍以语境效应为标准:

当,且仅当,一个设想在某语境中具有语境效应时,它才在该语境中有关联。(同上:122)

跟1982年时一样,他们把关联性主要看成相对概念。"估算关联性,就像估算生产率一样,要考虑投入与产出两个方面。"(同上:125)因此,他们又把上述关联性定义修改成了带程度条件的定义。

程度条件1:如果一个设想在某语境中有很大的语境效应,那么它在该语境中就是有关联的。

程度条件2:如果一个设想在某语境中得到处理时所需的努力很小,那么它在该语境中就是有关联的。(同上)

接着,他们详细探讨了语境的内容。他们发现,有时候语境应该囊括各种背景知识,否则某些信息就无法处理;有时候,语境中的有些内容在处理某些信息时又是无用的。这就是说,语境的大小取决于所处理的信息。①因此,他们在1982年观点的基础上进一步提出,语境不是给定的,而是择定的。不是先有语境,再根据语境去判断一种信息的关联性。相反,给定的是关联性。人们先假定正在处理的信息是有关联的(否则他们不会费神去处理它),然后设法选择一种能够使其关联性最大化的语境(同上:142)。

既然语境不是固定不变的,他们就转而把关联性看成设想跟交际个体的关系,从交际个体的角度来界定关联性。这就是他们的第二个关联性定义:

当,且仅当,一个设想在某一时刻,在某人可及的一种或多种语境中具有关联性时,它才在当时跟该个体有关联。(同上:144)

最后,他们提出,关联性不仅仅是设想的一种特征,而且也是现象(如话语之类的刺激信号)的特征。他们认为说话人不能直接向听

---

① 他们的具体论证可参看拙作《语用学——理论及应用》(英文)97至100页,我们不在此重复。

话人提供信息。说话人所能做的只是通过声音渠道提供一种刺激信号(stimulus)。这种信号改变了听话人的认知环境,使某些事实变得显现起来。结果,听话人可能将这些事实转化为设想,甚至据此推导出跟事实没有直接联系的设想(同上:150-151)。[①]所以,他们又从现象的角度把关联性界定如下:

  当,且仅当,某种现象所表明的一个或多个认识跟某人有关联,该现象才跟他有关联。(同上:152)

  这后两个关联性定义也都有相应的附带程度条件的表述,因为关系不大,我们不在此一一赘述。这些定义本身应该说还比较合理,除了我们在注①中指出的,最后一个定义没有实际意义以外。斯波伯和威尔逊在这里的一个主要问题是,实际应用时,他们并不是始终如一地从产出效应和投入努力之比来考虑关联性。有时,他们只在产出效应意义上使用"关联性",有时又只在投入努力意义上使用"关联性"。我们在6.1.3小节指出了他们早期的一个实际例子,在下文,我们还将陆续在适当的时候指出他们在《关联性》和其他著述中的一些例子。

  另一个问题也许更严重,那就是我们在本节前半部分指出的,他们没有区分表达行为本身的关联性跟所表达的设想的关联性。我们认为这是不应该的。我们主张区分这两种关联性,并建议把前者叫做"一般关联性",后者叫做"具体关联性"。

  "关联性"可以有不同的种类,这一点格赖斯早就指出过。他在解释自己的关系准则时曾说:"虽然这个准则本身很简短,它却掩盖了许多令我惶悚不安的问题:有哪些不同种类、不同焦点的关联性?这些种类和焦点在谈话过程中是如何演变的?应该如何解释会话主

---

① 这种说法听起来很有道理。的确,思想要有物质外壳才能传递,或者是声音,或者是书面符号。赤裸裸的思想是无法传递的。但是,在语言交际领域,这种从现象角度界定的关联性没有实际意义。作为语言信号的声音和书面符号,都是语言系统的一部分,不是孤立的信号。索绪尔早就指出,它们是能指和所指的统一体。当我们看起来只提及它们的能指,如声音时,实际上也包含了它们的所指——意义。否则,我们怎么能说某种声音具有关联性呢?

题的合理变动？等等。"(Grice 1975：46)威尔逊在 1979 年首次定义关联性时，也承认他们当时的定义把其他一些他们显然愿意包括进来的关联性排除在外了，如"跟一个场合或语境的关联性，跟一个一般目的的关联性，跟一个话题的关联性"（Smith & Wilson 1979：177）。"跟语境的关联性"，他们在《关联性》中已包括进去。"跟话题的关联性"，因为话题可以有大小，可以分做两种情况。大话题相当于一般目的，"跟大话题的关联性"可以说就是"跟一般目的的关联性"；"跟小话题的关联性"，则可以归入"跟语境的关联性"。按照我们的区分，"跟一般目的的关联性"属于"一般关联性"，他们提到的其他关联性，包括 1979 年和 1986 年定义的关联性，则全都属于"具体关联性"。他们 1979 年时还提出，一句话的关联性可以有三种情况：有关联，表面无关联而实际有关联，确实无关联。这种"表面无关联而实际有关联"，按我们的说法，就是从"具体关联性"角度看，无关联；从"一般关联性"角度看，有关联。斯波伯和威尔逊在《关联性》中用到的例(15)、(16)、(17)也是这种情况。按照具体关联性，这些句子跟语境结合后不能导致新的认识，没有语境效应，所以是无关联的；但从一般关联性角度看，从表达这些设想的行为看，或者从斯波伯和威尔逊此时此地引用这些句子的目的看，它们却是有关联的。然而，斯波伯和威尔逊没有把这两者区分清楚，这不能不说是他们理论的一个严重缺陷。其实，格赖斯在 1987 年为他的詹姆斯演讲写的一篇跋中，就明确指出了这个问题。他强调要考虑关联性的焦点，并对斯波伯和威尔逊不注重这一点表示了不满。他觉得斯波伯和威尔逊似乎有意要割裂关联性概念跟说明关联性的特定方向之间的关系（Grice 1998 [1987]：180）。

斯波伯和威尔逊 1986 年书中对关联性的讨论的第三个问题是，他们用了"最大关联性"、"最佳关联性"两个概念，却没有明确界定两者的异同。这个问题他们在 1995 年时有所改进，我们将在 6.3.3 小节详细论述。

6.2.3 关联原则

在界定了关联性以后，斯波伯和威尔逊在《关联性》中第二次阐述了关联原则。

> 每一个明示交际行动都传递一种假定:该行动本身具备最佳关联性。(同上:158)

什么是最佳关联性呢？他们在书中有这样一段论述：

> 发话者意欲传递一个设想集$\{I\}$①。从受话者利益出发，$\{I\}$当然应该是发话者可能得到的关联性最大的信息。但是，发话者与受话者的利益在这里并不需要重合。发话者可能想把手头关联性最大的信息留给自己；她可能有自己的理由，传递关联性较小的信息。发话者不是要传递任意的一个设想集，而是某些特定的,她有自己的理由想要传递的设想集$\{I\}$。但是，既然要吸引受话者的注意力，她就不能不表明$\{I\}$有足够的关联性，能从中推导出$\{I\}$的刺激信号值得加以处理。因此，在效应方面，该假定是一个足够(adequacy)假定。
>
> 为了实现她的交际意图，发话者必须从一些能使她的特定通报意图向双方相互显现的不同的刺激信号中选择一个。我们假定她排除了需要她付出太多努力的刺激信号(如在可以用语言表示的时候画图)，或她感觉不可接受的刺激信号(如出于文化原因而不能使用的某些词语)。在大多数情况下，这仍然会给她留下一个很大的可选择余地。从受话者的利益出发，发话者应该在该范围内选择关联性最大的刺激信号：即，需要最小处理努力的那个。发话者和受话者的利益在这里得到了重合。……因此，在努力方面，该假定不只是足够假定。
>
> 可以被假定存在的关联性程度考虑到了发话者和受话者两方面的利益。我们把这叫作**最佳**关联性程度。(同上:157-158)

然后他们把最佳关联性假定归纳为下面两条：

(a) 发话者意欲向受话者显现的这个设想集$\{I\}$具有足够的关联性，值得受话者化时间去处理其明示性刺激信号。

(b) 该明示性刺激信号是发话者可能用来传递$\{I\}$的关联性最大的信号。(同上:158)

---

① 斯波伯和威尔逊没有说明这个"I"表示什么，是"information"吗？我们不敢肯定。

这些论述表明,最佳关联性假定的第一部分是关于效应的。其中的"足够关联性"是说,一句话的效应将足够大,足以抵消听话人所需付出的努力。第二部分则是关于处理成本的。其中的"最大关联性"是指在说话人可能提供的一些有足够关联性的语句中,该语句是处理时所需努力最小的。

但是,我们看到他们在这里所用的"关联性"仍然是有歧义的。当他们说"发话者可能想把手头关联性最大的信息留给自己;她可能有自己的理由,传递关联性较小的信息"时,"关联性"指的仅仅是效应。而下文的"从受话者的利益出发,发话者应该在该范围内选择关联性最大的刺激信号",则指"需要最小处理成本的信号"。

他们承认"世界上到处都是废话连篇的人。关联原则不是说,发话者一定会发出有最佳关联性的信号;而是说,发话者一定意欲受话者相信,他们会发出有最佳关联性的信号。即使说废话的人也显然意欲受话者相信,他们的话是值得听的"(同上:158)。另一方面,交际是有风险的。尽管发话者设法实现最佳关联性,他们有时候会失败。假如,玛丽知道彼特每本艾里斯·默多克的书都买,她看到书店上架了一本默多克的最新作品,就告诉彼特:

(18) Iris Murdoch's new book is in the bookshops.

可是,彼特可能早已知道这个消息。这样,(18)事实上对他就是无关联的。尽管如此,他们坚持玛丽至少是**设法**使自己的话具有最佳关联性了。所以,他们声称"发话者并不'遵循'关联原则;即使他们想要违反也违反不了。关联原则无一例外地适用于一切情形:每一个明示交际行动都传递一种关联性假定"(同上:162)。问题是,如 6.2.1 小节末尾所引,他们的关联原则另外还有一个表述:"一个明示行动包含一种关联性保证"。(18)这个明示行动为什么就不保证关联性呢?他们可能会说,说话人曾设法使之有关联。如果是那样,他们就应该说明这里保证的是"企图实现的关联性,不是实际存在的关联性"。

"关联原则是不可违反的"这个说法的另一个问题是:它跟斯波伯和威尔逊 1981 年时的观点是矛盾的。当时,他们主张用关联原则统括格赖斯的合作原则及其准则,理由是:凡违反格赖斯准则的话语都同时违反了他们的关联原则。这就是说,关联原则是可以违反的。我们认为,这种矛盾并不是因为他们改变了观点,而是因为他们实际上有两种不同的关联原则。

对比他们在成长期提出的关联原则,大家可以看出,斯波伯和威尔逊现在的措辞已经变了。他们原来在关联原则里讲"最大关联性",现在讲"最佳关联性"。到 1995 年时,他们明确提出,《关联性》里实际上有两条关联原则:"认知关联原则"和"交际关联原则",分别对应于"最大关联性"和"最佳关联性"。这个问题我们在讨论修订期的关联理论时再详细阐述。但我们在这里指出的两种关联原则,不同于他们自己承认的"认知关联原则"和"交际关联原则"。我们所谓的两种关联原则分别对应于上一小节指出的两种关联性:"一般关联性"和"具体关联性"。因此,它们可以被叫做"一般关联原则"和"具体关联原则"。

当他们说"关联原则是不可违反的"时,他们讲的是"一般关联原则",涉及的是"一般关联性"。那就是:人们说话一般都是有目的的,所说的话一般都与其目的有关,即使与相邻上下文无关的话也不例外。正是在这个意义上,我们说例(15)、(16)、(17)也是有关联的,也就是说,它们没有违反**一般**关联原则。但是,斯波伯和威尔逊从产出效应和投入努力之比的角度界定的关联性,如我们在上一小节所说,是"具体关联性"。涉及这种关联性的关联原则是可以违反的,我们确实会遇到一些产出效应小、投入努力大的话语,如例(15)、(16)、(17)。在这个意义上,它们是无关联的,是违反**具体**关联原则的。

在这个问题上,我们认为格赖斯比斯波伯和威尔逊要清醒一些。在某种意义上,他是区分这两种关联原则的。我们在本章的最后一节将详细论证这一点。

6.2.4 第一解读

第一解读的英文是"the first interpretation"。我们介绍过,斯波伯和威尔逊认为"估算关联性,就像估算生产率一样,要考虑投入与产出两个方面"(同上:125)。关联性取决于产出的效应与投入的努力之间的比率。效应相同,所需投入努力越小的认识,其关联性越大;所需努力相同,能产出效应越大的认识,其关联性越大。但是,在理解语言时,如果人们真的要比较几种不同解读各自所需的努力和产出的效应,以找到关联性最大的一个,那么投入的努力就一定会增大,有关认识的关联性就会相应地减少。因此,斯波伯和威尔逊在《关联性》中建议读者,或听众,把第一解读作为正确解读。"在某信号所有符合[最佳关联性]假定的解读中,受话者第一个想到的解读就是发话者意欲传递的解读"(同上:168-9)。

他们用的例子是(19)。一般情况下,它表示(20)。但英语的"cat"有歧义,也可以指称其他猫科动物,如老虎、狮子。因此,听话人可以假设说话人可能用(19)表示(21)或(22)。斯波伯和威尔逊认为"这个信息很可能会比乔治有一只大猫这个事实关联性更大,从而证实关联性假定的第一部分。不过,第二部分会自然而然地被证伪"(同上:168)。因为用(19)表示(21)、(22),增加了听话人处理信息时的负担,而没有相应地增加效应。

(19) George has a big cat.
(20) George has a big domestic cat.
(21) George has a tiger.
(22) George has a lion.

问题是,在这里他们并没有像在"最佳关联性假定"里说的那样,考虑到说话人的利益,考虑到说话人的可能。假设说话人是个孩子,还不知道猫和老虎、狮子的区别;或者他虽然是成人,却因为发不好"tiger"或"lion"中的某个音,想有意回避;或者他是个英语学习者,还不会说"tiger"或"lion",但凭母语经验知道它们同属猫科;在这些情况下,我们认为,他是有可能用(19)表示(21)或(22)的。[①]

我们下一节将讲到,斯波伯和威尔逊1995年在为第二版写的"后序"里修改了"最佳关联性假定",特别是把(b)款的"可能"改成了"能力和意愿所允许的",更加明确了要考虑的说话人利益的具体内容。但他们仍然坚持"第一解读"是合理的解读途径。届时我们再具体讨论该修改对"第一解读"的影响。

---

① 斯波伯和威尔逊可能会分辩,"我们是在谈论一般情况"。但是,如果真是谈论一般情况,就不会有任何可能想到(19)会表示(21)或(22)。

6.3 修订期的关联理论

1995年,斯波伯和威尔逊参照别人的批评,从自己的思考出发,为《关联性》第二版写了一个很长的"后序",对他们的理论做了一些重大修改。后序一共有三部分。第一部分是个简短的引言。第二部分讲述1986年以来的新进展。第三部分是核心,详细阐述了他们的修改意见。因此,我们在这里主要讨论第三部分,同时论及他们在1998年、2000年发表的有关著述,特别是威尔逊1998年的一篇文章。

6.3.1 认知关联原则与真理性

斯波伯和威尔逊在后序中首先澄清了原书的一个"误写",虽然他们称之为别人的"误读"(misreading)。那就是,他们1986年的第一版中一共有两条关联原则,而不是单独一条。而且当年明确表述的那条关联原则是关于交际的,不是被广泛传说的所谓认知原则。

接着,他们详细论证了认知关联原则,又称第一关联原则。他们的明确定义是"人类认知倾向于追求关联最大化"(同上:260)。其中令人感兴趣的是关于该原则与真理性的关系。

如前所述,他们历来反对格赖斯的质量准则,虽然他们不否认真理性是关联性的一个前提。在后序中,他们说,关联性定义不考虑真理性。因此,一个蕴涵许多假结论的假设想,或一个与假前提结合导致许多假结论的真设想,跟一个蕴涵许多真结论的真设想一样,也具有关联性。但是,关联性跟认知效率有关,认知效率又不能脱离真理性。有关联的信息是值得拥有的信息。假信息则一般不值得拥有,因为它降低认知效率。那么怎么把真理性包括到关联性里去呢?他们认为有两个办法:规定认知过程的输入必须是真的,或者规定认知过程的输出必须是真的。

第一种办法看起来比较简单,但他们说它是有问题的。第一,不仅认识有关联性,现象,特别是明示性刺激信号,也有关联性。它们是认知过程的输入,但它们不会有真假。

第二,结论的真假比前提的真假更重要。假设彼特是个嫉妒心很强的丈夫,他偶然听见玛丽在电话里跟对方说"明天在老地方见"。他猜测玛丽在跟一个男人说话,并推断她不再爱他。一方面,这里的前提,即玛丽在跟男人说话,可能是真的;但其结论,即玛丽不再爱他,却可能是假的。另一方面,前提可能是假的,即玛丽可能是在跟一个女人说话;结论却可能是真的,即玛丽是同性恋,她已不再爱彼特。这样,彼特在第一种情况下的猜测就只是看起来有关联,实际上没有;而第二种情况下的猜测则是真正有关联的。更一般地说,人们读小说,会从中受到启发,联想到自己的生活。如果只有真实的输入才有关联,那么小说就应该是无关联的。

因此,他们认为应该采用第二个办法,考虑输出。一个输入只有处理后能导致认知收获,能导致积极的认知效应,也就是其输出是有价值的,它才是有关联的。

根据这种认识,他们对关联性定义做了修改。例如,(a)是原来的相对于交际个体的关联性定义,(b)是修订后的定义:

(a) 当,且仅当,一个设想在某一时刻,在某人可及的一种或多种语境中具有关联性时,它才在当时跟该个体有关联。(同上:144)

(b) 当,且仅当,一个设想在某一时刻,在某人可及的一种或多种语境中具有积极认知效应时,它才在当时跟该个体有关联。(同上:265)

这就是说,认知关联原则可以表述为"人类认知倾向于追求积极认知效应的产生"(同上:266)。人类认知倾向于以一种能使预期的认知效应最大化的方法,把其资源用于处理可及的输入。他们承认该原则是模糊的、笼统的,但这不要紧,因为它所导致的后果,特别是第二关联原则,是明确的、重要的。

这些论述有三个问题。第一,"明示性刺激信号没有真假"的说法有问题。这话初听很有道理。一个声音,一个字符,就其本身而言,怎么会有真假呢?但是,正如我们在124页注①中指出的,语言信号是能指和所指的结合。当我们谈论刺激信号的关联性的时候,我们不是在谈论这些信号本身。否则这些信号怎么能跟原有认识结合,推导出新的认识?我们谈论的是这些信号所承载的意义。既然是意义,那当然就会有真假。

第二,前提的真假重要,还是结论的真假重要,这是形式逻辑早就解决的问题。当然,会话逻辑不同于形式逻辑,它是概率性的。但斯波伯和威尔逊在下文(同上:277)明确表示希望有一个能被机械应用的模式,而且他们的讨论并没有考虑到会话逻辑的概率性。一个女人跟丈夫以外的一个男人约会,只能证明她**可能**不爱自己的丈夫了,不能证明她**一定**不爱自己的丈夫了。彼特的错误结论,来自他的错误推理。他错误地、机械性地应用了一个概率性推理。因此,这不能证明前提的真假不重要。何况,这不是一个交际行为的例子,至少不是明示交际行为。玛丽的话不是说给彼特听的,也不是故意要他旁听的。用一个非交际行为的例子证明交际行为的一般规律,这也是一个论证错误。

第三,他们关于小说的关联性的论证,同样站不住。《战争与和平》给人以启示,使人联想到自己的生活,这跟它所描述的具体事件的真假没有关系。给人以启迪的是它所揭示的人生哲理,只要读者认同这一点,该小说就是有关联的。故事的虚构性,不等于它所再现的思想的虚假性。因此,这同样不能证明前提的真假不重要。

综上所述,我们认为,斯波伯和威尔逊试图把有关定义中的"关联性"换成"积极认知效应",使关联性包括真理性,以回答这些定义是"模糊的"、"空洞的"、"同义重复"之类的责难,这种努力是不成功的。

6.3.2 最佳关联性假定

第一版中明确表述的关联原则,现在称为"第二关联原则"、"交际关联原则"。但其内容基本没变,[1]仍然是"每一个明示交际行动都传递一种假定:该行动本身具备最佳关联性"(同上:158,260)。

---

[1] 惟一的变动是"presumption of its optimal relevance"前的定冠词变成了不定冠词。但他们后来在引用该原则时却把其中的"ostensive"(明示的)换成了"overt"(公开的)(Wilson & Sperber 1998:11)。如果这么一个重要术语可以用一个常见词代替,那他们当年选用冷僻词是否明智,就值得怀疑了。实际上,从1998年开始,他们已经在解释该原则时用"every utterance"代替"every act of ostensive communication"了,虽然该原则本身的措辞还没改(参见,Wilson & Sperber 1998:9, R. Carston 1998:212)。不过,威尔逊和斯波伯(2000:233)则干脆把该原则本身的"every act of ostensive communication"都改成了"every utterance"。根据冉永平的翻译,威尔逊(2000:213)也作了同样的改动,但出处仍注明"Sperber & Wilson 1986/1995:260"。

第六章 关联理论

这里的"最佳关联性假定",如 6.2.3 小节表明的,是个关键概念,斯波伯和威尔逊对此进行了"实质性"修改。

大家记得,最佳关联性假定有两个条款。(a)款是:"发话者意欲向受话者显现的这个设想集{I}具有足够的关联性,值得受话者化时间去处理其明示性刺激信号"(同上:158)。这就是说,如果处理明示信号所需的努力是给定的,该明示信号的效应就会等于,或大于所需的努力。反过来,如果效应是给定的,那么所需的努力就会等于,或小于所产生的效应,使该明示信号值得处理。斯波伯和威尔逊认为既然效应和努力没有原则性不对称,这一款就可以更概括性地简化为:

> 该明示性刺激信号具有足够的关联性,值得受话者付出努力去处理它。(同上:267)

他们用更多的时间讨论了最佳关联性假定的(b)款:"该明示性刺激信号是发话者可能用来传递{I}的关联性最大的信号"(同上:158)。他们认为现有条款是完全关于努力的,效应被看作是给定的。它的意思是,用以实现该效应的信号需要受话者付出的努力最小。他们指出,这种最小努力假定,说的轻一点是太模糊,说的重一点是太强大。

由于各种各样的原因,发话者所能用的信号不会在绝对意义上最大限度地减少受话者所需付出的努力。发话者要考虑自己所需付出的努力,要考虑礼仪、伦理因素,还要受自己能力的限制。一个人不可能提供比自己知识所允许的关联性更大的信息。因此他们把该条款改成了:

> 该明示性刺激信号是发话者能力和意愿所允许的关联性最大的信号。(同上:270)

这就是说,把原来的"可能"改成了"能力和意愿所允许的"。斯波伯和威尔逊非常看重这一修改。他们坚持,解读话语现在仍然要采用最省力途径,采用符合最佳关联性假定的第一解读,不同的是可预期的关联性提高了(同上:272)。为了说明这一点,他们讨论了如下一些例子。

(23) Peter: Where does Gerard live?
Mary: Somewhere in the South of France.

(24) Mary does not know where in the South of France Gerard lives.

按照格赖斯的观点,玛丽的回答有(24)这样的会话含义。斯波伯和威尔逊则认为,如果双方都知道玛丽坚决反对去看热拉尔,那么她的回答就不会有(24)这样的会话含义。她可能不知道热拉尔的确切地址,也可能是知道而不愿意说。这种情况下,格赖斯派可能会说,玛丽至少是部分退出(opt out)了合作原则和第一数量准则。

但是,假设双方都明白玛丽知道热拉尔的住处,那么她的回答就只会隐含(25),而不是(24)。

(25) Mary is reluctant to say exactly where Gerard lives.

这样,格赖斯派就会有一个问题:会话含义是只有遵守合作原则时才会产生的,现在玛丽已退出了合作原则,她的话语怎么还会有会话含义?

他们说,原来的最佳关联性假定也会有同样的问题。假设"热拉尔住在法国南部"对彼特是有足够关联的,他就不会再解读下去,以得出(25)这样的含义。但是修改后的假定就可以解释(25)这样的含义。那就是,既然双方都明白玛丽有能力提供更确切的信息,那么她的含糊回答就说明她不愿意提供。而且这种蕴涵会增加她的话语的关联性,因此就有了(25)这种会话含义。(同上:274-275)

他们的第二类例子涉及通常所谓的"等级会话含义"(scalar implicature),如(26)隐含(27)或(28)。

(26) Some of our neighbours have pets.

(27) Not all of our neighbours have pets.

(28) The speaker doesn't know whether all her neighbours have pets.

但是,(29)和(30b)没有这种会话含义。

(29) Some of our neighbours certainly have pets; maybe they all do.

(30) a. Peter: Do some of your neighbours have cats, dogs,

goldfish, that sort of thing?

    b. Mary: Yes, some of our neighbours do have pets; in fact they all do.

斯波伯和威尔逊说,格赖斯派的解释是,如果说话人知道所有的邻居都有宠物,而说只有一部分有,那就违反了第一数量准则。因此,除了(29)和(30b)这种说话人明确取消有关会话含义的情况,(26)一般隐含(27)或(28)。这里的问题是,到底提供多少信息才符合第一数量准则,不清楚。① 而且,人们不知道什么时候(26)隐含(27),什么时候隐含(28)。(同上: 276)

如果彼特和玛丽的对话如下,他们认为格赖斯派的问题就更大了。

(31) a. Peter: If you or some of your neighbours have pets, you shouldn't use this pestcide in your garden.②

    b. Mary: Thanks. We don't have pets, but some of our neighbours certainly do.

格赖斯派只能声称(31b)仍然有(27)或(28)的会话含义,或者听话人先推断出这些含义,然后再(不知道因为什么原因)取消它们。

他们觉得,修改前的最佳关联性假定对上述情况还能应付。"玛丽的一部分邻居有宠物"这个认识有足够的关联性,听话人得到这个第一解读以后,可以不再推断下去,不用关心是不是"玛丽的所有邻居都有宠物"。但对下列对话,它跟格赖斯派一样不能解释。

(32) a. Peter: Do all, or at least some, of your neighbours have pets?

    b. Mary: Some of them do.

听话人会像理解(31b)时那样,停留在"玛丽的一部分邻居有宠物"这个认识,不再接下去推断出"不是玛丽的所有邻居都有宠物"。

修改后的最佳关联性假定则不一样。玛丽的回答说明她不能够或者不愿意告诉彼特,她所有的邻居都有宠物。这两个蕴涵都能增

---

① 我们在111页注②中已指出,这种指责站不住。
② 不知道什么原因,斯波伯和威尔逊的原文把这以后例句中的 Peter 换成了 Henry。

加她的话语的关联性,因此就会被隐含,从而成为会话含义。斯波伯和威尔逊还声称"玛丽(32b)的回答是说话人故意选择一个信息量较小的命题的例子,尽管另有一个紧密相连、同样可及、信息量更大,而且不需要她自己或听话人付出更多努力的命题",如(33)(同上:278)。

(33) Mary: Some of them do, but not all.

但是,斯波伯和威尔逊的上述论述夸大了修订前后的最佳关联性假定之间的差别,而且歪曲了格赖斯派的理论。

我们在6.2.3小节已说明,衡量关联性时"要考虑说话人的利益,要考虑说话人的可能",这一点在第一版中也提到了,虽然不如第二版明确。在讨论例(23)时,斯波伯和威尔逊说如果双方都知道玛丽坚决反对去看杰勒德,修改前的假定就不能解释为什么它会有(25)这样的会话含义,而修改后的就能。理由是,既然双方都明白玛丽有能力提供更确切的信息,(23)就会蕴涵她不愿意提供该信息。可是,修改前的假定也提到要考虑说话人的"可能",在他们的说明中也提到要考虑说话人的"利益",为什么这就不能促使听话人寻找(25)这样的含义?关于例(32),我们也有同样的疑问。我们看不出修改前后的最佳关联性假定何以有如此大的差别。

他们还说(32b)跟(33)这样信息量更大的命题,对说话人和听话人要付出的努力的要求,是完全一样的,这也令人费解。

我们记得他们在第一版里说过,下列(b)句比(a)句"更经济",也就是更省力。

(34) a. I earn £797.32 a month.
     b. I earn £800 a month. (同上:233)

至于斯波伯和威尔逊对格赖斯派理论的否定也是站不住的。关于等级会话含义的观点,主要是霍恩(Laurence Horn)、莱文森(Stephen Levinson)等人提出的。霍恩(1984)根据格赖斯准则和齐波夫(George Zipf)的省力原则提出了Q原则(主要源于格赖斯第一数量准则)和R原则(主要源于格赖斯的关系准则)。莱文森(1987)在霍恩的基础上提出了"数量原则"(the principle of quantity)、"信息量原则"(the principle of informativeness)和"方式原则"(the principle of manner)。他们的这些原则不同于关联理论,比较贴近格赖斯原始理论,一般统称为新格赖斯原则。我们在下一章将详细讨论,这里只想简单提一下,以说明斯波伯和威尔逊的论证有误。

斯波伯和威尔逊认为,格赖斯派没有说明什么时候(26)隐含(27),什么时候隐含(28)。其实,对这个问题,莱文森的数量原则有很清楚的答案。该原则由两部分组成:"说话人准则"和"听话人推理"。前者要求说话人提供他知识所允许的信息量最大的陈述,后者允许听话人在不同情况下作出不同的推理:(a)如果说话人用了霍恩等级① 中的弱项,那么就可以推断说话人知道用强项的陈述是假的;(b)如果说话人用了对立集合② 中的弱项,那么就可以推断说话人不知道强项是否成立(Levinson 1987b:401)。这就是说,因为(26)的"some"跟"all"构成霍恩等级,按照新格赖斯原则,它一般隐含(27),而不是(28)。

说格赖斯派没法解释为什么(31b)没有(27)或(28)的含义,更缺乏根据。莱文森(Levinson 1983:116)讲到会话含义可以由语境取消,他的例子是:假如要得到政府补助的条件是至少要有三头奶牛,那么当督察员用(35a)询问约翰的邻居时,该邻居的回答(35b)就不会有"他最多只有三头奶牛"的含义。

(35) a. Has John really got the requisite number of cows?
   b. Oh sure, he's got three cows all right.

---

① "霍恩等级"(Horn scale)是霍恩(1972)首次提出的一种数量等级(quantitative scale),如<all, most, many, some, few>,<and, or>。如果说话人选用右边较弱的词语(如 Some of them went to the film),听话人就可以推断含左边较强词语的句子(如 All of them went to the film)不适用。详情参阅下一章 7.1.2 小节。

② 原文"contrast set",是一种比"霍恩等级"松散的集合。如果某人说"If John sees me then he will tell Margaret",他隐含"I don't know whether John will see me"。同理,如果某人说"My sister is either in the bathroom or in the kitchen",他就隐含"I don't know whether my sister is in the bathroom or in the kitchen"。这就是说,选用"if p then q"这种句式,而不用"since p, q",隐含说话人不知道 p 为真还是假,或 q 为真还是假;选用"p or q",而不用"p and q",会有同样的含义。后一种句式,如"p and q",是强表达式;前一种,如"p or q",则是弱表达式。它们构成对立集合{p and q, p or q}。详情参阅下一章 7.3.1 小节。

这跟斯波伯和威尔逊的(31)是完全一样的例子,其含义被取消的原因是很明确的。

他们关于什么是退出合作原则的理解,也是错误的。格赖斯在讲到这个问题时的例子如下:

(36) I cannot say more; my lips are sealed. (Grice 1975:49)

这就是说,公开声明不提供任何信息才是退出合作原则。不提供充分信息,不是退出合作原则,只是违反第一数量准则。这从格赖斯关于推荐信的例子也可以看出来。写信人虽然没有提供足够的信息,格赖斯却明确说,他不可能退出合作原则,如果他不想合作,为什么写信?他也不可能是没有能力写,而且他知道应该提供更多的信息。因此,他一定是想传递一种他不愿意写下来的信息,那就是:X先生不适合做哲学工作。(同上:52)

那么,斯波伯和威尔逊为什么要夸大修改前后的最佳关联性假定的差别呢?答案只能是,"第一解读"并不总是正确的解读。既然第一解读是最省力的解读,在效应相同的情况下,也就是关联性最大的解读,为什么它会不正确呢?于是,他们想到了其他的限制因素,特别是说话人的能力和意愿。但是,如我们所示,这一点并不是全新的,第一版其实也提到了。两者的区别并不像他们声称的那么大,第一版没解决的问题,第二版仅仅依靠这样的修改也不能解决。问题的关键,我们认为,是不能用关联性囊括交际活动中的一切要素,必须对它加以分解。现在他们承认有两条关联原则,从一个侧面证明了分解的必要性和可能性。下一小节我们讨论他们的"最大关联性"跟"最佳关联性"之间的区别,进一步论证分解的必要性和可能性。

6.3.3 最大关联性和最佳关联性

斯波伯和威尔逊在明确区分认知关联原则和交际关联原则的同时,也区分了最大关联性和最佳关联性。那就是认知关联原则是关于最大关联性的,交际关联原则是关于最佳关联性的。这从他们的定义就能看出来,我们把两者重新作为(a)、(b)列在下面:

(a) 人类认知倾向于追求关联最大化。

(b) 每一个明示交际行动都传递一种假定:该行动本身具备最佳关联性。

第六章 关联理论

威尔逊(Wilson 1998:59)宣称"在《关联性》及其他场合,我和斯波伯明确否认**交际**追求关联最大化"。这是一个模糊的陈述,因为她没有说明"其他场合"是什么场合。即使如此,我们认为这句话仍然是不符合实际的。大家记得,他们1981年、1982年时为关联原则下的定义分别是:

> 说话人已为实现最大关联性尽了最大努力。(Wilson and Sperber 1998 [1981]:361)
> 说话人会设法表达对听话人来说可能是关联性最大的命题。(Sperber and Wilson 1982:75)

当然,1982年时他们已意识到不能单纯考虑关联性的大小,因而开始谈论"简化的关联原则"和"完整的关联原则"的不同,出现了后来被称为"最大关联性"和"最佳关联性"思想的雏形。

不过,写作于1980年、发表于1983年的《如何界定"关联性"》则认为,"在一般情况下,信息处理的目标是尽可能最大化正在处理的信息的关联性"(Wilson and Sperber 1986 [1983]:196)。

前文没提到的是,1986年,威尔逊和斯波伯还写了一篇"推理与会话含义"。其发表时间晚于《关联性》,但观点倒更接近早几年的论述。他们把关联原则定义为:"说话人会设法在这种情况下尽可能地有关联"(Wilson and Sperber 1991 [1986]:381)。他们谈论"最大关联性",而不用"最佳关联性"这个字眼。他们说信息处理的普遍目的是以最小的处理成本获取最大的语境蕴涵。在一段文字中他们把这叫作"认知的普遍目标",但实际上他们是在谈论说话人与听话人之间的**交际**。下面我们摘录这段文字,供鉴赏:

> 我们设想认知的普遍目标是获取有关联的信息,关联性越大越好。我们还设想感觉自己有价值说话的人会设法使自己的话有尽可能大的关联性。因此,听话人在处理每一句话时都应该运用这个永恒的设想——说话人已设法在这种情况下尽可能地有关联。这个设想我们叫作关联原则。(同上:382)

就连威尔逊明确点到的《关联性》,也不像她说的那样。虽然他们在某些部分声明,"人类认知过程追求以最小的处理努力获取最大可能的认知效应"(Sperber and Wilson 1986/1995：vii)，或者"说话人旨在实现最佳关联性"(同上：218)，但他们没有在任何章节**明确**否认交际追求最大关联性，他们最多只是间接地隐含了这个意思。否则，这么多读者的误解就会变得不可理喻。

那么最大关联性和最佳关联性到底有什么区别呢？如果说关联性是产出效应跟投入努力之比，从字面看，"最大"应该等于"最佳"。然而，斯波伯和威尔逊现在要说"最大"不等于"最佳"，为什么？他们自己的说法是，这两者属于不同的领域：人们在认知领域追求"最大关联性"，在交际领域却追求"最佳关联性"。也就是说，"最大关联性"属于"认知领域"，"最佳关联性"属于"交际领域"。可是，什么是"认知"，什么是"交际"呢？斯波伯和威尔逊从来没有明确界定过。根据常识，我们觉得从理论上大概可以这么说，"认知"是人们对事物的认识，是对"知识"，或者说"信息"的探索。"交际"则是人们之间的"交往"，"你来我往"地交换东西。交换的东西可以是情感，也可以是信息。问题是，关联理论侧重研究的是信息交换，不是情感交换。很多语言学家指出，关联理论忽略语言的社会方面。斯波伯和威尔逊自己也承认，"社会语言学家研究的复杂的社会因素"是他们从没考虑过的一个方面(Sperber and Wilson 1986/1995：279)。这样一来，在关联理论里，"认知"和"交际"实际上就不是严格可分的。这是为什么我们从"推理与会话含义"引的上面这段话，把两者混在一起的根本原因。这也是为什么斯波伯和威尔逊现在明确叫做"交际关联原则"的原则，曾被长期叫做"认知原则"，他们的理论被叫做"认知理论"的原因。

从斯波伯和威尔逊的具体论述看，我们认为，他们的"最大关联性"跟"最佳关联性"的区别实际上是看问题角度的区别，虽然他们没有明确这么说。如果说最大关联性等于"产出与投入之比最大：产出的效应最大，投入的努力最小"，这时候我们采取的是听话人角度。这里的"最大效应"和"最小努力"都是相对听话人而言的。但相对说话人，情形就可能不一样。特别是对听话人是省力的，对说话人不一定也是省力的。所以，斯波伯和威尔逊在最佳关联性假定里，提出"要考虑说话人的利益，要考虑说话人的可能"，在第二版中又进一步改成"要考虑说话人的能力和意愿"。这种考虑到说话人利益的最大关联性,在说话人能力和意愿允许范围内的最大关联性,就是他们所说的"最佳关联性"。

在这个意义上,我们可以把"最大关联性"叫做"听话人关联性","最佳关联性"叫做"说话人关联性"。但是,我们主张:这两种关联性最好还是分开来,不要都叫做"关联性",以免混淆。上一小节提到霍恩把格赖斯的准则和齐波夫的省力原则结合起来,提出了 Q 原则和 R 原则。Q 原则是"听话人省力原则",要求说话人提供尽可能多的信息;R 原则是"说话人省力原则",允许说话人只说必须说的话。在某种意义上,它们分别相当于我们这里说的"听话人关联性"和"说话人关联性"。特别是当斯波伯和威尔逊只注意构成关联性的一个要素——所需的投入努力时,这个比较尤其得当。在另一种意义上,Q 原则又相当于"说话人效应原则"。说话人之所以要让听话人省力,最根本的原因还是为了达到自己的目的,使自己的话语发挥效应。而把产出效应跟投入努力彻底分开,是分解"关联性"的又一个维面。霍恩的这种两原则模式,我们在下一章将详细阐述。我们在这里简单提一下,只是为了衬托斯波伯和威尔逊的单原则模式的不足。

斯波伯和威尔逊现在区分认知关联原则和交际关联原则,区分最大关联性和最佳关联性,朝分解关联性的方向迈出了第一步。但是,我们认为这一步还不够大。作为论据,下一小节再讨论一种前文没有展开阐述过的"关联性"。

6.3.4 另一种关联性

把"最大关联性"叫做"听话人关联性","最佳关联性"叫做"说话人关联性",是从判断关联性的角度出发的。把关联性的产出效应和投入努力分开,则是从关联性的构成因素出发的。这些区分可以叫做关联性的外部区分。就关联性本身而言,从关联性内部来看,我们提出过"一般关联性"和"具体关联性"这个区分。这一小节要讨论的关联性跟这两种关联性有相通之处,也属于内部关联性,那就是——一句话跟话题之间的关联性。

在 6.2.2 小节我们讲到,跟话题的关联性可以根据话题的大小,再分做两种情况。大话题相当于一般目的,跟大话题的关联性可以归入"一般关联性";小话题相当于相邻语境,跟小话题的关联性可以归入"具体关联性"。但是,当时没有展开讨论其中的细节,这一小节是对上述讨论的补充。

以色列语用学家吉欧拉(Rachel Giora 1997)把一句话跟话题的关联性称为"话语连贯性"(discourse coherence)。在关联理论里,连贯性被隶属于关联原则,是从后者派生出来的。吉欧拉不同意这种看法。她认为斯波伯和威尔逊的关联原则不足以解释语篇的连贯性。例如,斯波伯和威尔逊(Sperber and Wilson 1986/1995:125-127)觉得在语境(37)中,(38)比(39)关联性大。吉欧拉却提出,既然语境是择定的,那么(39)也可以在特定语境中具有跟(38)一样大的关联性,如语境(40)加上原语境(37)。虽然跟(38)相比,处理(39)的投入要大一些,但相应地,它所产生的效应也比(38)大。因此,(39)在自己的语境中就像(38)在自己的语境中一样是有关联的。但是(39)中的两句话之间却缺乏连贯性。这就是说,符合关联原则的话语可以是缺乏连贯性的。[①]

(37) (a) People who are getting married should consult a doctor about possible hereditary risks to their children.

(b) Two people both of whom have thalassemia should be warned against having children.

(c) Susan has thalassemia.

(38) Bill, who has thalassemia, is getting married to Susan.

(39) Bill, who has thalassemia, is getting married to Susan, and 1967 was a great year for French wines.

(40) Our neighbor bought us a 1967 bottle of French wine.

威尔逊(Wilson 1998)在她的答复中,首先强调吉欧拉所用的"关联性"概念还是"最大关联性","关联原则"也是"认知关联原则"。而他们在第二版中已把"最大关联性"跟"最佳关联性","认知关联原则"跟"交际关联原则"明确区分开了。所以,吉欧拉的反对意见应该

---

① 吉欧拉在文章中还讲到"不符合关联原则而具有连贯性的话语",为了使讨论简单一些,我们在这里只涉及前一种情况。

被重新表述为:

> 一段话语可能跟某交际个体有最佳关联性,但是,它却可能被认为缺乏连贯性。(Wilson 1998:60)①

威尔逊说,如果这样表述,她和斯波伯不会有什么不同意见。虽然关联原则认为,每一句话都让人产生一种对最佳关联性的预期,但这种预期并不一定任何时候都会变成现实。有时候会出现说话人难以预料的情况,导致意外无关联。同样,有的话语也会出现意外的关联性。作为前一种情况的例子,她讲到了我们引用过的(18),我们把它重复为(41)如下:

(41) Iris Murdoch's new book is in the bookshops.

为了允许出现意外的无关联和意外的有关联,威尔逊说他们曾在《关联性》中提出,话语的各种解读将根据下列"符合(交际)关联原则"标准被决定取舍。②

> 当,且仅当,说话人有理由预料一段话语的某种解读具有最佳关联性时,该话语才符合(交际)关联原则。(同上:61)

因此,她认为吉欧拉的反对意见应该被进一步改写为:

> 一段话语的某种解读可能被认为符合(交际)关联原则,但是,它却可能被认为缺乏连贯性。(同上)

威尔逊觉得这种反对意见意味着,没有连贯性的话语是没法用交际关联原则解释的。这一点,她是不同意的。她分析了四种不同情况,其中一种是:

> 彼得和玛丽一边清理厨房的碗柜,一边聊着当天的新闻。

---

① 我们同样省略了"没有最佳关联性而被认为具有连贯性"的情况。

② 威尔逊没有注明该标准在《关联性》中的出处。我们没法核实,他们在《关联性》中曾明确表述过这个意思,还是只暗示了一下。不管哪种情况,我们认为这个标准都不是必要的。第一,我们在 6.2.3 小节第一次引用(41)时就提到,斯波伯和威尔逊当时的解释是说话人已设法使自己的话具有最佳关联性了。第二,如果我们讲关联性时,不仅考虑认知因素,而且考虑社会因素、人际因素,那么不依靠这个标准,(41)也是有关联的。因为它传递了"玛丽关心彼得"这个社会意义、人际意义。

正当玛丽要跟彼得讲比尔和苏珊的事时,彼得疑惑地举起了一瓶1967年的法国酒,于是,她说了(39)。在这种情况下,其中的两个片断都在彼得可及的语境中有关联,但从直觉上讲,它们却是没有关系的。(同上:65)

威尔逊认为"作为一种'语境转换'(context switching),(39)是完全可以接受的。只要玛丽有理由预料彼得能轻松地转换语境,这段话语就是符合关联原则的。不过,从局部讲它是缺乏连贯性的,两个片断在直觉上没有联系。我们认为,人们之所以会有这种直觉是因为,第一个片断的解读对第二个片断的关联性没有任何影响"(同上:66)。这时候,威尔逊加注说明,本章最早引用过的1979年的关联性定义需要改进,因为它没有区分对关联性有影响的语境蕴涵跟意外出现在语境中的蕴涵。她的意思似乎是,(39)的第二个片断出现在那个位置是意外情况。尽管它不能跟前一句话结合,导致新的认识,这段话语作为整体,还是符合关联原则的。

另外一种情况是吉欧拉讲到的,在语境是(37)加(40)时,玛丽说了(39)。威尔逊认为这不是简单的转换语境的情况。"一个假定最佳关联性的听话人会期待,(39)的两个片断都能在最可及的语境中有关联。在没有语境转换提示时,最可及的语境就是对最近的前面片断的解读。如果玛丽不想让彼得使用这个语境,她完全可以把(39)表述为(42),以便彼得能省却一些精力"(同上:67)。

(42) 1967 was a great year for French wines. Incidentally, Bill, who has thalassemia, is getting married to Susan.

因此,这种情况下的(39)是不符合关联原则的,而且它之所以不可接受也是因为它使听话人"在错误的方向寻找关联性而浪费了一些精力"(同上)。

我们认为,威尔逊的答辩没有成功。首先,如吉欧拉(Giora 1998:76 fn.1)指出的,威尔逊改变反对意见的措辞不改变问题的实质。威尔逊第一次修改的反对意见已经把"最佳关联性"写进去了,但她说,她和斯波伯不会不同意这个反对意见,因为有时候会出现说话人预料不到的情况,会出现意外无关联。第二次修改写明了要"符合(交际)关联原则",而且说只有"说话人有理由预料一段话语的某种解读具有最佳关联性时,该话语才符合(交际)关联原则"。为了排除符合关联原则而没有连贯性的情况,威尔逊不得不一次又一次地增加符合关联原则的条件。但实际上,增加了这些限制也还不够。大家看到,她在解释具体例子时又把"可接受性"跟"两个片断之间的直觉联系"分开了。"可接受的"话语,两个片断之间在直觉上可以有联系,也可以没有联系。她能解释的只是"可接受性",不是"两个片断之间的直觉联系"。这就是说,符合(威尔逊增加了很多限制后的)关联原则的话语,其不同片断之间仍然可以是直觉上没有联系的。

其次,"语境转换"概念也不能真正解决问题。当吉欧拉坚持(39)缺乏连贯性时,她把这段话当作一个会话。而威尔逊引进"语境转换"概念后,则把这作为两个会话处理,所以,两个片断之间缺乏直觉联系,缺乏连贯性,就很自然。威尔逊说,他们在《关联性》(Sperber and Wilson 1986/1995:139)中就讲到过一边看电视,一边聊家常的情形,说话人在不同语境中来回转换。其实,格赖斯早在评论自己的关系准则时就涉及了这一点,我们在此再引用一遍。

> 虽然这个准则本身很简短,它却掩盖了许多令我惶悚不安的问题:有哪些不同种类、不同焦点的关联性?这些种类和焦点在谈话过程中是如何演变的?应该如何解释会话主题的合理变动?等等。(Grice 1975:46)

格赖斯提出了问题,没找到答案。我们的建议是,答案在一般关联性跟具体关联性这个区分中。那就是我们在6.2.2小节提出的,有的话语从具体关联性角度看,是无关联的;从一般关联性角度看,却是有关联的。我们主张把话题分做大、小两类,跟大话题的关联性归属一般关联性,跟小话题的关联性归属具体关联性。一个会话可以有一个统一的具体小话题,也可以有几个不同的具体小话题。一个人就不同具体话题所说的话语之间可以没有连贯性。但是既然这些话是同一个人在同一时间说的,它们又一定会有某种同一性,哪怕是比较间接、比较疏远的同一性。比如,这些都是他当时所关心的问题,都跟他(或他的谈话对象)的切身利益有关。如果把这些叫做"大话题",尽管比较笼统、模糊,那么这个人关于不同具体小话题的话,又都是关于同一个大话题的。

在这个意义上,不管是按照威尔逊的假设,还是按照吉欧拉的假设,(39)的两个片断都是跟大话题有关联的,尽管它们只跟自己的小话题有关联。我们相信,这种分析法能较好地解释人们的直觉。在威尔逊假设的情况中,两个当事人在同时做两件事:一件是闲聊,另一件是清理碗柜。在吉欧拉假设的情况中,当事人也在同时做两件事:谈论比尔和苏珊的婚事,谈论邻居给他们的酒。这两种情况是很相像的,不像威尔逊强调的那样不一样。在吉欧拉假设的情况中,不一定非要像(42)那样增加"incidentally"这个词。实际上,威尔逊自己在下文也说到了这一点。"非语言手段也可以起到同样的作用。例如,在(43)中,如果玛丽想到彼得可能无法实现预期的语境转换,她可以用手指一下,碰一下彼得的胳臂,或者朝钱包的方向转过头去。其结果同样是既可以接受,又符合关联原则的,尽管没有明确的语言提示。事实上,在很多情况下,(43)所要求的语境转换可以不需要任何提示。假设,彼得在跟玛丽说话时,突然想到他的钱包可能掉了。这时,就不会再需要任何语境转换提示:所需要的设想在玛丽开口讲话前就已经激活了。"(Wilson 1998:72)因此,在吉欧拉假设的情况中,我们也可以想象彼得会突然想到,玛丽是在同时谈论两件不同的事(既然该语境同时包括这两件事),而不需要任何提示。

(43) Peter: What time is it?
　　　Mary: You've dropped your wallet.

一个类似的例子是(44):在一个讲演的中间,突然进来一个人,说了这句话。史密斯和威尔逊(Smith and Wilson 1992:5)曾用这句话说明,如果其中的"the building"指的是正在举行讲演的地方,那么它的关联性比讲演者当时要说的任何一句话都大。吉欧拉不同意。她认为根据斯波伯和威尔逊的理论,讲演者在该语境中的话语比(44)的语境蕴涵要多,因此,"关联性更大"。但是,人们会放弃那些"关联性大的"话语,而选择(44),因为"一个生死攸关的语境蕴涵比一千个不那么致命的语境蕴涵,价值更大"(Giora 1997:30)。威尔逊认为吉欧拉搞错了,"一个生死攸关的语境蕴涵能**产出**一千个更多的蕴涵"(Wilson 1998:64)。

(44) Ladies and gentlemen, I have to tell you that the building's on fire.

我们猜想(44)也属于威尔逊所谓的语境转换,从"讲演语境"换成了"着火语境"。当吉欧拉说(44)的关联性比讲演者的话语要小时,她实际上是从"讲演语境"考虑的。她的意思是,(44)跟讲演者先前的话语没有关联性。当威尔逊说(44)的关联性比讲演者的话语要大时,她已经从"讲演语境"转换到了"着火语境",或者说是从着火跟听话者的关系来考虑的。按照我们的"话题关联性",我们可以说,从小话题的角度,从讲演的角度看,(44)是没有关联性的;但是,从大话题的角度,从听话人的切身利益角度看,(44)当然是有关联性的,而且关联性很大,因为它涉及人的生死。

塞尔(John Searle et al. 1992:14)说过类似的话。"假设,……我正在跟我的股票经纪人讨论要不要投资 IBM。假设他突然喊起来,'小心!吊灯要砸到你头上了!'他的话有关联性吗?它跟我投资股票市场的目的,当然无关联。但是,它跟我生存的目的又当然有关联。所以,如果我们把这看成一个会话,他的话是无关联的。如果我们把这看成两个会话(第二个会话他刚刚开了个头,是关于我的安全的),那么,他的话是有关联的。"

跟塞尔不同的是,我们认为从说话人的目的来讲,或者说,从听话人的利益来讲,"投资 IBM"跟"人身安全"可以合为一个大话题。这种"大话题"概念,可能让人觉得有点牵强,有点不好接受,但它是有价值的,它能解释威尔逊的"语境转换"概念。那就是,正因为它们同属一个大话题,说话人和听话人才能轻松地从一个小话题转换到另一个小话题,从一个语境转换到另一个语境。

我们在上文说,"大话题关联性"可以归属"一般关联性"。理由是,大话题跟说话人的总的目的有关,或者说,跟听话人的总的利益有关。这个意义很接近斯波伯和威尔逊所说的"不可违反的关联性",即,正常情况下,人们说的每一句话都是有关联的,都跟说话人的目的有关,都跟听话人的利益有关。但是,在另一个意义上,"大话题关联性"跟"表达行为本身的关联性"那样的"一般关联性"还是有区别的。前者比后者更间接、更隐蔽、更模糊。这是一般人容易只看到"小话题",看不到"大话题"的原因。因此,"大话题关联性"也可以跟"小话题关联性"一起被单独分成一类,介乎一般关联性和具体关联性之间,叫做"话题关联性"。这就是本节小标题"另一种关联性"的涵义。

这一小节的讨论再次说明,关联性不能囊括交际活动中的一切要素,必须加以分解。其实,这也是吉欧拉(Giora 1997)的中心思想。她在该文摘要的第一句话里说,"关联性不可能是支配人类交际的惟一原则"。下一节我们还讨论这个题目,不过是从格赖斯理论的角度。我们要证明,格赖斯的合作原则相当于前文提到过的"一般关联原则",他的关系准则相当于"具体关联原则"。

6.4 关联原则还是合作原则?

斯波伯和威尔逊在《关联性》中说关联理论跟格赖斯理论的最重要区别是:关联理论要解释明示推理交际的全部,既解释明说的部分,也解释暗含的部分;而格赖斯理论只解释暗含的部分(Sperber and Wilson 1986/1995:162-3)。这似乎暗示关联原则跟合作原则主要是适用面的差别,在内容上没有本质差别。这一节我们就准备谈一下这个问题。

我们在 6.1.2 小节提到,斯波伯和威尔逊认为格赖斯的关系准则显然隶属于他们的关联原则,但他们没有在任何场合对此作过较深入的阐述。他们认为这两者的关系是不言而喻的。其原因恐怕是,格赖斯的关系准则是他们最初的灵感之源。但是,我们如果再读读格赖斯的论述,就会发现这两者之间的区别也是显而易见的。

我们曾经多次引用过格赖斯在解释他的关系准则时说的话,现在我们再重复一下:

> 虽然这个准则本身很简短,它却掩盖了许多令我惶悚不安的问题:有哪些不同种类、不同焦点的关联性?这些种类和焦点在谈话过程中是如何演变的?应该如何解释会话主题的合理变动?等等。(Grice 1975:46)

格赖斯认为真正违反关系准则的例子是罕见的。但如果在一个高雅的茶会上,A 君与 B 君之间进行了如下的对话,那么,B 君就是

公然不顾该准则,使自己的话与 A 君的话毫无瓜葛了。(同上: 54)

    (45) A: Mrs. X is an old bag.

        B: The weather has been quite delightful this summer, hasn't it?

格赖斯在文章的开头曾以下例引进他的会话含义概念:

(46) A: How is C getting on in his job?

      B: Oh quite well, I think; he likes his colleagues, and he hasn't been to prison yet.

    在下文再次讲到该例时,他说 B 君关于 C 君还没进监狱的话很明显违反了"要有关联"这条准则。但是,如果 A 君能假定 B 君认为 C 君有不诚实的倾向,那么 B 君的缺乏关联性就只是表面上的,不是实质性的。(同上: 50)

    从这些论述中我们可以看出,格赖斯认为关联性是个很复杂的问题,可以有多种解释。他的关系准则主要涉及相邻两句话之间的关系。这一点在他论及其他有目的、理性行为时表述得更明确。他说根据关系准则,他会期待同伴做出符合即时需要的举动。如果他是在搅拌蛋糕原料,他不希望同伴给他一本好书,甚至是烤箱布,尽管这在后一阶段将是一个合适的举动。(同上: 47)

    伯格(J. Berg 1991: 421-5)认为格赖斯的关联性着眼于会话目标,有助于实现这一目标的话语才是有关联的。"He hasn't been to prison yet"之所以表面上看是无关联的,就是因为通常情况下它无助于实现会话目标——了解 C 君的情况。C 君还有许多别的事没干过,如没离婚,没进医院,没去欧洲。一般情况下,这些都与会话目标没有直接关系。另一方面,(47b)之所以是有关联的,就是因为该信息有助于实现会话目标——解决缺油问题。

(47) A: I am out of petrol.

      B: There is a garage around the corner.

    伯格的解释有其合理之处。格赖斯多次强调会话双方具有共同的目标或方向,双方的话语是互相连结的。在讲到修车的例子时,他明确地说:

    1. 参与者有一个共同的现时目的,比如把车修好;当然他们的最终目的可能是互相独立的,甚至是互相矛盾的——每人都可能想把车修好,自己一走了之,把对方撂在那边。一般的谈话都有一个共同的目的,即使这只是个次要目的,如邻居间的墙头闲聊。这就是说,每一方都要暂时认同于对方的临时会话兴趣。

2. 参与者的言论必须如卯眼对榫头,互相吻合。

3. 双方有一种默契(它可能是明确的,但常常是暗含的):在其他条件相同的情况下,交往应该以合适的方式继续下去。除非双方都同意终止,没有人能随意抬腿就走或转身去干别的。(Grice 1975: 48)①

但是,格赖斯似乎有一个细微的分工。他把比较具体的两句话之间的关系称作关联性,由关系准则负责。话语之间较一般的关系,特别是与会话目标之间的关系,称作合作性,由合作原则负责。例如,上述三个特征被称为"合作性交往的区别性特征"(features that jointly distinguish cooperative transactions)。他的合作原则被表述为——"使你的话语,在其所发生的阶段,符合你参与的谈话所公认的目标或方向。"(同上: 45)

6.2.3 小节提到,斯波伯和威尔逊实际上有两种关联原则:一般关联原则和具体关联原则。现在,我们可以指出,这两种关联原则分别对应于格赖斯的合作原则和关系准则。

斯波伯和威尔逊的具体关联原则跟格赖斯的关系准则有对应之处,这一点恐怕不会有异议。正是基于这种直觉,斯波伯和威尔逊才没有详细探讨两者的异同。但他们的一般关联原则对应于格赖斯的合作原则,也是不难证明的。格赖斯在引进合作原则的那段文字的开头指出:"我们的谈话通常不是由一串无不**相关**[着重字体是笔者

---

① 我们在第四章提到过,格赖斯曾经认为,合作原则及其准则可以被看作一种准合同(quasi-contract),在其他领域也同样存在。如果一个人说话没有关联,或含混不清,受损失的首先是他自己,而不是听众。因此,任何想要实现会话目的的人,都会愿意遵守合作原则及其准则。不过,他承认他不能肯定这个结论一定是对的。"除非我对关联性的性质,以及什么情况下需要关联性,能有一个清楚得多的认识,否则,我相当肯定我不能得出这种结论"(Grice 1975: 49)。这再次说明了"关联性"概念在他合作原则中的地位。

改的]的话语组成的,否则就会不合情理。它们常常是合作举动,至少在某种程度上;参与者都在某种程度上认可一个或一组共同目标,至少有一个彼此接受的方向"(同上)。把双方的言论应该"如卯眼对榫头,互相吻合"等称为"合作性交往的区别性特征"也证明了这一点。

刚才讲过的例子都可以从这个新的角度来解释。例如,格赖斯之所以认为(45b)违反了关系准则,就是因为这句话跟A君的话毫无瓜葛。用我们现在的说法,这句话违反了具体关联原则。但B君总的来说还是遵守了合作原则,他的会话目标跟A君还是一致的,他愿意把会话继续下去,只不过话题要换一下。从说话人的这个目的来讲,这句话还是跟A君的话有关联的,它是对A君的话的一个回应。①也就是说,它没有违反一般关联原则。同样,(46b)的缺乏关联性之所以只是表面上的,不是实质性的,也是因为它只违反了具体关联原则,没有违反一般关联原则。说到底,"He hasn't been to prison yet"这句话跟了解C君的情况还是有关系的。在这个意义上,斯波伯和威尔逊实际上是从格赖斯那里倒退了一步,把本来分开的两种原则合到了一起。②

现在我们可以归纳一下对关联理论的总的评价。斯波伯和威尔逊在格赖斯理论基础上,进一步探讨了会话的一般规律,强调了寻找关联性在话语理解中的作用,加深了人们对关联性的认识,从这一点说,他们成功了。但如果说他们的关联原则可以取代格赖斯的合作原则及其准则,说前者比后者明确,我们认为,并不尽然。

斯波伯和威尔逊试图把"关联性"用做专门术语,分别从语境、交际个体、现象三个角度对它作出界定。他们还提出关联性的大小取决于产出的效应跟投入的努力之间的比率。这些探索基本上都是合

---

① 我们记得,1979年时威尔逊(Smith and Wilson 1979:176)说表面无关联、实际有关联的话语要满足一个条件,那就是,它应该是针对前一句话的。这跟我们这里说的"一般关联性"是一致的。

② 斯波伯和威尔逊比格赖斯高明之处是他们不用祈使句句式,使内容和形式得到了统一。

理的。但实际上,他们并不总是在同一个意义上应用"关联性"概念。有时候,他们的"关联性"仅等于"产出的效应",有时候又仅等于"投入的努力"。更严重的是,虽然他们意识到"关联性是可以通过表达无关设想实现的,只要这个表达行为本身是有关联的"(Sperber & Wilson 1986/1995:121),他们并没有深入研究这种关联性,把这种关联性跟其他关联性区分清楚。①

  总之,斯波伯和威尔逊试图用关联性概念囊括交际中的一切要素。这种努力,在我们看来,没有成功。我们比较倾向于分解这些要素,我们揭示的他们所用到的各种"关联性",只是为了说明他们的问题,其实,我们并不愿意把这些因素都叫做"关联性"。例如,"话题关联性"就不如"话语连贯性"合适。下一章介绍的理论,在某种意义上,就是分解"关联性"的结果,不过,其中的关键概念已不再是"关联性"了,至少只是"关联性"了。

---

① 我们在 122 页注①中指出,斯波伯非常看重这种关联性,所以这种疏忽就更不应该了。

第七章 新格赖斯原则

本章阐述关联理论以外的两种后格赖斯理论。由于它们跟格赖斯原始理论比较接近,一般统称为"新格赖斯原则"(neo-Gricean principles)。第一种理论是由美国耶鲁大学霍恩(Laurence Horn)提出的,包括两条原则:Q 原则和 R 原则。前者主要源于格赖斯的数量准则(quantity maxim),后者主要源于格赖斯的关系准则(relation maxim)。第二种理论是由英国剑桥大学莱文森(Stephen Levinson)提出的,包括三条原则:数量原则(the principle of quantity)、信息量原则(the principle of informativeness)、方式原则(the principle of manner)。我们在前面两节讨论霍恩的理论,后面三节讨论莱文森的理论。

7.1 霍恩两原则的内容

霍恩在 1984 年发表"语用推理新分类初探——基于 Q 原则和 R 原则的会话含义",首次提出他的两原则模式。他在 1988 年的"语用学理论"和 1989 年的《否定的自然历史》中进一步阐述了这种理论。我们这里的介绍将以前两篇文章为主。这一节介绍这两条原则的理论基础及详细内容,下一节讨论一些事实根据。

7.1.1 Q 原则和 R 原则的理论基础

除了格赖斯的会话准则,霍恩在构建自己的理论时主要借鉴了齐波夫(George Zipf 1949)的省力原则(the principle of least effort)。

齐波夫试图用省力原则解释人类社会的一切现象,但在语言领域,他(Zipf 1949:20ff.)承认有两股互相矛盾的力量。一股是"统一力量"(the force of unification),或者叫"说话人经济原则"(speaker's economy)。这股力量跟省力原则直接相关,是以简化为目标的。如果不加限制,它可能最终导致说话人只用一个声音表达一切意义。另一股是"分化力量"(the force of diversification),或者叫"听话人经济原则"(auditor's economy)。这是跟第一股力量相反的,以反歧义为目标的力量。它要求每一种意义都只能有一种方式表达。① (参见 Horn 1984:11)

霍恩注意到法国语言学家马尔丁内(Andre Martinet 1962:139)阐述过类似的观点。

> 为了理解语言是如何以及为什么演变的,语言学家必须记住两种永远存在而且互相矛盾的因素:第一种是实现交际的需要,说话人需要传递自己的信息;第二种是省力原则,说话人要把自己的心理、物理能量控制到足够实现自己目标的最小程度。② (转引自 Horn 1984:11)

在霍恩看来,格赖斯的会话准则以及根据它们推导出来的会话含义主要来自这两股力量。格赖斯的第一数量次则要求说话人充分表达自己的意思,这样做的结果是:听话人理解起来就比较容易。在这个意义上,它基本上就是齐波夫的"听话人经济原则"。其他的准则大多数都属于"说话人经济原则",如,关系准则、简短次则。霍恩跟斯波伯和威尔逊一样,也认为第二数量次则跟关系准则很接近。他问"除了把与眼前的事没有密切关系、不迫切需要的话包括了进来,还有什么能使你说的话多于必需的?"(同上:12)。

因此,霍恩建议把格赖斯准则减少成两条原则——Q 原则和 R 原则。③

---

① 这是两个极端。现实是这两个极端之间的妥协,既不是一个声音对应于一切意义,也不是一个意义只有一个声音可以表达。一方面我们有多义词,考虑到了说话人的需要;另一方面,我们有同义词,用于区分细微的意义差别,满足了听话人的需要。这就是说,声音跟意义之间是一个多对多的复杂关系。如下文所引马尔丁内的论述提到的,这是语言演变的结果。它符合人们对语言的要求,同时也给语言研究带来了困难,使语言学家难以从理论上说清楚其中的复杂关系。

② 跟齐波夫不一样的是,马尔丁内只从一个角度看问题——说话人。所以,他说这两种因素是:"实现交际"和"省力"。用关联理论的术语,就是"产出效应"和"投入努力"。这验证了我们上一章的说法:霍恩的两原则既可以看成把"关联性"分成"说话人关联性"和"听话人关联性",也可以看成把"效应"和"努力"分开。

③ 实际上,霍恩还保留了格赖斯的质量准则。他赞成格赖斯的看法:"只有假定质量准则已得到满足,其他准则才能开始运作"(Grice 1975:46)。他自己的说法是:除非质量准则成立,否则,整个会话机制和会话含义机制就会崩溃(Horn 1984:12)。

第七章 新格赖斯原则

Q 原则(基于听话人):
你的话语要充分(参照第一数量次则)
说得尽可能多(在符合 R 原则的前提下)
下限原则,诱发上限会话含义

R 原则(基于说话人)
你的话语应是必要的(参照关系准则、第二数量次则、方式准则)①
只说必须说的(在符合 Q 原则的前提下)
上限原则,诱发下限会话含义 (同上:13)

大家看到,霍恩的 Q 原则和 R 原则虽然跟格赖斯的数量准则和关系准则有渊源关系,两者却不完全是一回事。霍恩原则的范围比格赖斯原来的准则要广,特别是他的 R 原则不是简单的"关系原则",它还包括了第二数量次则、简短次则等。这是我们不把这两条原则译成"数量原则"和"关系原则"的原因。

我们在第六章开头引用过霍恩(1988)对格赖斯理论的评价,他认为我们需要的是真正不可或缺而又不互相重叠的原则。这意味着,他自己的原则系统满足了这个要求,它们既是必需的,又重叠。同时意味着,关联理论的单原则系统不能满足要求,缺少必需的内容,虽然他从来没有这么明确说过。②

对比关联理论,我们可以说,霍恩的两原则真正考虑到了说话人和听话人两方面的利益。说话人和听话人都希望自己能省力,但是,这只是问题的一个方面,还必须考虑另一方面——效果。如果只一味考虑省力,那什么事都不做最省力,但同时也没有任何效果。为了能取得效果,每个人都要付出努力。我们只能追求相对的省力,不能

---

① 严格地说,不是方式准则中的四条次则都属于 R 原则。霍恩(Horn 1988:132)再次表述这两条原则时,明确把"避免歧义"、"避免含混不清"归入了 Q 原则。

② 但是,霍恩(Horn 1996:316)指出,"值得注意的是,Q/R 两原则模式跟关联理论的单原则模式之间的对立是有些令人误解的,因为斯波伯和威尔逊的关联性本身就是一个有两面的硬币。这两种模式都依据一种最小/最大,或成本/收益关系,都把以最小的处理努力获取最大的语境效应作为交际的目的,而且关联原则本身就表达为努力和效应之间的交换。"这跟我们在上一章末尾阐述的认识不谋而合。

追求绝对的省力。这实际上也就是斯波伯和威尔逊所讲的产出效应和投入努力两方面,只不过,他们把这两方面合在一起了,叫做"关联性";而霍恩主张把它们明确分开,叫做"Q"(数量)和"R"(关系)。换句话说,在霍恩看来,一种语言运用理论如果只讲"关联性"(或"关系"),不讲所提供信息的"数量",至少不把两者明确分开来,它就是有缺陷的,就缺少必要的内容。因此,他提出了这个两原则模式。

7.1.2 Q原则和等级会话含义

霍恩(Horn 1984:13)指出,"基于听话人的Q原则本质上是充足条件(sufficiency condition)。……说话人说了'...p...',就隐含(据她① 所知)'...最多是p...'。"并说,等级会话含义(scalar implicature)是基于Q原则的会话含义的首要例证。所以,我们乘解释Q原则之际对这种会话含义也作一番介绍。

霍恩第一次提出这个概念是在他1972的博士论文里。假设有一个包含几个成分的数量等级(quantitative scale)②,说话人在一个句子中用了其中的一个成分 p_i,那么,霍恩认为,听话人就可以推断(i)包含其他非末尾成分(如 p_j)的句子不能代替包含 p_i 的句子;(ii)他必须推断包含末尾成分 p_k 的句子不能代替包含 p_i 的句子;(iii)如果 $p_k > p_j > p_i$ 以这个顺序排列,那么,包含 p_j 的句子不能代替包含 p_i 的句子这个事实,蕴涵包含 p_k 的句子也不能代替包含 p_i 的句子。③ (参见 Gazdar 1979a:56)

但霍恩的这个叙述不是严格的定义。一个比较清晰的定义是莱文森(Levinson 1983:133)提供的,他把"数量等级"叫做"语言等级"(linguistic scale),并界定如下:④

一个语言**等级**包括同一语法范畴的一组可替换词语(alter-

---

① 霍恩像有的作者那样,在这里用"她"代表通用第三人称。
② 后来这些等级被称为"霍恩等级"(Horn scale)。
③ 这里的"代替"(substitute)是个模糊概念。在严格意义上,每个词都是特殊的,任何一个词都不能"代替"其他的词。霍恩在这里显然不是这个意思。其确切意思我们将在下文阐述。
④ 盖士达(1979a:57-58)曾为"数量等级"下过一个形式定义,有兴趣的读者可参阅姜望琪(2000:74-76)。

natives),或对立成分,并按信息量程度(degree of informativeness)或语义力度(semantic strength)排列。这种等级将采用下列由语言表达式,或**等级谓词(scalar predicates)**,e_1,e_2,$e_3…e_n$①,组成的有序集合的形式(用尖括号表示):

$<e_1, e_2, e_3…e_n>$

如果我们把 e_1,或 e_2 等,代入句子框架 A,我们就得到一个合格的句子 $A(e_1)$,或 $A(e_2)$,等;而且 $A(e_1)$ 衍推 $A(e_2)$,$A(e_2)$ 衍推 $A(e_3)$,等,而不是相反。

根据莱文森(同上:134),霍恩提出的数量等级包括下面这些:
$<$all, most, many, some, few$>$
$<$and, or$>$
$<n,…5, 4, 3, 2, 1>$②
$<$excellent, good$>$
$<$hot, warm$>$
$<$always, often, sometimes$>$
$<$succeed in Ving, try to V, want to $V>$
$<$necessarily p, p, possibly $p>$
$<$certain that p, probable that p, possible that $p>$
$<$must, should, may$>$
$<$cold, cool$>$
$<$love, like$>$
$<$none, not all$>$

现在我们来看一个具体例子。如果有人在谈论学生对一部电影的喜欢程度时,说了其中有"many"的(1),那么,根据霍恩(1972)的理论,(i)听话人就可以推断分别包含"all, most, some"的(2)、(3)、(4)都不能代替(1);(ii) 听话人必须推断包含末尾成分"few"的句子(5)不能代替(1);(iii) 因为"all > most > many"以这个顺序排列,

---

① 字母"e"代表"element"(成分)。
② 霍恩(Horn 1992,1996)改变了看法,认为由数字/基数词组成的等级跟其他的数量等级有差别,我们将在 7.5.3 小节的末尾阐述这一点。

(3)不能代替(1)这个事实,蕴涵(2)也不能代替(1)。

(1) Many of them went to the film.
(2) All of them went to the film.
(3) Most of them went to the film.
(4) Some of them went to the film.
(5) Few of them went to the film.

盖士达(Gazdar 1979a:56)指出,霍恩(1972)理论的一个不足之处是,在(i)和(ii)中只规定"p_j"不是末尾成分,没有规定"$p_j > p_i$"按这个顺序排列。这样,他的理论就会预测包含"some"的句子将跟包含"few"的句子表现不一样。但这个预测是有问题的。实际上,因为"some,few"在等级表中都排在"many"的后面,两者跟"many"的逻辑关系就是一样的。那就是,包含"many"的句子(1)既衍推包含"some"的句子(4),也衍推包含"few"的句子(5)。另一方面,因为"all,most"排在"many"的前面,包含"some"的句子跟包含"all,most"的句子表现就会不一样。分别包含"all,most"的句子(2)和(3)都衍推包含"many"的句子(1),而包含"some"的句子(4),如刚才所说,却是被(1)衍推的。

但霍恩关于末尾成分的论述是正确的。实际上,他的意思是,包含其他成分的句子都衍推包含末尾成分的句子。当这些句子为真时,包含末尾成分的句子必真。如果倒过来,从逻辑上讲,就不一定了。而如果把 Q 原则跟数量等级结合起来,那么,我们可以肯定地说,包含末尾成分的句子**绝对**不能代替包含前面成分的句子,除非说话人违反了 Q 原则。现在莱文森既然已经把"各成分在等级中按顺序排列"这一条写进了定义,我们就可以把关于末尾成分的论述推广开来。我们可以说,如果用了数量等级右边的成分,也就是"弱项"[①],就**隐含**左边的"强项"成分不能用。这是霍恩最初的叙述中"代替"一词的确切意思。

联系刚才的例子,我们可以说,既然说话人用了(1),他就隐含

[①] 这里的"弱项"、"强项"指的是莱文森定义中提到的"信息量",或"语义力度"的强弱。如,"all"是其所在数量等级的最强项,而"few"则是其中的最弱项。

(2)不是事实,(3)也不是事实。Q原则要求说话人"提供充分的信息","在符合R原则的前提下,说得尽可能多"。如果说话人知道"所有人都去看电影了",或者"大多数人都去看电影了",却只说"很多人去看电影了",那他就违反了Q原则,没有"提供充分的信息",没有"说得尽可能多"。

另一方面,说话人用了(1),同样意味着(4)和(5)不是事实。但是,因为(1)衍推(4)和(5),只要(1)为真,(4)和(5)就必然为真;如果连(4)和(5)都不是真的,(1)就更不可能是真的。在这个意义上,(1)跟(4),或(5),不是绝对不相容的。

使用同一个数量等级中词语的句子要具备衍推关系,这一条规定把严格反义词①,如"hot : cold, long : short, good : bad",排除在数量等级之外。因为(6)衍推(7),而不是(8)。这是为什么上面所列的数量等级中只有<hot, warm>,或者<cold, cool>,而没有<hot, cold>。

(6) This soup is hot.

(7) This soup is not cold.

(8) This soup is cold.

霍恩在关于Q原则的定义的最后一行说,Q原则是"下限原则,诱发上限会话含义"。他这是借用了亚里士多德的一个说法,认为数量等级词的意义有上下两个限度(bound),或者叫两面(side)。下限(lower bound),即"至少如此"(at least so),是断言的(asserted),或者说是衍推的;上限(upper bound),即"最多如此"(at most so),则是隐含的,也就是会话含义。把断言和会话含义合起来,就得到一个"两面解读"(two-sided reading)。下面这些是他的例子:

(9) He ate three carrots ⟨ 1-sided:'at least 3'
2-sided:'exactly 3'

---

① "严格反义词",英文可以叫"strict antonym",这不是通用术语。"反义词"的涵义可广可窄。在最广的意义上,任何两个同门类的词都可以是反义词,如,英语的"man"可以是"woman"、"boy"、"dog"甚至"stone"的反义词。但我们在这里要讲的情况只适用于严格意义上代表两个极端的反义词,所以,我们采用这个名称,以示区别。关于反义词的详细分类可参看姜望琪(1991)。

(10) You ate some of the cookies ⟨ 1-sided: 'some if not all'
                                         2-sided: 'some but not all'

(11) It's possible she'll win ⟨ 1-sided: 'possible if not certain'
                                  2-sided: 'possible but not certain'

(12) Maggis is patriotic or quixotic ⟨ 1-sided = inclusive *or*
                                         2-sided = exclusive *or*

(13) I'm happy ⟨ 1-sided: 'happy if not ecstatic'
                      2-sided: 'happy but not ecstatic'

(14) It's warm ⟨ 1-sided: 'at least warm'
                   2-sided: 'warm but not hot'

当然,说话人隐含的只是会话含义,而会话含义在某些情况下是可以取消的。换句话说,Q 原则不同于语法规则,作为语用原则,在某些情况下它是可以违反的。例如,说话人在没有太大把握的情况下,可以说(15):

(15) Many of them went to the film, perhaps most, or even all, of them did.

这样一来,(1)的会话含义(16),或(17),就被取消了。第四章讲到过的,"John has three cows"的会话含义(19)在句(18)中被取消的情形,也属于这一类。

(16) Not most of them went to the film.

(17) Not all of them went to the film.

(18) John has three cows, if not more.

(19) John has only three cows.

7.1.3 R 原则和语用分工

霍恩指出 R 原则的作用跟 Q 原则正好相反。上一小节讲到,根据 Q 原则,如果说话人说了"...p...",听话人可以推断"...最多是(at most) p...";而根据 R 原则,如果说话人说了"...p...",听话人则可以推断"...不只是(more than) p..."。"Can you pass the salt?"这种间接言语行为句所表达的意思,在霍恩看来是最典型的由 R 原则推导出来的会话含义。霍恩说,"如果我问你能否把盐递给我,在你如此做的能力不成问题的语境中,你就有资格推断,我不只是在问你能否把盐递过来,我的意思比这要多——我实际上是在要求你这么做。(如果我确切知道你能把盐递给我,这个是否问题就是无意义的;假定我是遵守关系准则的,那么你就能推断,我的意思比我明说的要多。)"(Horn 1984:14)。这就是说,根据 R 原则,说话人不一定非要把自己的意思说得非常充分,听话人会假定他说的话总是有意义的,从而找出比他字面表达的更丰富的意义。

霍恩说 Q 原则是"下限原则,诱发上限会话含义",而 R 原则是"上限原则,诱发下限会话含义"。这就是说,应用 Q 原则时,说话人提供了充足信息,最大信息,听话人可以因此推断不能超越上限意义;但应用 R 原则时,说话人只提供了必要信息,最小信息,听话人应该推断:所提供的意义不够充分,要超越上限意义才行。

除了言语行为句,霍恩还讨论了下列例句:

(20) X is meeting a woman this evening.
(21) I broke a finger yesterday.(同上:15)

格赖斯提到过这两个例句,但他不能解释为什么(20)的"a woman"一般被理解为"The woman in question is not X's wife, mother, sister, or close platonic friend",(21)的"a finger"却一般被理解为"The finger is mine"。霍恩认为,这种不同理解是因为不同的原则在起作用。在理解(20)时,起作用的是 Q 原则,所以听话人推断不能超越上限;在理解(21)时,起作用的却是 R 原则,听话人有权作出超越上限的推理。[①]

霍恩注意到,阿特拉斯(Jay David Atlas)和莱文森在 1981 年合写的一篇文章中也讨论了这个问题。不过,他们的原则分别叫做"数量原则"(the principle of quantity)和"信息量原则"(the principle of informativeness)。前者跟霍恩的 Q 原则相仿,后者当时的表述比较形式化,莱文森 1983 年时的表述是"在话语中加入尽可能多的与你的背景知识相一致的信息"(Levinson 1983:146-7)。

[①] 但是,霍恩没有说明为什么这两个句子要根据不同的原则来理解,我们在 7.5.3 小节讨论了两者的不同,提出了一种新的解释。

阿特拉斯和莱文森用于支持"信息量原则"的例子主要有下面这些：

(22) a. If you mow the lawn, I'll give you five dollars.
  b. If you don't mow the lawn, I won't give you five dollars.

(23) a. The secretary smiled.
  b. The female secretary smiled.

(24) a. John had a drink.
  b. John had an alcoholic drink.

(25) a. John was reading a book.
  b. John was reading a non-dictionary.

(Atlas & Levinson 1981：36，41)

  他们认为格赖斯的第一数量次则不能解释为什么上述(a)句会隐含(b)句。后者的信息比前者更具体，在一个意义上也就是"信息量更大"，既然说话人没有采用后者，那他就应该隐含后者不成立，但是事实却不是这样。因此，他们提出这个信息量原则，规定听话人应该根据背景知识对听到的话语作必要的扩充，根据常规加进去一些信息，或者说，对它作定型/常规解读(stereotypical / conventional interpretation)。

  霍恩感觉他们的信息量原则就是他的 R 原则。但他反对用"信息量原则"这个名称，对他来说，Q 原则也是，而且更是，关于"信息量"的(Horn 1984:19)。

  霍恩认为当 Q 原则和 R 原则有冲突时，应该服从哪条原则，取决于很多因素。例如，如果说话人在(21)中用了"my finger"，就可能给人一个错误的印象——他只有一个手指头(同上:19)。[①]后来，他提出这两条原则是有分工的，它们分别负责各自的领域。他把这叫做"语用分工"(the division of pragmatic labor)，具体内容如下：

    如果有一个相应的无标记(简单而"省力"的)表达式，那么，

[①] 霍恩注意到，阿特拉斯和莱文森提出，如果涉及的形式构成数量等级，就根据数量原则解读；如果应用数量原则的结果有悖常规，那就要根据信息量原则来解读。我们在 7.3.2 小节讨论莱文森方案时，再具体阐述这个解决方案。

使用有标记(较复杂而且/或者冗长的)表达式,就常常会被解释成要传递有标记信息(无标记表达式不会或不能传递的信息)。

　　无标记表达式 E[①] 常常(根据用法,或规约化以后根据意义)跟无标记情景 s 相联系,代表 E/E' 外延集的定型的(stereotype)或突显的(salient)成员。(以 R 原则为基础的推理;……。)

　　有标记表达式 E' 则常常跟 s 的互补情景相联系,代表 E/E' 原外延集的其余部分。(以 Q 原则为基础的推理;……。)

(同上:22)

在 1988 年的文章中,霍恩明确地把 Q 原则说成是"把信息内容最大化的基于听话人的经济原则",R 原则是"把形式最小化的基于说话人的经济原则"(Horn 1988:132)。这就是说,Q 原则是关于内容的,说话人如果遵守这条原则,就要提供充足的信息;而 R 原则是关于形式的,应用这条原则的说话人会采用最小的形式,听话人则相应地要根据常规,推断出比字面意义更强的信息。[②]

7.2　霍恩两原则的事实根据

为了论证这两条原则的合理性,霍恩考察了许多不同的语言现象。从历时到共时,从词汇到句法,从"言语"到"语言",从会话含义、礼貌策略到代词和空代词的解读,从词汇项目的制约因素到间接言语行为,从词语演变到格形式标记,几乎无所不包。我们在这一节只能择要介绍三种现象。

7.2.1　元语言否定

从逻辑角度说,"否定"等于"不是"。换言之,正确的可以比被否定的更"大"或更"小"。但是,在实际语言应用中,如叶斯泊森(Otto Jespersen 1924:325)所说,"否定"往往等于"小于",不是"大于"。所以,(26)一般表示(27),而不是(28)。

　[①]　E 表示"unmarked expression",下文的 E' 表示"marked expression",s 表示"situation"。
　[②]　对霍恩的"语用分工","形式最小化"等,莱文森有不同的看法,我们在 7.3.3 小节再详细讨论。

(26) He didn't eat three carrots.

(27) He ate fewer than three carrots.

(28) He ate more than three carrots.

不过,(27)只是会话含义,在一定情况下,它可以被取消。所谓"元语言否定"(metalinguistic negation)就是这样一种可以被用来取消一般否定的会话含义的方法。它可以通过语音手段实现,即通过重读有关的词语,如例(29)到(34)。

(29) He didn't eat *three* carrots—he ate *four* of them.

(30) You didn't eat *some* of the cookies—you ate *all* of them.

(31) It isn't *possible* she'll win—it's *certain* she will.

(32) She isn't patriotic *or* quixotic—she is both patriotic *and* quixotic.

(33) I'm not *happy*—I'm *ecstatic*.

(34) It isn't *warm*—it's downright *hot*. (Horn 1984:20)[①]

这种否定不同于一般否定,不是表示"原来的叙述太过分了",而是"不够充分"。为了跟一般否定相区别,被称为"元语言否定",似乎这是高一层的否定,跟一般否定用的不是同一种"语言",而是"元语言"。被霍恩发现可以用来支持他理论的事实是,基于 Q 原则的会话含义跟基于 R 原则的会话含义在这一点上有明显的不同。前者很容易用这种方式否定,后者却很难。上述各句原有的"小于"含义都是基于 Q 原则的会话含义,也就是说,说话人已提供了充分的信息,听话人应推断超越上限的意义不成立。采用了元语言否定法以后,这种意义已被否定了,听话人相反要推断,超越上限的意义是成立的。但是,包含基于 R 原则的会话含义的(35)却不同,它不能被用来表示(36)的意思。

(35) I didn't break a finger yesterday.

(36) I broke a finger, but it wasn't one of mine. (同上)

在霍恩看来,要取消基于 R 原则的会话含义,不必采用否定形

[①] 斜体表示该词将被重读。在 1984 年的文章中,霍恩没有用斜体,我们根据他 1988 年的文章做了更改,特别是(32),连用词都有所改动。

式,只要重读有关词语,如(37)的"a",就可以了,说话人就可以接下去说括号里的话了。

(37) I broke *a* finger today (but not one of mine). (同上:21)

不过,有时候好像有例外,(38)就是一个完全正常的句子。上文提到(24)的会话含义——"drink"等于"alcoholic drink"是基于 R 原则的,在(38)里它就被否定了。

(38) John didn't have a drink—that was a Shirley Temple. (同上:22)

然而霍恩坚持这只是一种假象。如果我们对比(39),就会知道,(38)之所以可以说,是因为"drink"等于"alcoholic drink"这个用法已经"固化"(fossilized),已经成了常规意义的一部分;而"secretary"等于"female secretary"这个用法却还没有。这就是说,(38)否定的是常规意义,而不是基于 R 原则的会话含义。所以,基于 R 原则的会话含义不能采用元语言否定法否定,这一条规律并没有被推翻。

(39) My secretary didn't smile (I have a male secretary). (同上)

为什么基于 Q 原则的会话含义跟基于 R 原则的会话含义会有这种不同呢?霍恩(同上:20-1)认为这是因为这两种推理遵循了不同的逻辑。我们在 7.1.2 小节指出,当说话人用了数量等级中的弱项时,他隐含强项不成立。所以,"Some of them went to the film"隐含"Not all of them went to the film"。而如果连弱项也不成立,那强项就更谈不上了。这是为什么否定一般等于"小于"的原因。但如果对弱项的否定采用了特殊手段,如对比重音,那么,听话人就会对"不是弱项"做重新解释,就会把这种否定解释为"大于",也就是"强项成立"。这就是元语言否定。

基于 R 原则的会话含义则与此不同,如果说话人选用有关等级①中的弱项,根据 R 原则,他隐含的是"强项成立",而不是"不成立"。虽

---

① 我们在 7.5.3 小节将要讲到,R 原则涉及的等级跟"数量等级"(莱文森后来称为"霍恩等级")有一点不同。前者涉及的等级主要是由无标记成员跟有标记成员,或一个词语的常规解读跟非常规解读组成的集合;后者涉及的等级则主要是在某种性质上有程度差别的词语组成的集合,因此它们大多是形容词性质的词语。

然当弱项不成立时,根据逻辑学"否定后件推理",强项也不成立。[1] "但是,关键的是,这里的'强项成立'会话含义不能在任何情况下被取消,'不是弱项'也不能前后一贯地被解释为一般描写性否定。因此,(35)、(39)中的否定从来不会作为会话含义取消语(implicature-canceller)[2]被重新解释为元语言否定"(同上:21)。

7.2.2 避免使用同义词

霍恩用来支持自己理论的第二种语言现象,可以叫做"避免使用同义词"。阿罗诺夫(Mark Aronoff 1976:43ff.)根据下列例证,声称如果以"-ous"结尾的形容词有一个简单的同源抽象名词,就会制约再出现一个基于这个形容词的以"-ity"结尾的名词。他甚至将此推而广之,认为如果有一个简单的词项,就会制约再出现一个在其他情况下可以预期的跟它同义的派生词。

(40) fury   furious   *furiosity
       *cury   curious   curiosity
(41) fallacy   fallacious   *fallacity
       *tenacy   tenacious   tenacity   (转引自 Horn 1984:26)

但是,吉帕斯基(Paul Kiparsky 1982)发现了一些反证。例如,我们既有"glory"和"fury",也有"gloriousness"和"furiousness"。而且,我们有成对的"refrigerant / refrigerator","informant / informer","contestant / contester"。不过,这些词并不是完全同义的。如,"refrigerant"指的是制冷的物质,是"制冷剂";而"refrigerator"指的是制冷的机器,是"制冷器"。"informant"专指提供关于某种语言的信息的人,是"发音人";而"informer"泛指提供各种信息的人。因此,他认为对词项的制约可以只是部分的。特殊的、不那么多产的词缀用于表达比较局限的意义,一般的、多产的词缀则用于表达剩下的

---

[1] 因为含强项的句子衍推含弱项的句子,也就是说,如果强项成立,弱项必然成立;反过来,如果弱项不成立,强项必然不成立。前者称为"肯定前件推理",后者即"否定后件推理"。霍恩的意思是:根据 R 原则,如果用了弱项,说话人就已经隐含了强项;所以没有必要再通过元语言否定弱项的方法来表达"强项成立"这个意义。

[2] 霍恩原文用的是"implicatum-canceller"。他在这里还坚持格赖斯最初的用法,用"implicatum",而不是"implicature",表示"暗含的意义"。

意义。只在没有意义可以剩下来留给比较多产的形式时,才会出现全面制约,如,有了"bore"这个名词,就没有"borer";有了"inhabitant",就没有"inhabiter"。

麦考利(James McCawley 1978)也对这个问题进行了研究。他认为一个词汇形式,一个不太多产的语言过程,可以制约比较多产的语言过程,包括句法结构。他的一个例子最初是豪斯霍尔德(Fred Householder 1971:75)注意到的。那就是:英语有很多由形容词"pale"跟颜色词组成的复合词,如,"pale green, pale blue, pale yellow",但"pale red"这个说法让人觉得古怪。其原因很简单——因为已经有了"pink"这个词。这就是说,"pink"这个词汇形式制约了一个多产组词过程。

麦考利提到的另外一个英语例子是(42),从语义角度、逻辑角度说,它跟(43)没有区别,因为"kill"等于"cause to die"。但实际上,(42)往往表示这个人采用了某种间接方法,导致了他人的死亡。如果他是用枪把对方打死的,那么一般要用(43)。这就是说,由于使役动词"kill"的存在,多产的使役结构"cause to die"的使用受到了限制。

(42) He caused the sheriff to die.

(43) He killed the sheriff.

霍恩认为下列句子也属于这一类。(44)的使役动词"stop"R 隐含[①] 该行为是采用正常的无标记形式实施的,如,踩刹车板;而(45)的使役结构"get to stop"则相应地 Q 隐含无标记形式不适用,即,该行为是采用不常见的有标记形式实施的,如,扳手动闸。

(44) Lee stopped the car.

(45) Lee got the car to stop.

但是,霍恩(Horn 1984:27-9)怀疑麦考利等人可能概括得过分了。有些使役动词(特别是从形容词转过来的动词)不一定限制使役结构的使用。如,(46)到(48)中的(a)、(b)句似乎没有太大的差别。在(49)、(50)中,比较复杂的(a)句反而比较无倾向性,(b)句倒分别

[①] 原文"R-implicate",意思是"根据 R 原则,它有如下的会话含义"。下文的"Q 隐含"与此相仿。

隐含"比尔曾打算跟很多姑娘约会","你的钢镚很可能会人头向上"。这说明,这些(a)句都没有基于Q原则的会话含义,没有隐含较简单的形式不适用。也就是说,我们在7.1.3小节讲到的语用分工并不全面:较冗长的复杂形式不一定隐含有标记意义。

(46) a. That sort of behavior really makes me angry.
   b. That sort of behavior really angers me.
(47) a. I didn't know that teasing your dog would get you so upset.
   b. I didn't know that teasing your dog would upset you so (much).
(48) a. Wild horses couldn't make me stay away.
   b. Wild horses couldn't keep me away.
(49) a. I persuaded Bill not to date many girls.
   b. I disuaded Bill from dating many girls.
(50) a. It's not likely that your coin will land heads.
   b. It's unlikely that your coin will land heads.

尽管如此,尽管这些论述还有待改进,霍恩认为其方向是正确的,其中心思想是正确的。那就是:"无标记形式(通过基于R原则的会话含义)用于定型的、无标记情形;而相应的有标记形式则(通过基于Q原则的会话含义)用于'剩下的'[即非定型的、有标记的]情形"(同上:29)。

与此有关的一个现象是"双重否定"(double negation),虽然霍恩没有把它跟"避免使用同义词"放在一起讨论。从逻辑上讲,或者从语义上讲,"否定之否定"等于"肯定"。但在实际应用时,这种"肯定"的意思往往比相应的简单肯定要弱。对这个问题,叶斯泊森(Jespersen 1924:332)曾有过明确的论述:

> 这两个否定[如,"not uncommon, not infrequent, not without some fear"],……并不完全互相抵消,其结果跟简单的"common, frequent, with some fear"并不完全等同;较长的表达式总要弱一些。"This is not unknown to me"或者"I am not ignorant of this"的意思是"I am to some extent aware of it"等。这样做的心理学理由是:通过互相破坏的两个否定这种迂回,听话人的心

理能量被削弱了,而且说话人蕴涵了某种程度的犹豫,这在直截了当的"common, known"这些词里是没有的。

霍恩不同意像叶斯泊森那样对双重否定的作用从心理学角度进行解释。他认为"我们可以把这种削弱作用更合理地归属于我们提到过的那种一般倾向:如果有一个较短、较'省力'的形式时,选用有标记的形式就表明说话人感觉他/她无法恰当地使用那个简单的形式"(Horn 1984:31)。

7.2.3 间接言语行为句

如7.1.3小节指出的,霍恩认为"Can you pass the salt?"之类句子表达的意思,是最典型的由R原则推导出来的会话含义。说话人用一个"提问"表达了"要求",也就是说,说话人没有提供充足的信息,听话人却能推导出更丰富的意义。霍恩注意到,用于表达间接言语行为的情态助动词一般都是表达这些意思的常规手段,如(51a-b);而(51c-e)则只能很间接地表达"要求",它们很难跟"please"连用这个事实就是证明。

(51) a. Can you (please) close the window?

b. Could you (please) close the window?

c. Are you able to (? please) close the window?

d. Do you have the ability to (*please) close the window?

e. It's (**please) cold in here.

实际上,情态助动词以外的表达式一般被认为表达的是字面意义。比较下列(a)、(b)句:

(52) a. Can you pass the salt? (要求)

b. Are you able to pass the salt? (提问)

(53) a. Here, I can help you with that. (提议)

b. (? Here,) I am {able/allowed} to help you with that. (陈述)[①]

(54) a. Will you join us? (邀请)

[①] 霍恩自己标的是"非提议"(not an offer)。

b. Are you going to join us?（提问）

(55) a. I will marry you.（承诺）

　　b. I am {going to/willing to} marry you.（非常间接的承诺）

鉴于这种情况，塞尔(Searle 1975b:76)曾建议在格赖斯理论框架中增加一条方式准则："说话要符合惯例(idiomatically)，除非有特殊原因"。"一般情况下，如果一个人说话不符合惯例，听话人就会假定他一定有什么特殊原因，结果，……可能有间接言语行为这样的正常会话假设，大部分就会被中止"。

霍恩认为，塞尔的说法不仅跟他提议的语用分工一致，而且跟齐波夫的省力原则是一致的。齐波夫有一条缩略定律(the law of abbreviation)，说一个词的长度跟它的使用频率成反比，一个词使用得越多就越短。他还有一条经济多功能原则(the principle of economic versatility)，说一个词的使用频率跟它的语义多功能成正比，使用得越多能表达的语义就越多。他的经济专业化原则(the principle of economic specialization)又规定，一个词的历史跟它的长度成反比，跟它的频率成正比；历史越长的词，词形越短，意义越丰富。"can"、"could"这样的词正好符合这些规律，它们语音简单、词形短、使用频率高、而且语义丰富。它们不仅可以表示"可能"，而且可以表示"有能力"等。

跟前几小节的论证一样，霍恩最后的结论是：在这里，"我们特别清楚地看到，一个表达式的文体自然性(stylistic naturalness)跟它的相对短小、简单以及(通过基于 R 原则的会话含义)用于定型情形之间的对应关系。其相应的间接表达式，则文体上讲不太自然，冗长，比较复杂，并(通过基于 Q 原则的会话含义)被限制在非定型的、无标记表达式不适宜使用的情形中"(Horn 1984:31)。

但是，我们看到，霍恩把 Q 原则和 R 原则之间的区分跟形式是否简短，是有标记形式还是无标记形式，直接挂钩，这种做法有些牵强。下面要讨论的莱文森的理论试图纠正这种偏差，具体论证我们将逐渐深入展开。

7.3　莱文森的三原则

在霍恩(1972, 1984)、阿特拉斯和莱文森(1981)、莱文森(1983)

等研究的基础上,莱文森(1987a,b)明确提出了新格赖斯三原则:数量原则(Q[uantity]-principle)、信息量原则(I[nformativeness]-principle)、方式原则(M[anner]-principle)。这些原则跟关联理论、霍恩两原则的明显区别是,强调"信息量",而不太讲"关联性"。或者说,莱文森是试图用"信息量"来涵盖"关联性"。具体的区别,我们会在适当的时候一一提及。我们对莱文森理论的讨论将分三部分:这一节介绍这三条原则的内容,7.4节讨论这些原则在照应领域的应用,7.5节评述一些不同意见。

7.3.1 数量原则

莱文森在1987年发表的"语用学与照应的语法——约束和控制现象的部分语用简化"中指出,从本质上讲,他的三条原则是格赖斯的两条数量准则以及方式准则的重新解释(Levinson 1987b:400)。[①]大家记得,格赖斯的第一条数量准则是"使你的话语如(交谈的当前目的)所要求的那样信息充分(Grice 1975:45)。莱文森将它重新解释为"数量原则",并对内容做了改动。

数量原则

说话人准则:不要提供比你掌握的世界知识所允许的程度更弱的陈述,除非提供更强的陈述会与信息量原则冲突。

听话人推理:把说话人所作的陈述看成是与他知识一致的最强的陈述,因此

(a) 如果说话人断言 A(W),而且<S,W>[②] 构成霍恩等级[③](以致 A(S)衍推 A(W)),那么就可以推断 K ~ (A(S)),即说话人知道更强的陈述是假的;

(b) 如果说话人断言 A(W),A(W)不衍推所嵌入的句子 Q,而一个更强的陈述 A(S)却衍推该句子,而且{S,W}

---

① 格莱斯的质量准则,就像在霍恩的理论里一样,被原封不动地保留了下来,不算在上述三原则之内。

② A 表示 assert,W 表示 weak,S 表示 strong。下文的 K 表示 know;~ 是否定符号,表示 not。

③ "霍恩等级"(Horn scale)就是 7.1.2 节介绍过的数量等级(quantitative scale)。

> 构成对立集合,那么就可以推断 ~ K(Q),即说话人不知道 Q 是否成立。　　　　　　(Levinson 1987b: 401)

跟格赖斯、霍恩的理论相同,根据"数量原则",如果一个人说了(56),他就隐含(57)。

(56) Some of my best friends are linguists.

(57) Not all of my best friends are linguists.

不同之处是,莱文森把"霍恩等级"和"对立集合"(contrast set)区分开了。"对立集合"是一种较松散的集合,最初由盖士达(Gerald Gazdar 1979a:59-62)提出。他认为,除了霍恩提出的"等级数量会话含义"(scalar quantity implicature),还有一类"分句数量会话含义"(clausal quantity implicature)。如果某人说了(58),他就隐含(59)。同理,如果某人说了(60),他就隐含(61)。

(58) If John sees me then he will tell Margaret.

(59) I don't know whether John will see me.

(60) My sister is either in the bathroom or in the kitchen.

(61) I don't know whether my sister is in the bathroom or in the kitchen.

莱文森(Levinson 1983:136)把这种"分句数量会话含义"简称为"分句会话含义"(clausal implicature),并把盖士达的形式化定义[①]简化如下:

> 如果 S 用了某个复杂表达式 p,而且(i) p 包含一个内嵌句[②] q;(ii) p 既不衍推,也不预设 q;(iii)存在一个大致同样简短的可替换表达式 r,这个 r 也包含 q,而且恰恰衍推或预设 q;那么,通过断言 p 而不是断言 r,S 隐含他不知道 q 为真还是假,这就是说,他隐含 Pq & P~q[③]。

例如,(62)可以看成复杂表达式 p,它包含一个内嵌句 q——

[①] 对盖士达的定义有兴趣的读者,可参阅姜望琪(2000:81-2)。

[②] 原文"embedded sentence",涵盖各种从句,如:宾语从句、状语从句。

[③] 表达式"Pq & P~q"中的"P"表示"可能"(possibly),整个式子表示"可能是 q,也可能不是 q"。

"John is away"; p 既不衍推,也不预设 q,前者为真时,后者不一定为真。但是,如果说话人把"believe"换成"know",也就是说,整个句子变成了(63),那么它就会衍推 q:只要(63)为真,q 必真。"believe"跟"know"大致同样简短,而且同属一个词类,在句法上讲是可替换的,所以(63)可以看成 r。这样,说话人不用 r,而用 p,就隐含他不知道 q 到底是否为真。

(62) I believe John is away.

(63) I know John is away.

同样,(64)可以看成 p,其中的两个析取命题可以看成 q_1、q_2。前者既不衍推,也不预设后者。而(65)把"or"改成"and"后,就衍推其中的两个合取命题,因此,(65)可以看成 r。说话人不用 r,而用 p,就隐含他不知道到底 q_1 为真,还是 q_2 为真。

(64) The Russians or the Americans have landed on Mars.
(65) The Russians and the Americans have landed on Mars.

莱文森(同上:137)把可能隐含分句会话含义的句式列表如下:①

(a) 强式	(b) 弱式	(c) 弱式的会话含义
'p and q'	'p or q'	{Pp, P$\sim p$, Pq, P$\sim q$}
'since p, q'	'if p then q'	{Pp, P$\sim p$, Pq, P$\sim q$}
'a knows p'	'a believes p'	{Pp, P$\sim p$}
'a realized p'	'a thought p'	{Pp, P$\sim p$}
'a revealed p'	'a said p'	{Pp, P$\sim p$}
'necessarily p'	'possibly p'	{Pp, P$\sim p$}

这就是说,"p and q"这样的表达式是强式,"p or q"这样的表达式是弱式。它们构成对立集合 {p and q, p or q}。选用"p or q"这种句式,而不用"p and q",隐含说话人不知道 p 为真还是假,或 q

---

① 注意:表中的"p"只是一个内嵌句,跟上文作为复杂表达式的"p"不一样。大写的"P"跟前一个注提到的一样,也是"possibly"的意思。表达式{Pp, P$\sim p$, Pq, P$\sim q$}的意思,跟前一个注的"Pq & P$\sim q$"的意思也大致一样,只是内容复杂一点,而且用了逗号,没有用"&"。

为真还是假。选用"if p then q",而不用"since p, q",会有同样的会话含义。

我们在上一章 6.3.2 小节提到,斯波伯和威尔逊(Sperber and Wilson 1986/1995:276)认为格赖斯派的理论没有说明什么时候(66)隐含(67),什么时候隐含(68)。

(66) Some of our neighbours have pets.

(67) Not all of our neighbours have pets.

(68) The speaker doesn't know whether all her neighbours have pets.

我们当时简单说了一下为什么他们的指责是无根据的,现在详细介绍了莱文森的数量原则,特别是其中的"对立集合"以后,这个问题就更清楚了。那就是,莱文森区分霍恩等级和对立集合,当说话人选用霍恩等级中的弱项时,他隐含强项不成立;当涉及的是对立集合时,选用弱式则隐含说话人不知道强式所衍推的意义是否成立。(66)的"some"跟"all"构成霍恩等级,所以它一般隐含(67),而不是(68)。[1]

7.3.2 信息量原则

格赖斯的第二条数量准则是"不要使你的话语比所要求的信息更充分"(Grice 1975:45)。他当时对该准则是否必要,有些疑虑。后来,斯波伯和威尔逊(1986/1995)、霍恩(1984)都从否定的角度作出了回答,都用"关联性",或"关系",来涵盖该准则。莱文森认为,他们"弄错了,关联性(至少在前理论意义上)主要不是关于信息数量的——关联性是关于实现交往目标的及时程度的"(Levinson 1987b:401),"主要是关于对方交往目标的满足程度,语篇的话题要求、顺序要求的满足程度,就像有问就要有答"(Levinson 1989:467)。[2]因此,他将第二条数量准则重新解释为"信息量原则",并把内容改成如下:

---

[1] 当然,会话含义是语境意义,语境稍有变化,其意义也会跟着变。这里讲的只是一般情况。

[2] 莱文森这个说法有点过于绝对。尽管关联性和信息量不是一回事,但是,我们也不能否认它们之间是有联系的。

信息量原则①

说话人准则:最小化准则(the Maxim of Minimization)

"说得尽可能少",即只提供实现交际目的所需的最少语言信息(同时遵循数量原则)。

听话人推理:充实规则(the Enrichment Rule)

通过寻找最**具体**解释(直到认定说话人意图所在为止)的方法扩展(amplify)说话人话语的信息内容。

具体地说:

(a) 假定指称对象或事件之间存在定型关系,**除非**(i)该假定与已确认的情况不符;(ii)说话人违反最小化准则,选择了冗长的表达式。

(b) 如果与已确认的情况相符,假定句子所论述的"对象"实际存在。

(c) 避免会增加所涉及实体的解释(即假定指称经济性);具体地说,即对弱化名词短语(代词或零形)作同指解读。 (Levinson 1987b:402)

我们在讨论霍恩理论时提到,阿托拉斯和莱文森(1981)就提出了"信息量原则"。其他语言学家也早就注意到许多句子实际传递的信息要比字面表达的充分。莱文森在文章中援引了六类这样的例子,其中的(a)句都隐含(b)句的意思。

(69)"连接词强化型"(Conjunction buttressing)(Atlas & Levinson 1981)

　　a. John turned the key and the engine started.

　　b. p and then q (temporal sequence)

　　　p therefore q (causal connectedness)

　　　A did X in order to cause q (teleology, intentionality)

(69)"条件句完善型"(Conditional perfection)(Geis & Zwicky 1971)

---

① 严格地说,应称为"最小信息量原则"。"数量原则"实际上也是关于信息量的,不同的是,它强调的是要提供充足的信息。

a. If you mow the lawn, I'll give you ＄5.

b. If and only if you mow the lawn, will I give you ＄5.①

(70) "搭桥联系型"(Bridging)(Clark & Haviland 1977)

a. John unpacked the picnic. The beer was warm.

b. The beer was part of the picnic.

(71) "定式推理型"(Inference to stereotype)(Atlas & Levinson 1981)

a. John said 'Hello' to the secretary and then he smiled.

b. John said 'Hello' to the female secretary and then he (John) smiled.

(72) "镜像联袂型"(Mirror maxim)(Harnish 1976:359)

a. Harry and Sue bought a piano.

b. They bought it together, not one each.

(73) "偏好同指型"(Preferred Co-reference)

a. John came in and he sat down.

b. John$_1$ came in and he$_1$ sat down.

莱文森说信息量含义(I-implicature)② 跟数量含义(Q-implicature)有相同之处,两者都比原语句的信息量要大(more informative)。不同之处在增强信息的方法。信息量含义比原语句更具体、更确切;而数量含义则是通过否定一个更强的陈述来充实信息的。③为了更明确地区分信息量和数量两原则的适用范围,莱文森主张将数量原则

---

① 这种句型又称"双条件句"。

② 即根据信息量原则推导出来的会话含义,同理,数量含义即根据数量原则推导出来的会话含义。

③ 但是,怎么定义信息量的大小,是个很复杂的问题。莱文森把衍推作为衡量信息量大小的必要充足标准(即:当,且仅当,A 衍推 B,A 的信息量比 B 大),如他自己所说,是不得已而为之,是个没有办法的办法(Levinson 1987b:404)。这个办法有其不足之处。如,根据这个定义,数量含义的信息量比原语句大的说法就有问题。一个含"some"的句子数量隐含另一个含"not all"的句子。如果说后者比前者信息量大,就等于说后者衍推前者。又因为这是个数量含义,后者衍推前者就等于说,<not all, some>构成霍恩等级。这跟<all, some>是矛盾的。卡斯顿(R. Carston 1998)对新格莱斯原则的批评也有这个问题,我们在 7.5.3 小节再详细阐述。

限制于类似霍恩等级的明确界定的对立集合,并严格规定了如下的霍恩等级限制条件:①

<S, W>要构成霍恩等级,

(i) A(S)就必须在随意选定的句子结构中衍推 A(W);

(ii) S 和 W 必须**同等词汇化**(因而没有<iff, if>这种霍恩等级阻碍'完善条件句');

(iii) S 和 W 必须**'关涉'同样的语义关系**,或归属相同的语义场(因而没有<since, and>这种霍恩等级阻碍'强化连接词')。

(Levinson 1987b:407)

7.3.3　方式原则

在 1987 年的文章中,莱文森没有正面提出方式原则,他是通过批评霍恩来阐述自己观点的。我们讲到,霍恩把格赖斯的方式准则分拆到了他的 Q 原则和 R 原则中间。他还把 Q 原则和 R 原则之间的区分跟有关形式是否简短,是有标记形式还是无标记形式,直接挂钩。在 1988 年的文章中,霍恩明确地把 Q 原则说成是"把信息内容最大化的基于听话人的经济原则",R 原则是"把形式最小化的基于说话人的经济原则"(Horn 1988:132)。

但是,莱文森(Levinson 1987b:402)认为最小化"涉及两类不同的概念:(i) 是意义最小化(semantic minimization),它相当于意义概括性(semantic generality),如,代词差不多总是没有实词性名词短语意义具体(更'小');(ii) 是形式最小化(expression minimization),它是对表层长度和复杂性的某种(无疑很复杂的)衡量(或者,如果你愿意的话,是对言语生成单位的某种量化)。"

莱文森批评了霍恩的"语用分工",认为他错误地把"数量/方式

---

① 这基本上就是 162 页注①提到的阿托拉斯和莱文森 1981 年方案的发展:如果有关词语构成霍恩等级那样的集合,就按数量原则解读;否则按信息量原则作常规解读。但下个小节要提到,同时还要考虑方式原则。

含义"(Q/M-implicature)[①] 当成"数量含义"(Q-implicature)了(同上:409)。他把霍恩的语用分工重新表述如下:

霍恩的语用分工

(a) 信息量原则(即霍恩的 R 原则)诱发定型解读:如果一个简单、无标记形式 U [unmarked] 指称一个外延集 E [extension],那么 U 常常表示 E 的一个定型子集 F。例如,"secretary"信息量隐含"female secretary","drink"隐含"alcoholic drink","road"隐含"metalled road",等等。

(b) 数量/方式推理[Q/M-corollary]:如果 U 信息量隐含 F 那个局限性子集,那么使用可替换、不常见、有标记、冗长的形式 M [marked] 就会数量/方式隐含 F 的互补意义,即外延 E 的非定型子集 G。例如,"amanuensis"数量/方式隐含"male secretary","beverage"隐含"non-alcoholic drink","track"隐含"non-metalled road"。(同上:408)

莱文森认为"霍恩语用分工涉及的对立,是有标记形式和无标记形式之间的对立,更确切地说,是常用和不常用形式之间,或短小和冗长形式之间的对立。这个区分跟信息量没有关系,相应的表达式被认为是同义的[②];相反,它只跟表层形式有关,因此,这些会话含义应该被恰当地归属于方式准则"(同上:409)。

这就是说,莱文森主张把意义最小化跟形式最小化区分开来:前者属于信息量原则,后者属于方式原则。根据我们的理解,所谓"意义最小化"是指选用概括性较强的词汇,如在"flower"和"rose"之间选用"flower",在"a"和"the"之间选用"a",在"she"和"Mary"之间选用"she"。在这三对词中,前者的意义比较概括,能用来指称更多的

[①] 莱文森当时还没有把"数量会话含义"跟"方式会话含义"完全分开,或者说还没有把"数量原则"跟"方式原则"完全分开。按照后来的术语,这里的(以及下文的)"数量/方式",不管涉及的是"会话含义",还是"原则",都应该读作"方式"。

[②] 但是,到底什么算同义,是个很复杂的问题。我们在 7.2.2 小节看到形式变化往往带来意义变化,"frequent"跟"not infrequent"的意义并不完全相同。

实体；后者则比较具体,相应地能指称的对象就比较少。从内涵、外延的角度来看,前者的内涵小,外延大;后者则内涵大,外延小。如"flower"的内涵只包括各种花卉的共性——有观赏性、有香味、有色彩等,但正因为如此,它可以被用来指称各种花卉;"rose"则相反,它的内涵还要包括自己的一些特色——茎干有刺等,也正因为如此,它只能被用来指称这种特殊的花卉。另一方面,"形式最小化"是指选用语音简单、词形短小的形式,如在正常重读和非正常重读之间选用正常重读,在"frequent"和"not infrequent"之间选用"frequent",在"to stop a car"和"to cause a car to stop"之间选用"to stop a car"。①

不过,莱文森在1987年的文章里,没有明确阐述方式原则的具体内容。根据黄衍(Huang 1991: 306),方式原则可以表述如下:

方式原则

说话人准则:不要无端选用冗长的、晦涩的、有标记表达式。

听话人推理:如果说话人选用了冗长的、有标记表达式 M,他的意思跟选用无标记表达式 U 时的意思不一样——具体地说,他是在设法避免 U 的定型联想和信息量含义。

为了解决三个原则之间可能的冲突,莱文森(Levinson 1987b: 409)提出,它们之间存在下列优先顺序:

数量、信息量、数量/方式三种会话含义之间的互动关系

(i) 由同样简短、同等词汇化、'关涉'同样语义关系的语言形式组成的紧密对立集合所诱发的真正数量会话含义,优先于信息量会话含义;

(ii) 其他情况下,信息量原则诱发定型具体解读,除非:

(iii) 有两个(或更多)同样涵义的表达式,一个是无标记形式,另一个是有标记形式;那么,无标记形式具有通常的信息量

---

① 莱文森承认这两类最小化有时会重合。例如,在实词性名词短语、代词、零形照应语中间,实词性名词短语既在意义上最大(最具体),也在形式上最大,零形照应语既在意义上最小(最笼统),也在形式上最小,代词则居它们两者之间。因此,他提出这三者在意义和形式上都形成如下的等级(hierachy):

实词性名词短语 > 代词 > 零形照应语 (同上:403)

会话含义,有标记形式则数量/方式隐含相关的信息量会话含义不适用。

7.4 新格赖斯照应理论

莱文森的三原则不是孤立地提出来的。他1987年的两篇文章,一篇结合了会话分析,一篇结合了照应研究。前者我们将在第八章时再论述,后者关于三个原则的内容我们已在上一节介绍过了,关于照应的内容我们在这一节讨论。

7.4.1 约束理论

1979年4月乔姆斯基在意大利比萨发表一系列演讲,首次提出"管辖与约束理论"(Government and Binding Theory)。1981年,这些讲稿被整理出版,题为《管辖与约束演讲集》。如下的约束理论是其中很重要的一部分。

约束理论

(A) 照应语① 在其管辖范畴中受约束。

(B) 指代语在其管辖范畴中是自由的。

(C) 指称语是自由的。　　　　　(Chomsky 1981:188)

"照应语"(anaphor)在此仅指反身代词(如 himself)、交互代词(如 each other)和名词短语语迹(traces)。"管辖范畴"(governing category),又称"约束范围"(binding domain),"局部范围"(local domain),可以简单化地解释为树形图中包含照应语(或指代语),其管辖语②,及其可及主语(accessible subject)的最低的 S 或 NP 节点。③

---

① 译作"语",而不译"词",是为了与正常词类区别。特别是下文的"指代语"(pronominal),含义比"pronoun"广,还包括"pro"——意大利等语言中的空代词,"PRO"——英语的不定式主语。

② 管辖语(governor)很复杂。就当前问题而言,我们可以简单化地把它解释为动宾结构中的动词,介词短语中的介词,句子中的屈折成分(inflection)等。

③ 拙作《也谈新格莱斯照应理论》(载《外语教学与研究》2001年第1期)在解释"管辖范畴"时曾错误地漏掉了"其可及主语",下文解释"约束"时又错误地把照应语与"其可及主语"同指说成与"其管辖语"同指。特此声明,并请求读者原谅。

"受约束"(bound)是逻辑学术语,原指量词与变项的关系[①],在这里表示照应语与其可及主语同指(co-referential)。"自由"(free)是"受约束"的反义词,即"不受约束"。"指称语"(r[eferential]-expression)指的是不包含在前两类中的一切有指称作用的词语,特别是专有名词、有定名词短语等。例如,在下面的例(74)、(75)、(76)中,照应语"himself, each other"在它们各自的管辖范畴"John likes himself, They hit each other, John's criticism of himself"中受约束,即分别与其可及主语"John, They, John"同指。在例(77)中,指代语"him"在其管辖范畴"John likes him"中不受约束,它与"John"异指。例(78)中的"him"跟例(77)中的相同,在其管辖范畴"John likes him",即局部范围内,不受约束,与"John"异指;但它可以在其管辖范畴外受约束,即与"Bill"同指。例(79)中的"the man"是指称语,它不受任何约束,既不与"John"同指,也不与"Bill"同指。

(74) $John_1$ likes $himself_1$.

(75) $They_1$ hit each $other_1$.

(76) $Bill_1$ doesn't like $John's_2$ criticism of $himself_2$.

(77) $John_1$ likes him_2.

(78) $Bill_1$ says $John_2$ likes him_1.

[①] 在谓词逻辑中,一个命题被分解成主目(argument)、谓词(predicate)、量词(quantifier)等。主目是表示人、物、地点等的词项。当一个词项表示的人、物等比较确定,如采用专有名词时,它被称作常项。当它表示的人、物不确定,如采用普通名词、代词时,它被称作变项。谓词是说明主目的性质、关系等的词项。量词是说明命题适用范围的逻辑常项。一共有两个:全称量词∀,相当于英语的"all";存在量词∃,当于英语的"some"。当一个变项出现在一个量词的辖域(scope)内,它就受该量词约束。如"Every student knows Bill"可以作这样的逻辑分析:"every"是全称量词;"student"和"Bill"都是主目,但"student"是个普通名词,到底指的是谁不确定,因此是变项,而"Bill"是专有名词,指称比较确定,是常项;"knows"是谓词,说明"student"与"Bill"的关系。这个句子的逻辑表达式是"($\forall x$) ($Sx \to Kxb$)"。"$\forall x$"表示"所有的 x"。"Sx"是个语句函项(sentential function),或称开语句(open sentence)。单独时一般写作"$S(x)$",表明"x"具有"S (student)"的性质。"$\to$"是蕴涵符号,表示"如果……那么……"。"Kxb"表明"x"跟"b (Bill)"具有"K (know)"的关系。整句话就是"对于所有的 x 来说,如果 x 是学生,x 就认识 Bill"。其中的"($Sx \to Kxb$)"是量词的辖域。量词及其辖域内的变项"x"都受该量词约束,即本句逻辑表达式中的三个"x"都代表同一个个体。

(79) Bill₁ says John₂ likes the man₃.

7.4.2 语用简化方案

7.3.1 小节提到,莱文森 1987 年发表的两篇文章中,有一篇叫"语用学与照应的语法——约束和控制现象的部分语用简化"。这篇文章讨论了两个问题:他的新格赖斯原则和这些原则在照应领域的应用,实际上他是把后者作为前者的一个例证来阐述的。他认为乔姆斯基的约束理论过于语法化,而照应问题基本上是个语义、语用问题。如果在乔姆斯基的语法基础上,加上他的新格赖斯原则,就能更简便地说明照应问题,也就是如何解读各种名词短语的问题。他的具体方案是:

(a) 在句法允许直接编码同指时(如通过使用自反代词),使用信息量较弱的表达式(如非自反代词),将数量隐含非同指解读。

(b) 否则,语义概括性强、信息量最小化的表达式(代词和空形式)将根据信息量原则偏好同指解读,**除非**:

(c) 使用有标记形式,即可用代词时选用实词性名词短语,或可用零形式时选用代词,将数量/方式隐含非同指解读。   (Levinson 1987b: 410)

这就是说,如果把乔姆斯基约束理论中的原则 A 看作一条基本语法规则,原则 B 和 C 就可以省略,它们处理的照应关系可通过新格赖斯原则得到。例如,上一小节中的例句可作如下解释:(74)、(75)、(76)中的照应语跟在乔姆斯基理论中一样,根据原则 A,与其可及主语同指。(77)中的"him"与"John"异指,则可以解释为"himself"与"him"构成霍恩等级＜himself, him＞。根据数量原则,选用其中的弱项(him)隐含强项(himself)不成立。既然"himself"作同指解读,"him"就应该作互补解读——异指。(78)中的"him"与(77)中的类似,不同之处是,如果选用"himself",它将与"Bill"异指,因此"him"的互补解读就变成了与"Bill"同指。(79)中的"the man"是一个有标记形式,因此就被方式隐含为异指。

下列句子中的照应关系也可作类似解释,尽管它们似乎超出了乔姆斯基原理论的范围。例(80)中的 Ø 作为最小化形式(形式和意义都最小)，自然作同指解读。例(81)的"he"处于"himself"不能出现的位置(如(82)所表明的)，所以也作同指解读。[①]例(83)的"the man"跟例(79)的相同，作为有标记形式，被方式原则赋予异指解读。这一方案同时也能解释(84)中的非正常重读"he"的异指解读，因为它是有标记形式。

(80) John$_1$ came in and Ø$_1$ sat down in the front row immediately.

(81) John$_1$ came in and he$_1$ sat down in the front row immediately.

(82) *John came in and himself sat down in the front row immediately.

(83) John$_1$ came in and the man$_2$ sat down in the front row immediately.

(84) John$_1$ came in and HE$_2$ sat down in the front row immediately.

7.4.3 语用简化方案的更新

莱文森的语用简化方案问世以后，遭到了一些语言学家的批评。其中一个问题是自反代词跟普通代词并不是永远对立的。例如，(85)、(86)中的"himself"和"him"指的是同一个人。

(85) a. John pulled the blanket towards himself.

　　b. John pulled the blanket towards him.

(86) a. John found a snake near himself.

　　b. John found a snake near him.

有时候，自反代词也能用于根据乔姆斯基原则 A 应该用普通代词的位置。例如，下列(a)中的"himself"，就像(b)句中的"him"一样，

[①] 问题是，这个位置可用零形式(如(80))。根据语用简化方案(c)，可用零形式时选用代词应该数量隐含非同指解读。莱文森自己似乎没有意识到这个问题。黄衍(Huang 1991, 1994)探讨了解决这个问题的方法，我们将在 7.5.1 小节论述。

跟主句主语"John"同指,它们的先行词超出了最小约束范围。①

(87) a. John thought that Mary knew that paper had been written by Ann and himself.

b. John thought that Mary knew that paper had been written by Ann and him.

(88) a. John thought that Mary criticized everyone but himself.

b. John thought that Mary criticized everyone but him.

最严重的问题是有的语言没有自反代词,这样立足于乔姆斯基原则 A 的照应模式就失去了根基。

莱文森在 1991 年发表了"再论约束条件的语用简化",针对上述问题提出了改进意见。关于自反代词跟普通代词的对立关系,他主要采用了久野暲(Susumu Kuno 1987)的观点。这就是,在自反代词和普通代词两者都能用的场合,它们并不是真正可以互换的。它们之间仍然存在细微的意义差别,虽然在指称对象上没有差别。如果说话人采用旁观者的观点,客观地进行描述,他就会选用普通代词。相反,如果说话人采用主人公的观点,从论述对象的角度看问题,他就会选用自反代词。这种差别称为视角差别(logophoricity)。因此,自反代词和普通代词仍然处于对立位置。它们仍然构成霍恩等级。也就是说,数量原则仍适用于说明自反代词与普通代词在这些场合的异同。

至于没有自反代词的语言问题,莱文森其实在写作 1987 年文章时就注意到了。他曾在 1982 年 6 月到 10 月实地调查了澳大利亚的一种土著语言——Guugu Yimidhirr(以下简称 GY),发现它的零形式名词短语使用得非常普遍,似乎没有什么语法制约。因此,他开始寻求语用解释。但在 1987 年时,他把 GY 的一种零形式名词短语解释为自反代词。如(89)可以作两种解读:"那两个人打架了"或"那两个人挨打了"。他认为第一种解读,即自反/交互解读,是主要的。如果在主语后加上强调后缀"-gu",这个句子就只能作此解读。这就是说,这个句子有一个零形式自反代词。

---

① 用于这种情况的代词被称为"长距离自反代词"(long-distance reflexive)。

(89) bama　　　　　gudhirra　　　　guuda-dhi
　　　人(中格)①　　两个(中格)　　打(似被动)②
　　　　　　　　　　　　　　　　(Levinson 1987b：388)

到1991年时,莱文森改变了自己的看法。他认为"这种特殊的动词形式不直接编码自反性,它所直接表明的只是句中缺少一个主目"(Levinson 1991：132)。这种零形式的自反解释是语用性质的,而且只是在加上"-gu"这种强调词缀时,自反解读才是主要的。这就是说,这种语言没有真正的自反代词。实际上,澳大利亚的许多土著语言,斐济语这样的澳斯特罗尼亚语言(又称马来-波利尼西亚语),各种起源的皮钦语、克里奥耳语也都没有自反代词。这是一个不小的语群,不可忽视。因此,莱文森主张把有自反代词的语言跟无自反代词的语言分开。对第一类语言而言,约束理论的原则A是基本语法规则,其他两条原则涉及的照应关系由新格赖斯语用原则负责。对第二类语言,原则A已不适用,原则B,即代词跟它的同小句可及主语异指,就成为主要的语法规则。③这类语言中类似原则A的照应关系,则通过方式原则来解释。莱文森认为类似自反代词的形式应作为有标记形式处理(同上：128)。它们的语音形式、词汇构造一般比普通代词复杂,如在GY中,要加上"-gu",英语的"himself"其实也比"him"复杂。既然普通代词作异指解读,那么类似自反代词的形式就作同指解读。

这个新的模式以原则B为基础,因此称为"B始(B-first)模式"。相应地,原先的模式以原则A为基础,称为"A始模式"。但莱文森没有停留在这一步,他注意到卡登及斯图尔特(Carden & Stewart 1988)提出在克里奥耳语中自反代词可能经历三个发展阶段：

第一阶段：没有专职自反代词；普通代词起自反作用。

---

① 原文"absolutive",简称"ABS"。GY是一种作格(ergative)语言。在这种语言中,及物动词的"宾语"与不及物动词的"主语"词形相同,称作"absolutive"。我们把它译作"中格",表示"中立",介乎"主格"与"宾格"之间；也表示"中心",因为这种格是每个句子都有的,不可或缺。

② 原文"antipassive",简称"ANTIP",是主动、被动以外的一种语态,相当于英语用自反代词作宾语的句式。

③ 这条规则其实可以看作语用原则,即下文要讲到的"异指假定"。

第二阶段:逐渐出现只以小句主语为先行词的,带词缀形式的自反代词(借用身体部位名词)①;它们与普通代词并存,但逐渐侵削后者的自反作用。

第三阶段:普通代词失去自反作用。

(转引自 Levinson 1991：137)

在上述假设的启发下,莱文森研究了英语史。他发现"self"在古英语里也不是自反成分,而只是个强调成分,犹如现代英语"The Queen herself came"中的"herself"。在《贝奥武甫》时代,自反意义是通过普通代词表达的,如"ic me cl clcensie"(我洗我)。到了阿尔弗烈德王时期,代词加"self"和简单代词两种形式并存。这种现象贯穿于中英语阶段,但两者的使用频率却发生了明显的变化。简单代词在早期占主导地位,但复合代词(代词加"self")逐渐侵削其地盘。到了15世纪末叶,简单代词已成了少数派(参见 Visser 1963 vol. 1：420-439)。莱文森认为采用这种历时观点,可以更好地解释为什么自反代词能表示主人公视角。那就是,如果我们假定自反代词起源于强调形式,那么我们就不能把它的强调作用仅仅局限于指称方面,视角也可以是其强调的一个方面。因此,莱文森建议把 A 始模式和 B 始模式综合起来,称作"A 加 B (A plus B)模式"。这就是更新后的语用简化方案。

7.5 几种不同意见

这一节我们主要讨论对莱文森三原则及其照应理论的几种不同意见,以意见的具体程度为序,最具体的最先讨论。最后一种不同意见是从关联理论出发的,也涉及对霍恩理论的看法。在这个意义上,最后一小节实际上也是对关联理论和新格赖斯原则到底孰是孰非的讨论。

7.5.1 彻底的语用方案

旅居英国的黄衍(Yan Huang 1991,1994)是较早对莱文森方案提出不同意见的。更新后的 A 加 B 模式在一定意义上是对黄衍早期批评的回答。但是,黄衍认为 A 加 B 模式仍然存在问题。"一个

---

① 在海地克里奥耳的北部方言里,可以在代词"li"(他)前加上"tèt"(头)或"kò"(身),表示自反意义,如,"Emile dwe ede tèt-a-li"(埃米尔应该帮助他自己)。

问题是,既然＜自反代词,普通代词＞构成霍恩等级,普通代词的解读(现在由数量原则负责)就依赖有关自反代词的解读。但是,长距离自反代词(特别是类似例(90)中的自反代词)本身将如何解读,在该模式中却是不清楚的。如果是这样,那么普通代词的解读在该模式中就是不确定的,因为(借用莱文森自己的比喻)这些代词缺乏解读用的'概念停泊地'。第二个问题是,除非把＜实词性名词短语,普通代词＞看成霍恩等级,实词性名词短语(特别是类似例(91)中的"这个人")也将无法解读,因为在这个模式中方式原则已不复存在。①但是,设想＜实词性名词短语,普通代词＞构成霍恩等级,将同时违反关于霍恩等级的'衍推关系'和'同等词汇化'两个条件"(Huang 1991:316,1994:128)。

(90) 小明说自己在北京长大。②
(91) 小明说这个人在北京长大。

为此,黄衍提出了自己的替代方案。在这个方案中,他不援引乔姆斯基的任何约束原则,不管是 A 还是 B。惟一由语义决定的,是把自反代词跟其他指称词语分开的"指称依赖性"(referential dependence),即自反代词必须有先行词,否则它将无法解读。③"然后,自反代词、普通代词、零形照应语、实词性名词短语的解读,就大体上可以在以世界知识为基础的异指假定④ 的制约下,由方式原则和信息

---

① 这是一个误解。当莱文森刚把 B 始模式引进到适用 A 始模式的语言时,他的确说过有两条原则(信息量原则和数量原则)在起作用(Levinson 1991:143)。但他从来没有说过在该模式中**只有**这两条原则。在下文讨论历时观点时,莱文森明确用到了方式原则(同上:144)。而且,在 B 始模式中,即使解读同小句中的类似自反代词形式,方式原则都是不可或缺的,因为这些形式已作为有标记形式处理。

② 黄衍的例句原来用的是拼音。

③ 这是一种很普遍的看法。乔姆斯基的约束原则 A 也根基于此。但他当初把它局限于最小的约束范围,无法解释长距离自反代词。在 1995 年的《最简方案》中,乔姆斯基取消了这一限制,将"约束范围"改为"有关的局部范围"(relevant local domain)。但问题仍然存在,那就是,如何解释"This paper was written by Ann and myself"这类句子中的"myself"。

④ 原文"Disjoint Reference Presumption",简称"DRP",由法默和哈尼什(Farmer & Harnish 1987)提出。其内容是:一个谓词的不同主目是意欲异指的,除非另有标明。(参见 Huang 1991:317,1994:129)。

量原则(依此优先顺序①)之间的系统性相互作用决定"(Huang 1991:316-7, 1994:128)。在这个意义上,我们称之为"彻底的语用方案"。

为了具体说明黄衍的观点,我们下面详细介绍他关于方式含义如何被取消的论证。他认为会话含义的最主要特征是可取消性。"与背景假设(或称世界知识)、非自然意义、语义衍推、或优先语用推论不一致时,它们就会消失"(Huang 1991:324)。②他的主要例句如下:

(92) a. 医生$_1$ 说病人$_2$ 知道 Ø$_1$ 明天给他$_2$ 动手术。③
　　　b. 医生$_1$ 说病人$_2$ 知道他$_1$ 明天给他$_2$ 动手术。
(93) a. 小明$_1$ 一进屋,Ø$_1$ 就把门关上了。
　　　b. 小明$_1$ 一进屋,他$_1$ 就把门关上了。
(94) a. 小明$_1$ 说 Ø$_1$ 下个月结婚。
　　　b. 小明$_1$ 说他$_1$ 下个月结婚。
　　　c. 小明$_1$ 说自己$_1$ 下个月结婚。
　　　d. 小明$_1$ 说小明$_2$ 下个月结婚。④
　　　e. 小明$_1$ 说这个人$_2$ 下个月结婚。
(95) a. 小华$_1$,小明$_2$ 一进屋,Ø$_1$ 就把门关上了。
　　　b. 小华$_1$,小明$_2$ 一进屋,他$_1$ 就把门关上了。

这些例句中的(a)句都用了零形式"Ø",(b)句在相应位置用了代词"他",(94c)用了"自己",但这几种词语的指称却相同((94d)、(94e)将作为参照对象在讨论中提到)。这是为什么?为什么方式原则不起作用?黄衍的回答由五个部分组成。

---

① 事实上,黄衍常常用信息量原则取消方式含义。他的解释是,这些原则是循环应用的。在同一个循环周期,方式原则优先于信息量原则。两者有冲突时,服从前者。但下一个周期的(如应用于主句的)信息量原则,却能取消上一个周期(如小句的)方式含义。他讨论中涉及的,都属这一类情况。(Huang 1994:141)
② 在他 1994 年的书里,黄衍增加了一个可能取消会话含义的因素——语境(context),但下面的讨论没有什么变化。
③ 表示同指、异指的下标已简化,下同。
④ 这个例句很可疑。如果仅仅是为了说明代词与名词的区别,可用"他$_1$ 说小明$_2$ 下个月结婚"。

首先,方式含义必须与背景假设一致。(92b)的"他",与(92a)的"Ø"对立,按照方式原则理应作互补解读,即与"医生"异指。但是,常识告诉我们为病人动手术的一般是医生。上述方式含义与常识相左,因此被取消。

第二,黄衍声称"假定存在相互知识,指称关系的方式对立必须与说话人明确意欲的(即他非自然意谓的)相一致。……假设听话人知道说话人意在用(93b)表示(93a)(不论什么原因),他就会期待说话人这么做,而且说话人知道听话人知道这一切。那么,说话人就会用(93b)代替(93a)。在这种情况下,说话人清楚地非自然意谓的,就是'他'和'小明'同指。这一考虑足以取消(93b)中的'他'在其他情况下可能导致的方式含义"(同上:325)。

第三,方式含义可以被词汇的语义内容取消。如,(94c)中的"自己",虽然在形式上与(94a)的"Ø"对立,但它的指称依赖性使这种对立导致的异指解读失效。这是一个与语义衍推矛盾的例子。

第四,方式对立会因为跟最突显(salient)的信息冲突而被取消。当句子带话题时,"一个代词因用于可用零形照应语位置而造成的指称方面的方式对立就会消失。零形照应语和代词都将被信息量隐含为同指"(同上)。(95)就是这样一个例子。

最后,黄衍认为,两个小句之间语义、概念方面的紧密关系也能抵消方式原则导致的指称对立。(94b)中的"他"作为间接话语补语(indirect discourse complement)的一部分,与主句有较紧密的联系,倾向于提示"他"与前句同施事或受事。[①]但是,(94d)和(94e)中的"小明"、"这个人"也是间接话语补语的一部分,为什么它们就不跟主

---

① 黄衍在此援引福利和范瓦伦(Foley & Van Valin 1984:269)的"句间语义关系等级"(the hierarchy of interclausal semantic relations)如下,其中的例子是根据莱文森(Levinson 1998 [1987a]:587-590)增加的:

Strongest —Causative > Modality (e.g. 'try to') > Psycho-action (e.g. 'want to') > Jussive (e.g. 'order to') > Direct perception complements (e.g. 'see S') > Indirect discourse complements (e.g. 'say that S') > Temporal adverbial clauses (e.g. 'Before S, S') > Conditionals (e.g. 'If S, S') > Simultaneous actions (e.g. 'While S, S') > Sequential actions (overlapping) > Sequential actions (non-overlapping) > Action-Action (unspecified linkage) — *Weakest*

句主语同指呢？黄衍承认他没有令人满意的答案。但是,他猜测,可能是因为实词性名词短语跟代词之间的对立,比代词跟零形照应语之间的对立要尖锐,以致信息量原则无力与之抗衡。(同上:326 n17)

我们在183页注①中指出,莱文森没有解释为什么(96b)的"he"跟(96a)的"Ø"在形式上的对立没有引起指称上的对立。黄衍的方案① 分明是为弥补莱文森方案的缺陷而提出来的,其中也包括这个问题。但是,他成功了吗?

(96) a. John₁ came in and Ø₁ sat down in the front row immediately.
b. John₁ came in and he₁ sat down in the front row immediately.

黄衍用于说明(92)的背景假设显然不适用(96)这个例子。而且(96)的两个小句之间存在不重叠顺序关系,属句间语义等级的松散端。又没有话题。这样,惟一能适用的黄衍的例句就只有(93)了。但是,他援引非自然意义的解读恰恰是问题最多的一个。如上一章6.2.1小节说明的,非自然意义就是说话人要明确表达的意义。显然,一个人不能用任何词语随意地表达任何意义。当他非自然意谓某事时,他必须满足一些条件,不管是句法的、语义的、还是语用的。在某种意义上,语用学研究的就是非自然意义的语用条件,如会话准则、新格赖斯原则等。因此,把非自然意义用作一个独立因素来支持某种解读是不能令人信服的。否则,黄衍只需要这一条就够了,其他的解释就都是多余的了。

我们的感觉是,(93)中(a)、(b)句的差别(如果有差别的话),来自句间联系。①(93a)的句间成分联系稍紧,常见于语速较快时;(93b)则句间联系稍松,更常见于语速较慢时。事实上,(93a)句的书

---

① 黄衍在最后归纳了一个由"解读原则"和"一致性制约"两部分组成的语用学照应理论。解读原则有四条细则,分别负责零形照应语、普通代词、自反代词、实词性名词短语等根据信息量原则和方式原则作出的解读。一致性制约包括异指假定、信息突显、一般性含义制约。其中信息突显有两条细则,一般性含义制约有三条细则(Huang 1991: 329-30, 1994: 16-7, 144-5)。但主要精神已全体现在上文的讨论里了。

面形式,中间常常没有逗号。如,"他只要一有空就学习"(吕叔湘(主编)1984年),"老乡们一听见枪声就都来了"(陆俭明等1982年)。这就是说,"Ø"和"他"在这里的对立不在指称,而在风格。这个差别,我认为也适用于例(96)。其中的(a)、(b)两句在指称上没有区别,所不同的只是语速。这在某种程度上提示我们,照应问题比我们想象的要复杂。它不仅仅涉及指称、视角,可能还涉及风格等方面。这一点我们在下一小节再详细论述。

至于黄衍提出的两个问题,我们在 187 页注①中已指出,第二个问题源于误解,实际不存在。第一个问题,即长距离自反代词问题,黄衍方案中采用的指称依赖性,同样见于莱文森方案。莱文森在1991年的文章中说:"自反代词的指称依赖性是必然的"(Levinson 1991:142)。因此,我们认为,黄衍的方案在本质上没有任何强于莱文森方案之处。

7.5.2 可及性理论和句间联系

以色列语言学家阿里尔(Mira Ariel 1994,1996)②认为莱文森的照应理论过于简单化,实际情形比他想象的要复杂。指称词语并不形成完全互补的分布。在语篇中,实词性名词短语也可用于同指。另一方面,零形式不仅仅用于照应,也可用于指称语言外事物。③至于代词到底是同指,还是异指,则取决于把哪个词看成是它的先行

---

① 黄衍在该文第 322 页,曾用这两个句子说明"Ø"与"他"的对立。即(a)中的"Ø"与"小明"同指,而(b)中的"他"与"小明"异指。如果没有合适的上下文(包括语音、语调),只有孤立的这么一句,我们认为(b)的这种异指解读没有优先性。

② 实际上,阿里尔从她1985的博士论文就开始研究可及性理论了,但她在早期主要借鉴了关联理论和吉汶(Talmy Givón)的有关论述等,并没有联系莱文森的理论。

③ 有人把语言成分的指称对象分成两类:(语言外)事物和(语言内)词语。前者称作外指(exophoric),后者称作内指(endophoric)。指称词语的指别(deictic)、照应(anaphoric)功能可以与这两者联系起来,即,当一个词语用于外指时,它起指别作用;用于内指时,起照应作用。但是,语言符号有自指性(token-reflexivity),如,"动词"是名词。在较随意的用法中,"动词"的引号会被省去,这样就会导致内外指混乱。(我们在 21 页注②中提到过韩礼德(M. A. K. Halliday 1994:312 [1985:291])混淆这两类指称的一个实际例子。)为此,莱昂斯(John Lyons 1977:660)提议采用另一种说法,把照应词语的指称对象

词。因此,她主张把指称词语之间的不同看成是一种程度差别,而不是简单的同指/异指两分对立。她声称"自然语言的指称系统不具体编码同指/异指对立。……各种指称词语的第一功能……是标示(mark)记忆中[实体]的不同可及性(accessibility)程度"(Ariel 1996: 15)。在这个意义上,指称词语可称为"可及性标志"(accessibility marker)。

阿里尔从80年代中叶开始调查小说、报刊文章中指称词语的使用情况。她认为指称词语标示的先行词可及性①存在如下"可及性标示等级"(accessibility marking scale):

零形式 <② 自反代词 < 一致性标志③ < 词缀化代词④ < 非重读代词 < 重读代词 < 重读代词+身势 < 近指示词

也说成是语言外事物。这就是说,照应词语跟指别词语的指称方向没有区别,都是外指。不同的是照应词语有先行词,它跟先行词指称同一个语言外事物。起指别作用的词语则没有这个限制。阿里尔采用外指、内指说法。意识到这种说法可能引起混乱,她把语言成分的指称对象,不管是起照应作用,还是指别作用,都说成是心理实体(mental entity),心理再现(mental representation)或记忆实体(memory entity)。所以,她所谓的语言外事物,不是该事物本身,而是该事物在人脑中的反映。她还进一步把同指、异指跟内/外指区分,照应/指别区分挂钩,把同指等同于内指、照应,把异指等同于外指、指别。

① 阿里尔有时候谈论指称词语标示的指称对象(referent)(或心理实体)的可及性。如上述注解说明的,她把指称对象(不管是外指/内指说所谓的语言外事物,还是语言内词语,即先行词),都说成是心理实体。因此,在她的理论里,"指称对象"、"心理实体"、"先行词"三者可以互换。

② 看来,阿里尔把符号方向弄反了,因为左边的词语标示的可及性比右边的高。也就是说她应该用大于符">",而不是现在用的小于符"<"。她可能是受了莱文森的等级——"实词性名词短语 > 代词 > 零形照应语"的影响,但莱文森的等级是关于指称词语**本身**的语义内容和形式完整性的。实词性名词短语的语义内容最大、形式最完整,因而位于大端;零形照应语的语义内容和形式都最小,因而位于小端。而她的等级是关于指称词语所标示的**先行词**的可及性,两者是不一样的。阿里尔没有认识到这个差别,我们在下文还将提及这一点。

③ 原文"agreement markers",指意大利语等语言中标示主语性、数、格的动词形式。当主语省略时,这种动词形式是表明主语身份的惟一标志。

④ 原文"cliticized pronouns",是希伯来语中代词的一种弱化形式。例如,代词"hem"(他们)在指称很明确的情况下,可以被弱化成"h"。

(＋名词短语) ＜ 远指示词(＋名词短语) ＜ 近指示词(＋名词短语)＋修饰语 ＜ 远指示词(＋名词短语)＋修饰语 ＜ 名字 ＜ 姓氏 ＜ 短有定描述语①＜ 长有定描述语 ＜ 全名 ＜ 全名＋修饰语

(Ariel 1994：30)

对指称词语所标示的先行词可及性进行这种分析的理论,阿里尔称为"可及性理论"(Accessibility Theory)。她说这理论"实际上是莱文森理论的精细版"(Ariel 1994：25),或者说,"莱文森关于潜在照应词语的最小化等级② 实际上是可及性标示等级的雏形"(Ariel 1996：31)。③

---

① 含两个实义词及以下的是"短有定描述语",三个实义词以上的是"长有定描述语"(Ariel 1996：18)。

② 原文"minimality scale",即"实词性名词短语 ＞ 代词 ＞ 零形照应语"。阿里尔(Ariel 1994：23)把这个等级叫作"标记性等级"(markedness scale),并错误地排列成"零形式 ＞ 代词 ＞ 实词性名词短语"。

③ 如191页注②所述,阿里尔早年并没有联系莱文森的理论。她1988年时说,可及性理论跟吉汶的话题连续性(topic continuity)理论是一致的(Ariel 1988a：84 n14)。1990年时,她的可及性标示等级曾仿照吉汶表述如下：

		Low Accessibility
a		Full name + modifier
b		Full ('namy') name
c		Long definite description
d		Short definite description
e		Last name
f		First name
g		Distal demonstrative + modifier
h		Proximal demonstrative + modifier
i		Distal demonstrative (+ NP)
j		Proximal demonstrative (+ NP)
k		Stressed pronoun + gesture
l		Stressed pronoun
m		Unstressed pronoun
n		Cliticized pronoun
o		Extremely High Accessibility Markers (gaps, including pro, PRO and *wh* traces, reflexives, and Agreement)
		High Accessibility

(Ariel 1990：73)

根据她的分析,指称词语标示的可及性等级由三个因素决定:信息量(informativity)、固定性(rigidity)、强弱程度(attenuation)。"语言标志的信息量是决定它作为可及性标志的关键因素。一个标志提供的词汇信息越多,它就越适合于提取(retrieve)不太可及的物体"(Ariel 1991:449)。① 如,"the Israeli linguist"提供的信息比"the linguist"详细,这说明它的先行词比后者的可及性低。同样,"this book"因为信息量比"this"大,就能用于提取可及性稍低的先行词。总之,"某词+修饰语"比单纯用某词信息量大,因此,所标示的可及性低。零形照应语,则因为语义内容最少而只能用于标示可及性最高的先行词。

固定性指的是一个词语的指称独特性。当两个词语在语义内容上没有明显差别时,或者不可比时,可用这一条来区分。如"Mira Ariel"和"the Israeli linguist",从信息量角度,看不出什么差别。但前者比后者指称独特,较少歧义,因而能提取可及性较低的先行词。这就是说,专有名词的先行词比有定描述语的可及性低。同时,因为姓氏比名字多,至少在西方是这样,阿里尔据此认为姓氏标示的可及性比名字的低。

强弱程度主要是指语音上的差别,如重读代词与非重读代词之间的区别。非重读代词是较弱的语音形式,因此,它标示的可及性就比重读代词的高。像"the United States of America"和"the USA"之间的纯粹长度差别,也被认为是强弱程度上的差别。

阿里尔(Ariel 1994:32)注意到强弱程度标准有时候会导致错

---

① 阿里尔没有详细定义她的信息量概念。从她对莱文森信息量原则的批评看,她似乎赞成把信息量说成跟可预测性成反比(Ariel 1994:20 n15)。问题是信息量是关于可及性标志的,而可预测性则是关于先行词的,这两者不是一回事。后来,她说"信息量是按实义词的数量计算的"(Ariel 1996:29)。这个定义显然是不严密的。她没有意识到自己的信息量与莱文森的信息量之间的区别,明确认为前者"相等于"(equal to, 1994:21),"相当于"(akin to, 1996:21)后者。在说下面这段话时,她错误地把零形式当成是莱文森的信息量最大的形式:"既然根据莱文森,同指比异指信息量大,为了表达同指,说话人就应该在零形式和代词之间,在代词和实词性名词短语之间尽可能选用前者。如果相反,说话人没有选用**信息量最大的形式**(加重字体为笔者所改),听话人就要推断说话人不是意欲同指"(Ariel 1996:14)。

误的预测。如,"the table"这样的有定描述语比指示词短语"that table"弱,因为"the"是"that"的弱化形式。这就是说,"the table"的先行词应该比"that table"的可及性高。可是,事实却不支持这个预测。根据她的调查,有定描述语的先行词出现在同一个句子里的占 2.8%,出现在前一个句子里的占 14.1%,而指示词短语用于上述情况的分别占 4.8%和 59.5%。大多数有定描述语的先行词比较远,45.8%出现在同一段隔一个句子以上,37.3%出现在隔段里。相反,这两种情况下的指示词短语却分别只占 20.2%和 15.5%(同上:18)。

尽管可及性理论不太严密,有些概念没有明确的定义。但该理论有一个明显的长处,那就是比较注重指称词语的实际应用。因此,其分析比较接近实际情况。特别值得一提的是,阿里尔(同上:13,33)讨论了下面这种莱文森从来没有涉及过的句子:

(97) a. *John$_1$ did all the housework while John's$_1$ wife was ill.①

b. John$_1$ will study linguistics, while John's$_1$ father used to teach literature.

她认为这两个句子之间的差别跟它们各自小句间的衔接程度有关系。(a)句的两个小句联系紧密,while 表示的是"在……时候"。前后两个小句描述的事件发生在同一时间段。因此,用名字之类标示较低可及性的词语不合适。相反,(b)句的 while 表示的是"相对照的是",两个小句描述的事件发生在不同时间段。它们之间的衔接性稍差(中间的逗号也是一个证明),因此,可以用名字这种可及性较低的标志,而不用代词。

其实,句间联系紧密与否② 影响指称词语的使用这一点,美国语言学家鲍林杰(Dwight Bolinger 1979)早就注意到了。他的文章专

---

① 这两个例子源于 Haegeman (1984),下标有所简化。

② 从阿里尔的例子可以看出,我们在这里讨论的句间联系跟 189 页注①所引的福利和范瓦伦的"句间语义关系等级"不是一回事。按照他们的等级,(97)中(a)、(b)两句各自小句间的关系是一样的,都是时间状语小句与主句的关系。我们认为阿里尔的看法更有利于解释代词和名词在用法上的区别。在这个意义上,福利和范瓦伦的等级体系太粗。

门分析,再次指称时什么情况下必须用代词,什么情况下可以重复名词。他通过大量例证①,说明"到底是重复名词还是相反——使用代词,取决于在该场合重新认定(reidentify)指称对象的必要性或可取性。""大多数重新认定很可能发生在某种间隔之后,作为正当的(虽然不是永远不可或缺的)提醒"(Bolinger 1979:308)。例如,B 君听到 A 君的(98)句后,可以有(99)中(a)、(b)、(c)三种反应。鲍林杰认为(99a)用代词指称"Tom",是一种最小化形式。但说话人完全可以在第二个小句中重复名词,如(99b),暗示"Tom"是个固执的人。"说话人也可以无视前一个认定,重新开始,特别是在一个间隔以后(他可能在接话前默想了一会儿)",就像(99c)那样(同上:292)。

(98) A: I was sorry to hear about Tom.

(99) a. B: Yes, the doctor warned him$_1$, but he$_1$ kept on. ②

   b. B: Yes, the doctor warned him$_1$, but Tom$_1$ (being Tom) kept on.

   c. B: Yes, the doctor warned Tom$_1$, but he$_1$ kept on.

在讨论主位(theme)、述位(rheme)、话题(topic)三者关系时,鲍林杰指出:"在主位中,话题很容易被重新认定,但在述位中只有当主位缺乏正常话题形式(名词主语或代词主语)时才行"(同上:306)。例如,(101a)可以作为(100)的回答,(101b)却不行。因为(101a)中的"him"不是话题形式,而(101b)中的"he"却是话题形式。

(100) A: Did you have any trouble telling who he was?

(101) a. B: I recognized him$_1$ the moment John$_1$ arrived.

   b. *B: He$_1$ was recognizable the moment John$_1$ arrived.

但是,他注意到如果中间有间隔,话题就可以在述位中被重新认定,(102)就是这样一个例子。

(102) B: He$_1$ was recognizable, I tell you, the moment John$_1$ arrived.

这种出现于对话中的重新认定,重复名词,是极常见的。换一个

---

① 一篇 20 页的文字用了 194 个例子。
② 下标是新加的,下同。

说话人就造成一个间隔,句间联系就松散了。但在同一个人的同一句话中,重新认定,即再次指称时用名词,也不少见,如果句间联系松散的话。①鲍林杰认为,(103)句不可接受,是因为"句中没有逗号间隔,'when'小句跟[主句]动词结构紧密"。"如果在(103)这样的句子中引进间隔,那么重复名词就会变得可以接受。""说话人感觉在某种间隔之后重新认定指称对象,即重复名词,是最自然的。""如果'when'小句因为相应的音高、节奏变化变成解释性插话,'John'就可以被重复",如(104)(同上:298)。

(103) *He$_1$ choked when John$_1$ swallowed the bone.

(104) He$_1$ choked (when John$_1$ swallowed the bone, that is).

当"and"用作"反意连词"(adversative conjunction)时,前面往往有逗号间隔,加重让步、转折的含义。这样,一个原本不可接受的句子就会变得可以接受。

(105) *He$_1$ lied to me and John$_1$ was my friend.

(106) He$_1$ lied to me, and John$_1$ was my friend!(同上:304)

这种间隔相当于把后一小句变成了事后补充(afterthought),即(106)在结构上变得类似(107)。

(107) He$_1$ lied to me—something that John$_1$ was rather fond of doing. (同上:298)

鲍林杰指出,有时候,增加副词也可以导致句间联系比原来松散。如,

(108) *He$_1$ lost the money, and John$_1$ found it again.

(109) He$_1$ lost the money, and then John$_1$ found it again.

(110) *He$_1$ lost the money, but John$_1$ found it again.

(111) He$_1$ lost the money, but naturally John$_1$ found it again.

(同上:304)

我们认为上述关于句间联系的讨论同样适用于零形式与代词之间的对立。两个小句的联系紧密时,用零形式表示同指的可能性较大。松散时,(在其他条件相同的情况下)则用代词照样可以表示同

---

① 上文(97b)就是一个例子。

指。这就是我们在上一小节讨论例(93)、(96)时所持的观点。

我们在上一小节指出,"照应问题比我们想象的要复杂。它不仅仅涉及指称、视角,可能还涉及风格等方面"。鲍林杰的论述使我们更加坚定了这种看法。乔姆斯基曾试图在语法框架内解决这个问题,因此提出了约束三原则。在碰到了一些困难以后,他在《最简方案》中把"约束范围"改成了"有关的局部范围"。而确定什么是"有关的局部范围",不是一个纯粹语法结构的问题,它涉及语用,必然要借助语用原则。在这个意义上,莱文森三原则的大方向是正确的,不足之处是粗糙了一些,因此,我们有必要从细节上对此加以完善。

7.5.3 一条原则还是两条/三条原则?

我们在"关联理论"这一章指出斯波伯、威尔逊等人企图用关联性囊括语言交际的一切因素,这是不合适的。我们主张分解关联性,至少分成"说话人关联性"、"听话人关联性"(分别相当于他们的"最佳关联性"、"最大关联性")。而霍恩的两原则在某种意义上就可以看成是这种分解的结果:Q 原则是听话人省力原则,对应于"听话人关联性";R 原则是说话人省力原则,对应于"说话人关联性"。但是,关联理论主张者坚持,用关联性囊括一切交际因素恰恰是他们的长处。这一小节我们就来讨论他们的有关论证。

伦敦大学语言学家肯普森(Ruth Kempson)1984 年的"语用学、照应、逻辑式"代表了这方面较早的一种尝试。她认为"如果说话人使用了一个代词或有定名词短语,那么,他就向听话人暗示:名词短语之类的词在所标明意义上代表的个体对他来说是轻松可及的(immediately accessible),不管是从话语情景本身,还是在照应语上文所表达的概念中"(Kempson 1984:4)。"但是轻松可及性这个保证只是关联原则的一个内在组成部分"(同上:5)。"关联原则保证:说话人相信他所用的形式能使听话人轻松接近一个语境集合和一个他可以从中推导出语境蕴涵的命题"(同上:4)。不过,近年来她已不再从这个角度看待照应问题了。

明确提出霍恩、莱文森的两条/三条原则不如一条关联原则的,是另一位伦敦大学的语言学家卡斯顿(Robyn Carston)。她在 1998 年发表的"信息量、关联性和等级含义"中说,莱文森和霍恩区分数量原则跟信息量原则/关系原则①,是完全错误的。这两条原则并不对立,所谓的数量含义完全可以通过信息量/关系原则生成;同样,所谓的信息量/关系含义也完全可以通过数量原则生成。她用到的例子如下:

(112) a. John was reading a book.

b. John was reading a non-dictionary.

(113) a. Some people like eating raw liver.

b. Not everyone likes eating raw liver.

(Carston 1998:194)

(112)是阿特拉斯和莱文森(Atlas and Levinson 1981:41)用过的例子。按照他们的观点,其中(a)句的信息是笼统的,而(b)句的信息更具体一些。即(b)是信息量含义,是依靠信息量原则推导出来的,是对(a)作常规解读的结果。(113)是卡斯顿自己的例子。她认为,按照新格赖斯派的理论,(113b)是数量含义,是根据数量等级,或者叫霍恩等级,＜all, some＞推导出来的。换言之,说话人用了"some"这个弱项,就隐含"all"这个强项(在这里实现为"everyone")不适用。但是,卡斯顿争辩说,这两个例子完全可以作相反的解释。(112b)可以看成数量含义,我们可以假设存在＜dictionary, book＞这样一个数量等级。说话人用了弱项"book",就隐含强项"dictionary"不适用。反过来,(113b)也可以看成信息量/关系含义,可以看成是根据信息量/关系原则,对(a)的信息作常规扩充的结果,即"人们一般都不喜欢生吃(猪、牛)肝"。因此,卡斯顿认为"至少在这两个例子中,这两条原则似乎一点冲突都没有;相反,它们导致了相同的结果。两种情况都是对所表达的命题进行扩充,或缩小所留下的选择余地的结果。这促使我们想到,是不是有一种更深一层、更概括的原则在起作用,它通括了这两种表面上不同的准则"(同上)。这种更概括的原则,在她看来,当然是关联原则了。

---

① 原文是 Q-principle and I/R-principle。在她看来,霍恩的 Q 原则跟莱文森的数量原则完全一样,而且他的 R 原则也等于莱文森的信息量原则,所以我们在此只能这样翻译,尽管我们在 7.1 和 7.2 节没有把霍恩的"Q 原则"和"R 原则"译成汉字。

为了证实她的论断,卡斯顿援引了理查森夫妇(Richardson & Richardson 1990)的论点:霍恩、莱文森等人混淆了"所隐含的意义" (what is implicated)和"所传递的意义"(what is conveyed)。例如,按照霍恩的观点,"P and Q"跟"P or Q"之间的衍推和 Q 隐含关系,"P iff Q"跟"if P, Q"之间的衍推和 R 隐含关系分别如下:

a. [P and Q] entails [P or Q]
   "[P or Q]" Q-implicates "[not [P and Q]]"
b. [P iff Q] entails [if P, Q]
   "[if P, Q]" R-implicates "[P iff Q]" (Carston 1998:195)

但是,如果我们把所隐含的意义跟所传递的意义分开。也就是说,把意义分成三部分:所明说的(what is said)、所隐含的、所传递的,那么,"P or Q"和"if P, Q"的意义就可以分别有下列分析:

a. what is said: P or Q
   what is implicated: not [P and Q]
   what is conveyed: P or Q but not both
         Or: just one of P, Q
b. what is said: if P, Q
   what is implicated: if not P, not Q
   what is conveyed: P iff Q

这就是说,所传递的意义包括所明说的和所隐含的两部分。所传递的意义总是比所明说的意义信息量要大,总是衍推所明说的意义,不管其隐含的部分是以数量原则为基础,还是以信息量/关系原则为基础。

理查森夫妇还进一步论证,被霍恩看成 Q 含义的对英语"or"所作的相斥析取解读(exclusive disjunction understanding)可以被看作 R 含义;而被看成 R 含义的一般条件句的双条件句解读又可以被看作 Q 含义。如:

a. [P or-excl Q] entails [P or-incl Q]
   "[P or-incl Q]" R-implicates "[P or-excl Q]"
b. [not [if (not P), not Q]] entails [if P, Q]
   "[if P, Q]" Q-implicates "[if (not P), (not Q)]"

(by double negation)①

最后,卡斯顿提到了理查森夫妇的下列例证:

(114) a. I broke a finger.

b. I broke one of my own fingers.

(115) a. I found a finger.

b. I found someone else's finger. (同上:196)

霍恩曾认为(114a)之所以被解释成(114b)的意思,是因为 R 原则在起作用。他当时把它跟"X is meeting a woman this evening"相对,认为后者是 Q 原则在起作用的例子——"a woman"指的是与"X"没有密切关系的人。现在,理查森夫妇在(115a)中改了个动词,"a finger"的含义倒跟"a woman"一样了。所以,卡斯顿总结说,R 原则和 Q 原则这两个互相对立的原则都不能很好地解释这两个例子。

我们承认,把意义分成"所明说的"、"所隐含的"、"所传递的"三部分,是合理的。其实,这也是语用学家的共识。我们在第四章结束时参考很多语用学家意见后归纳的意义分类图就反映了这一点。图中的"意义"就是这里所谓的"所传递的意义","衍推"就是"所明说的意义","含义"就是"所隐含的意义"。霍恩在解释 Q 原则时讲到的数量等级词意义的上下两个限度(upper and lower bounds),及其"单面解读"和"两面解读"(one-sided and two-sided readings),也跟这种意义三分有关。"下限"是"所明说的意义","上限"是"所隐含的意义";只包括"下限"是"单面解读",既包括"下限",又包括"上限",就是"两面解读"。某些著述把"所隐含的意义"等同于"所传递的意义",只是一个简化的说法。

不过,卡斯顿引进意义三分说,只是为了否认数量含义跟信息量含义的区别,并不是真的要区分"所传递的意义"和"所隐含的意义"。而对这里的关键问题——如何界定信息量的大小,她却只字未提。但是,如我们在 176 页注③所说,怎么定义信息量是个很复杂的问

---

① 转引自卡斯顿(Carston 1998:195-6)。其中的"or-excl"是"相斥析取"(exclusive disjunction)的简写,"or-incl"是"相容析取"(inclusive disjunction)的简写。原格式有点不规范,因此转引时有所调整。

题。莱文森把衍推作为衡量信息量大小的必要充足标准,有其不足之处。当他说"Some of my best friends are linguists"之类句子的数量含义比所明说的信息量大时,他意味着＜not all, some＞构成一个霍恩等级。这跟＜all, some＞是矛盾的。现在,卡斯顿把"所隐含的意义"换成"所传递的意义",问题同样存在。那就是,"Some, but not all, of my best friends are linguists"将衍推"Some of my best friends are linguists",即 ＜some but not all, some＞将构成霍恩等级。这同样跟＜all, some＞相矛盾。

在一个意义上,对某一方面的肯定就是对有关方面的否定;对某一方面的否定又是对有关方面的肯定。所谓"含义"比"明说"信息量大,或者"所传递的意义"比"所明说的意义"信息量大,是因为"含义"排除了一些可能的解读,缩小了可选择的意义的范围。但是,数量含义跟信息量含义所排除的意义的种类是不一样的。① 沿用上下限的说法,可以说数量含义排除的是上限,信息量含义排除的则是下限。② 如果考虑到生成信息量含义的词并不构成程度等级,它们之间的差别不是程度差别,而是典型不典型、常用不常用的差别;那么,比较好的说法还是把信息量含义排除的意义说成是不常用意义,有标记意义。

现在我们结合具体例子来看看数量含义跟信息量含义的区别。上文提到,卡斯顿主张,(112b)可以看成数量含义,理由是＜dictionary, book＞可以看成数量等级。但是,阿特拉斯和莱文森(Atlas and Levinson 1981:41)除了例(112)以外,还讲到了(116)、(117)。

(116) a. The secretary smiled.

　　　 b. The female secretary smiled.

(117) a. John had a drink.

---

① 如7.3.2小节所述,莱文森的说法是,它们增强信息的方法不同。信息量含义比原语句更具体、更确切;而数量含义则是通过否定一个更强的陈述来充实信息的。为了更明确地区分信息量和数量两原则的适用范围,他主张把数量原则限制于类似霍恩等级的明确界定的对立集合,并严格规定了霍恩等级限制条件。

② 正是在这个意义上,霍恩说Q原则是"下限原则,诱发上限会话含义",R原则是"上限原则,诱发下限会话含义"。

b. John had an alcoholic drink.

如果卡斯顿要把这两个(b)句也说成是数量含义,她就要假设<male secretary, secretary>、<non-alcoholic drink, drink>都构成霍恩等级。而它们也显然违背"同等词汇化"限制。不过,更重要的是,如上文所述,数量等级涉及的是有程度差别的词语,这里涉及的却不是。它们涉及的只是同一个集合中典型成员跟非典型成员,突显成员跟非突显成员,主要成员跟次要成员,或无标记成员跟有标记成员之间的差别。用莱文森的说法,信息量含义是把意义比较概括的词语用在比较具体的意义上时产生的,是一种意义最小化。

在这个意义上,即使卡斯顿找到同等词汇化的数量等级,如<amanuensis, secretary>、<beverage, drink>,她的论证也没有说服力。换言之,就连她的<dictionary, book>也是不合适的。"book"是一个概括词,它可以包括"novel、textbook、dictionary",甚至"account book"等。(112a)之所以被理解成(112b),是因为"dictionary"在这个集合中不典型,不是无标记成员。一般情况下,人们用"book"表示"novel"、或"textbook"。然而,这只是一般情况。换一个语境,"dictionary"就可能成为无标记成员,如,对词典编纂者来说;对会计人员来说,甚至"account book"都可以是无标记成员。而<all, some>则不一样,它们之间的关系是不会随语境而变化的。

第二,把条件句完善化说成数量含义也会要求<not [if (not P), not Q]], [if P, Q]>构成数量等级,这同样跟可能存在的<iff, if>矛盾。而<iff, if>曾因为两者的词汇化程度不同被莱文森(Levinson 1987b:407)通过"霍恩等级限制条件(ii)"明确排除在外。在这点上,<not [if (not P), not Q]], [if P, Q]>则有过之而无不及。[1]既然卡斯顿从来没有对莱文森的"霍恩等级限制条件"表示过异议,她就有必要解释这种矛盾。允许这种矛盾的存在,至少说明要把条件句完善化说成数量含义是比较笨拙的。

---

[1] 拙作《语用学——理论及应用》(姜望琪 2000:159-60)在讲到这个问题时,只提到莱文森曾明确排除<iff, if>;特别是认为[P or-excl Q]不衍推[P or-incl Q]。这是错误的,特此更正,并请求读者原谅。

第三,即使卡斯顿的上述论证都是正确的,她仍然有必要证明这些分析有普遍意义,能适用于所有其他例子。如,卡斯顿试图把(113b)解释成信息量含义,她当时用的理由是"人们一般都不喜欢生吃(猪、牛)肝"。我们不知道她会怎么解释(118b),难道她能说"人们一般都不喜欢看电影"?

(118) a. Some of them went to the film.
b. Not all of them went to the film.

最后,我们来讨论一下上文的(114)、(115)这两个例子。这涉及格赖斯提到过的"an X"这种表达式的含义。他当时的解释是,当有人用"an X"这样的表达式时,他在某种程度上违反了第一数量次则。说话人只讲了这是某种个体,至于到底是什么样的个体,他没有提供足够的、具体的信息。在这种情况下,一个可能的解释是:他没有能力,或认为没有必要,提供更具体的信息,也就是说,其含义是"这个X跟所谈论的人没有密切的关系"。但是,这种说法不能解释(114a)中的"a finger",所以霍恩认为这里有另外一条原则在起作用。卡斯顿现在援引(115),试图证明:不管是格赖斯的准则,还是霍恩的原则,都不能解释这种现象。我们认为她的结论下得过于匆忙了。

"an X"这种表达式由"an"和"X"两部分组成,它的意义当然就跟这两部分都有关系。当格赖斯说,"an X"表示"这个 X 跟所谈论的人没有密切的关系"时,他只注意了"a/an"这个不定冠词,没有联系"X"。所以他没法解释为什么"a woman"、"a house"表示"这个 X 跟所谈论的人没有密切的关系","a car"没有这种含义,而"a finger"在(114a)中的含义则正好相反。霍恩注意到,如果说话人在(114a)中用了"my finger",就可能给人一个错误的印象——他只有一个手指头。这充分说明,"X"的性质对理解"an X"至关重要。只有当这个"X"指的是某人可以拥有超过一个的东西时,"an"才能理解成"my"。也就是说,(114a)中的"a finger",严格地说,不等于"my finger",而是"one of my fingers"。如果我们谈论的是"head"或"nose",就不能用"I broke a head/nose yesterday"表示"I broke my head/nose yesterday"。否则,人们会问"How many heads/noses do you have?"换言之,"a/an"作为不定冠词,其指称是不定的,只能表示"one of many"。如果要用"an X"来指称某种特定范围内的东西,如,跟所谈论的人有密切关系的人或物,这个"X"也应该是"one of many",这个人应该拥有多于一个"X"。这样,我们就能解释格赖斯的困惑了。那就是,因为大多数人一般都只有一所房子,"a house"一般不能表示"my house"。"car"则稍有不同,对于只有一辆车的人来说,"a car"不能表示"my car";但对于拥有多辆车的人来说,"a car"就可以表示"my car"。

"a woman"的情形更复杂,这里不仅有不定冠词的问题,还有"woman"跟"wife, mother, sister"等词的意义概括性差别的问题。从不定冠词的角度看,连"a wife"、"a mother"也不能表示"my wife"、"my mother"。有多个姐妹的人才能用"a sister"表示"one of my sisters"。从词义的概括性看,"woman"比"wife, mother, sister"等词的外延大。根据逻辑,前者可以作为后者的上义词,就像"flower"是"rose"的上义词一样。但在实际应用中,"woman"一般不能用作"wife, mother, sister",除了在特殊的方言、语类里"woman"能表示"wife"以外。①把这两者结合起来,"a woman"就表示不是这个人的"wife, mother, sister"等。

我们认为格赖斯的基本思路是正确的,特别是在经过霍恩、莱文森修正以后。这就是说,我们可以从信息量大小的角度来解释"an X"这种表达式。根据数量原则(或格赖斯的第一数量次则),说话人要提供充足的信息,如果他用了"a/an",一般表示"one of many",即,不是"my X"等。但是,"my X"实际上是"one of my Xes"的意思。而后者比较累赘,在不至误解的情况下,说话人会用简单的"an X"来代替它,以节省一部分精力。这是一种用信息量小的词语表达大信息量的情形。所以,霍恩和莱文森认为这里有另外一条原则,称为"R原则"或"信息量原则"。(其实,格赖斯的第二数量次则、关系准则也

---

① 对比"book"跟"novel, textbook, dictionary"的关系,我们可以说,一般情况下在"woman"这个集合中"wife, mother, sister"都很难说是典型成员,无标记成员。但在可以用"woman"表示"wife"的方言、语类里,后者可以算前者的典型成员,无标记成员。"my woman"就等于"my wife"。如果当地的法律允许男人娶多个妻子,那么"I ate out with a woman yesterday"就可以等于"I ate out with my wife/one of my wives yesterday"。

是这个意思:在可以省力的时候要省力。)霍恩突出了 Q 原则跟 R 原则之间的对立,莱文森则通过"霍恩等级限制条件"进一步限制了数量原则的适用范围。根据莱文森的思想,我们认为,"an X"主要可以通过信息量原则来解释,虽然他本人没有这么说过。格赖斯原来的设想相当于假设＜my/his..., a/an＞构成数量等级,选用弱项就隐含强项不成立。但是,这没法解释(114a)的情况。如果我们以信息量原则为出发点,只要在符合已确认的情况时,扩充所用词语的信息量,把"an X"解释成"one of my/his... Xes"就行。对不符合已确认情况的,如,"I broke a head/nose yesterday",就不用扩充信息,径直把这个"X"解释成"跟所谈论的人没有密切的关系"。换言之,当"X"是所谈论的人可以拥有数量超过一个的人/物时,"X"一般跟他有密切关系,否则就没有密切关系,除非有特殊的语境。

这种机制同时也解释了(115)的情况。会话含义(特别是一般会话含义)的一个显著特征是可取消性,语境变了,会话含义就会随之而变。当动词从"broke"变成"found"以后,"a finger"的语言语境已经改变,它要继续解释成"my finger"就需要特殊条件,比如在说话人不慎被切掉了三个手指,并正在寻找它们的情况下。否则,它这时的常规解读只能是"someone else's finger"。

在文章中,卡斯顿(Carston 1998:197-211)还讨论了基数词的基本意义到底是"下限"(at least)、"上限"(at most),还是"正好"(exactly)等问题。在此我们不想对这个问题进行详细论证,我们只想提一下基数词跟其他构成数量等级的词语之间的差异问题。早年霍恩曾认为基数词跟其他等级词一样构成数量等级,但从 1992 年开始他改变了看法。他认识到这两者是有区别的,如:

(119) A: Do you have two children?

　　　B1: No, three.

　　　B2:? Yes, (in fact) three.

(120) A: Are many of your friends linguists?

　　　B1:? No, all of them.

　　　B2: Yes, (in fact) all of them. (Horn 1992: 175)

(121) a. ♯ Neither of us liked the movie—she hated it and I

absolutely loved it.

b. Neither of us has three kids—she has two and I have four. (Horn 1996: 316)

卡斯顿试图用这些例子证明新格赖斯原则不如关联原则,而我们认为恰恰相反。基数词跟其他数量等级词之间的差异只能说明语言运用比我们想象的要复杂,我们的分析也必须相应复杂化,而不是简单化。我们在上一章指出,关联原则太笼统,必须对其进行分解。新格赖斯原则是这种分解的一个结果,但不是终结,我们有必要继续沿着这个方向走下去。照应问题有必要进一步细化,数量等级同样需要进一步细化。卡斯顿在文章中多处引用了理查森夫妇的论证,但是后者并不支持关联理论。他们认为关联理论只有一条原则,比霍恩和莱文森的理论更简化(参见 Carston 1998:196)。这从一个侧面印证了我们的看法。

第八章 会话分析

会话分析(conversation analysis)是语用学的重要领域,甚至可以说是最重要的领域。语用学是研究语言运用的,而会话是语言运用的最基本形式。语用学研究者如果不搞会话分析,就像盖大楼不打地基,会最终失去立足之本。

在语用学经典作者的论著中,人们往往只看到单句分析,最多是两三句话的小对话。而且都是作者自己杜撰的例句,不是现实生活中的真实会话。这给人一个假象,使人误以为语用学不研究长篇会话或语篇。英国语言学家托马斯(Jenny Thomas 1995:209)曾为这种现象做过辩护。她认为语用学的介绍性书籍之所以经常只有单句分析,是因为作者要在有限的篇幅内尽可能清楚地介绍许多新概念;而要找到一个完整的语篇,为所有概念做例证是很困难的。我们认为这一点同样适用于奥斯汀、格赖斯等早期作者。他们没有分析过长篇会话不等于他们不重视会话研究。格赖斯把他第一篇关于会话含义的重要论文命名为"逻辑与会话",把最重要的含义称为"会话含义",从一个侧面反映了会话在他心目中的地位。他的理论也因此被称为"会话理论"、"会话逻辑"。

不过,最早对会话结构进行实质性研究的是美国的一群社会学家,或称民俗方法论者(ethnomethdologists),如,萨克斯(Harvey Sacks)、谢格洛夫(Emanuel Schegloff)、杰斐逊(Gail Jefferson)。因此,本章的讨论将从介绍他们的理论开始,然后谈到新格赖斯派的观点,言语行为论者的看法等。

8.1 会话结构

萨克斯等人从1960年代开始研究会话结构。他们做了很多讲演,发表了很多文章。在早年的文章中影响比较大的有:萨克斯1972年的"孩子所讲故事的可分析性",萨克斯、谢格洛夫、杰斐逊

1974年的"一个组织会话话轮转换的最简体系",谢格洛夫 1968 年的"会话开始部分的顺序",谢格洛夫、萨克斯 1973 年的"会话结尾部分的开端",谢格洛夫、杰斐逊、萨克斯 1977 年的"会话纠偏组织机制中的自我更正偏好",杰斐逊 1973 年的"日常会话中的精确计时个案"等。这一节我们先讨论这些文章中的主要观点。

8.1.1 话轮转换规则

萨克斯等人发现,会话的一个重要特点是参与者轮流说话。当一个人说话时,其他人不会同时说话。而前一个人说完时,后一个人又会立刻开始说话,中间几乎没有任何间隙。按萨克斯的说法,就是:"每次至少,并且最多,有一个人说话"(转引自 Coulthard 1985:59)。或称"既无间隙,也无重叠"(No gap, no overlap)。这并不是说会话中间真的一点间隙、重叠都没有,而是说,万一出现间隙或重叠,立刻就会有人出来纠正。间隙、重叠的时间不会很长。

这种局面是怎么维持的? 这里面有什么规律吗? 萨克斯、谢格洛夫、杰斐逊三人分析研究了大量自然产生的会话材料。他们的结论是,会话时人们遵守一套话轮转换规则。他们认为,

> 一套控制话轮构建(turn-construction),将下一个话轮分配给一个人,并且协调转换,以便把间隙和重叠减少到最低程度的基本规则大致如下:
>
> 1. 在每一个话轮的最初话轮构建单位(initial turn-constructional unit)的最初转换相关位置(initial transition-relevance place):[①]
>
>   (a) 如果迄今为止的话轮构建使用了"当前说话人选择下一个说话人"的方法,那么被选中的一方有权,而且必须,在下一个话轮开口说话;其他人没有这种权利或义务。此时说话人发生变化。
>
>   (b) 如果迄今为止的话轮构建没有使用"当前说话人选择下一个说话人"的方法,那么就可以,但不一定需要,实

[①] 萨克斯等人强调"最初"话轮构建单位,"最初"转换相关位置,是要突出话轮转换规则的普遍性。这跟他们在规则 2 中强调这些规则将在每一个话轮转换位置被重复执行是一致的。

行自选下一个说话人的方法;第一个开始的人拥有下一个话轮的说话权。此时说话人发生变化。

(c) 如果迄今为止的话轮构建没有使用"当前说话人选择下一个说话人"的方法,那么当前说话人可以,但不一定需要,继续说话,除非另有人自选说话。

2. 如果在最初话轮构建单位的最初转换相关位置,既没有实施 1(a) 也没有实施 1(b),并且按照 1(c) 的规定由当前说话人继续了,那么在下一个转换相关位置再次执行(a)到(c)的规则,而且在下面每一个转换相关位置重复,直至出现说话人转换。

(Sacks, Schegloff and Jefferson 1998 [1974]:198)

"话轮构建单位"是用来构建话轮的句法单位。它可以是句子,分句,短语,甚至单词。实际上,一个话轮就是一个人说的一段话。不论长短,只要说话人变了,一个话轮就结束了。"转换相关位置"①是指一个话轮构建单位的**可能**结束处。萨克斯认为下一个说话人永远不可能肯定当前说话人的话语什么时候结束,他随时都有可能在看起来已结束的话语后面加上更多的话语,而且他们常常这样做。因此,下一个说话人只能对当前话轮的可能结束处进行预测(参见 Coulthard 1985:61)。上述两点是互相有联系的。下一个说话人预测当前话轮的可能结束处时,总是以单词、短语、分句、句子为单位,因为一个人不可能在话轮构建单位的中间结束自己的话轮。因此,能单独构成话轮的单词、短语等小单位实际上是相对独立的,是与其他话语没有内在联系的,而不是任何任意的单词、短语等。下一个说话人不会随随便便打断当前说话人,不会在与其他话语有联系的单词、短语后面接话。例如,

(1) Desk: What is your last name //Loraine.

---

① 如上文注明,其英文是:"transition-relevance place",莱文森(Levinson 1983:297)将其缩略为 TRP。萨克斯等人(Sacks, Schegloff and Jefferson 1998 [1974]:238 n15)指出,用"place"这个词是为了避免在"space"(空间)和"point"(点)两者中选择。"space"和"point"可以看成是"place"的两种进一步细分,但他们不想在文章中涉及这种细节。他们非常看重"转换相关位置"这个概念,强调这是惟一可能发生话轮转换的位置(同上:200,202)。我们在讨论塞尔的观点时将再次谈到这一点。

```
    Caller:                          Dinnis.①
    Desk:    → What?
    Caller:     Dinnis.    (Sacks et al. 1998 [1974]: 236)②
(2) A:       Oh I have the- I have one class in the e:vening.
    B:   →   On Mondays?
    A:   →   Y- uh：：：Wednesdays. =
    B:   →   = Uh- Wednesday, =
    A:       = En it's like a Mickey Mouse course. (同上: 237)
```

下一个说话人不仅对当前话轮可能结束处的判断非常准确,能够在上一个话轮刚结束时就接上话茬,以致上下话轮之间没有任何间隙。有时候下一个说话人还能接上意思,把当前话轮接完整,甚至措辞都跟上一个说话人的一样。杰斐逊(1973)用到过下列例句:

```
(3) Louise:    No a Soshe is someone who-
               //is a carbon copy of their friend.
    Roger:  →    drinks Pepsi. (转引自 Coulthard 1985: 62)
(4) Dan:       The guy who doesn't run the race doesn't win
               it, but 'e doesn//'t lose it.
    Roger:  →                  B't lose it.   (同上)
```

萨克斯等人认为,这套规则不仅解释了为什么间隙和重叠如此短暂,而且解释了为什么会出现重叠。例如,规则1(b)规定,进行自选时,第一个开口说话的人将拥有说话权。这样,如果有几个人同时想说话,就会争着开口,出现重叠。他们的例子如下:

```
(5) Parky:    Oo what they call them dogs that pull the sleighs.
              (0.5)③
    Parky:    S-sledge dogs.
              (0.7)
```

---

① 这是一个重叠,其原因我们在下文解释。
② 萨克斯等人注出了例子的原始出处,有的用了代号,我们不知其含义,所以一律改注在文中的位置。为了跟本书的其他例证一致,我们在格式上稍有变动。有关特殊符号在章末有解释。
③ 这是一个"间隙",我们将在下文讨论这个问题。

```
            Old man:       Oh uh //:: uh
            Tourist:   →        Uh- Huskies. =
            Old man:       =//Huskies. Mm,
            Parky:     →   Huskies. Yeh Huskies.
                              (Sacks et al. 1998 [1974]: 201)
     (6) Lil:         Bertha's lost, on our scale, about fourteen
                      pounds.
         Damora:      Oh //:: no::.
         Jean:    →       Twelve pounds I think wasn't it. =
         Daisy:       =//Can you believe it?
         Lil:     →       Twelve pounds on the Weight Wathcer's
                      scale. (同上)
     (7) Mike:        I know who d' guy is. =
         Vic:         =//He's ba::d.
         James:   →       You know the gu:y? (同上)
```

上文讲到，下一个说话人永远不能肯定当前说话人的话语什么时候结束，他只能估计可能的结束处。如果估计与现实有差距，也会导致重叠。如，由于当前说话人把最后一个元音拖长了，它就会与下一个话轮的开始部分重叠。

```
     (8) B:           Well if you knew my argument why did you
                      bother to a://sk.
         A:       →              Because I'd like to defend my
                      argument.              (同上: 202)
     (9) A:           Sixty two feet is pretty good si://ze.
         B:       →                                Oh::boy.
                                                 (同上)
```

当前话轮中的某些临时增加的非必要成分，如，附加问句，称呼，是第三种导致当前话轮跟下一个话轮重叠的原因。[①]

```
     (11) A:          Uh you been down here before //havenche.
```

---

① 例(1)中的重叠就是这种情况。

```
           B:    →                              Yeh.
  (12) P:         Yeh alright //dear（同上）
           J:    →           Okay
  (13) A:         What's yer name again please //sir,
           B:    →                      F. T. Galloway.
                                                （同上）
```

这些规则同样也能解释为什么会出现间隙。假如当前说话人在转换相关位置打住,同时又没有别人接上话茬,这时就会出现冷场(silence)。但萨克斯等人(同上:209)认为,这种冷场不是间隙(gap),而是"间隔"(lapse),是因为没有实施上述规则中的任何一条而导致的。他们当时的例子是:

```
  (14) J:         Oh I could drive if you want me to.
       C:         Well no I'll drive (I don' m//in')
       J:                                  hhh
                  (1.0)
       J:         I meant to offah.
            →    (16.0)
       J:         Those shoes look nice when you keep on
                  putting stuff on 'em.
                  (...)①
       C:         Yehhh =
       J:         = (ok) (2.0) I haven't not done anything
                  the whole weekend.
       C:         (okay)
            →    (14.0)
       J:         Dass a rally nice swe∷der, 'at's my favorite
                  sweater on you, it's the only one that looks
                  right on you.
```

---

① 我们在此处省略了11个话轮。

C:　　　　　Mm huh.
   → 　　(90.0)　　　（同上：209-210）

大家会注意到,这段会话有 5 个一秒以上的冷场,但只有 3 个长度分别为 16 秒,14 秒,90 秒的冷场被标示为间隔。其他两个算什么呢？萨克斯他们在下一页说,如果当前说话人选择了下一个说话人,而该说话人没有立刻说话,这时候的冷场则既不是间隙,也不是间隔,而是"停顿"(pause)。他们在 240 页的注 26 中又说,话轮内的冷场(即,非转换相关位置的冷场)是"停顿",这时候别人不能接话；转换相关位置(即可能结束处)的冷场是"间隙",是应该被减少的；转换相关位置的冷场如果被延长,就可能成为"间隔"。但是,有些冷场是可以转变的。例如,在转换相关位置的冷场是一种潜在的间隙,这时候如果原说话人接下去说话,那么"间隙"就变成了"停顿",变成了话轮内冷场。这是减少间隙的一种方法,211 页注③中提到的例(5)的间隙可以归属这一类。这就是说,冷场(silence)可以根据位置和长度分成三类:停顿(pause)、间隙(gap)、间隔(lapse)。非转换相关位置的冷场是"停顿"；转换相关位置的冷场则以时间长短进一步区分:时间短的叫"间隙",时间长的叫"间隔"。如果间隙之后由原说话人继续,"间隙"就变成了"停顿"。①按照这种区分,例中 1 秒的冷场由间隙变成了停顿,2 秒的冷场则本来就是停顿。换言之,该例的冷场没有一处是真正的间隙。②

　　萨克斯他们解释说,由于这种话轮转换机制的存在,参与会话的

---

① 这种说法暗示:转换相关位置跟非转换相关位置没有绝对的区分。这跟"转换相关位置是可能的话轮结束处"的说法倒也吻合。

② 我们不知道,"既无间隙,也无重叠"中的间隙(gap)是为了跟重叠(overlap)押韵而选用的,还是这里窄义的间隙。如果是后者,似乎有搞文字游戏之嫌。莱文森(Levinson 1983:299)对"gap, lapse, silence, pause"的解释跟萨克斯等人的原义不太一样。他把"pause"用作总称,覆盖"silence, pause, gap"；"silence",也叫"significant/attributable silence",专指选中下一个说话人,即执行规则 1(a)以后的"pause"；"gap"是执行规则 1(b)和(c)以前的"pause"；"lapse"则是没有执行规则 1(a)、(b)、(c)时的"pause"。因此,他把例(14)中 1 秒的冷场叫做"gap",16 秒的冷场叫做"lapse"。不过,他关于"silence"是有意义的说法倒是正确的。我们在 8.2.1 小节将再次提及这一点。详细论证可参看拙作《语用学——理论及应用》(姜望琪 2000:257-9)。

人,除了出于兴趣和礼貌,还会有一种额外的注意听人说话的动力。那就是,要注意:当前说话人是否到了可能结束处?他们是不是被选为下一个说话人?或者是不是根本没有选中任何人,他们要自选?(同上:224)另一方面,这套规则虽然为话轮转换,说话人变化,提供了规律性基础,却没有把话轮转换变成一个在转换相关位置会被自动执行的过程。如果 1(a)和 1(b)没有被实施,1(c)就会得到实施。这就是说,这个位置将没有话轮转换,说话人不会变化,原说话人将会至少再继续一个话轮(同上:200)。规则 1(c)的存在同时也解释了出现多句子话轮的原因。那就是,到了话轮转换位置,没有别人自选说话,于是,原说话人继续。这样,一个可能的转换相关位置没有变成现实,一个可能的话轮间行为变成了话轮内行为(同上:206)。

8.1.2 相邻语对

萨克斯等人关于会话结构的第二个重要论点是:一次会话至少由两个话轮组成,会话是成双成对的。用萨克斯的话说,"问题后面常常跟着回答"(转引自 Coulthard 1985:69)。同样,A 君对 B 君的问候后面常常跟着 B 君对 A 君的问候,提议后面常常跟着采纳或拒绝,劝告后面常常跟着认可,抱怨后面常常跟着道歉或辩解。这种两两相对的语句被称为"相邻语对"(adjacency pair)。根据谢格洛夫和萨克斯(1973),它们具有下列特征:

相邻语对是由这样两段话语组成的序列:
(i) 相邻,
(ii) 分别由不同的人说出,
(iii) 按**第一部分、第二部分**的顺序排列,
(iv) 分门别类,不同的第一部分需要不同的第二部分(或第二部分系列),如,提议跟采纳或拒绝匹配,问候跟问候匹配,等。

(转引自 Levinson 1983:303-4)

谢格洛夫和萨克斯(1973)还提出了一条运用相邻语对的规则:

当前说话人说了某种语对的第一部分以后,必须停止说话,同时下一个说话人必须在此时说出同一语对的第二部分。

(同上:304)

在1974年的文章里,萨克斯、谢格洛夫、杰斐逊认为当前说话人选择下一个说话人的重要方法是使用相邻语对中的第一部分。例如,

(15) Ken: → Hey yuh took my chair by the way an' I don't think that was very nice.

    Al: I didn' take yer chair, it's *my* chair.

                  (Sacks et al. 1998 [1974]: 212)

(16) S: → Oscar did you work for somebody before you worked for Zappa?

    O: Yeh, many many. (同上: 213)

(17) Sara: → Ben you want some (...)?

    Ben: Well *all* right I'll have a,

        (.)

    Sara: → Bill you want some?

    Bill: No, (同上: 237)

有时候,第一部分可以不包括明显的称呼语,当前说话人可以通过眼神,甚至话语内容本身,让听话人知道谁被选中了。

(18) A: → It's not break time yet.

    B: I finished my box, so shut up. (同上: 212)

(19) Ben: They gotta-a gar*age* sale.

    Lori: → Where.

    Ben: On Third Avenue. (同上: 213)

但是,"相邻语对必须互相紧挨着"这个要求似乎有点过分。一个问题的回答不一定紧随其后,下例的第一个问题(Q1)跟其回答(A1)之间就隔了9个话轮。

(20) B: ...I ordered some paint from you uh a couple of weeks ago some vermilion

    A: Yuh

    B: And I wanted to order some more the name's Boyd

    A: Yes //how many tubes would you like sir ((Q1))

    B: An-

B: U:hm (.) what's the price now eh with V.A.T. do you know eh ((Q2))
A: Er I'll just work out for you =
B: = Thanks
(10.0)
A: Three pounds nineteen a tube sir ((A2))
B: Three nineteen is it = ((Q3))
A: = Yeah ((A3))
B: E::h (1.0) yes u:hm ((dental click)) ((in parenthetical tone)) e:h jus-justa think, that's what three nineteen. That's for the large tube isn't it ((Q4))
A: Well yeah it's the thirty seven c.c.s ((A4))
B: Er, hh I'll tell you what I'll just eh eh ring you back I have to work out how many I'll need. Sorry I didwasn't sure of the price you see ((A1))
A: Okay   (Levinson 1983: 305)

萨克斯对这种"不相邻"现象不以为然。他认为这不妨碍"会话是由相邻语对组成的"这个规律。会话中往往会缺少很多东西,而且人们不会注意;但是,一个相邻语对的第二部分要是缺少了,人们立刻就会注意到。人们常常抱怨"你还没回答我的问题呢","我跟她打招呼,她竟置之不理"(转引自 Coulthard 1985:70)。[①]

谢格洛夫(Schegloff 1972a [1968]:363)提出了"条件性相关"

[①] 萨克斯(Sacks 1972:341)下面这个例子可以作为一个佐证。一位母亲带着一个男孩、一个女孩去看朋友,女孩开始时不回答朋友的问候,母亲很生气。

Woman:	Hi.
Boy:	Hi.
Woman:	Hi, Annie.
Mother:	Annie, don't you hear someone says hello to you?
Woman:	Oh, that's okay, she smiled hello.
Mother:	You know you're supposed to greet someone, don't you?
Annie:	((hangs head)) Hello.

(conditional relevance)这个概念。①他当时在讨论"召唤"(summons)跟"应答"(answer)这个相邻语对。他说,条件性相关"简单地说,就是当发生召唤时,应答就是条件性相关的"(同上:364)。如果对方不应答,召唤人可以重复召唤。

谢格洛夫(1972b)在讲到问题跟回答这个相邻语对时,进一步指出,

> 问题话语使回答话语条件性地相关。提出问题这个行动(这里是"问路")使某些行动(这里是通过回答问题"指路")在顺序上相关。这就是说,提出问题以后,下一个说话人该采取的行动已被明确地选定,他可以通过立刻采取所选定的行动表示他注意到并理解了前一句话。如果他不这么做,这将是一个明显的缺损。(转引自 Coulthard 1985:73)

在他看来,例(20)中介乎 Q1 跟 A1 之间的话轮是"插入序列"(insertion sequences),把 Q1 跟 A1 这个相邻语对给分开了。在插入序列期间,A1 始终是条件性相关的。如果下一个说话人最终没有说出 A1,它同样是明显缺损的,跟中间没有插入序列时一样。换言之,相邻语对是正常结构,尽管有时候下一个说话人因为各种原因会使用插入序列。②

杰斐逊(1972)提出了一种不同的内嵌序列,她叫"旁白序列"(side sequence)。如,

(21) Steven: One, two, three, ((pause)) four, five, six, ((pause)) eleven, eight, nine, ten.
Susan: Eleven? - eight, nine, ten.
Steven: Eleven, eight, nine, ten.
Nancy: Eleven?
Steven: Seven, eight, nine, ten.
Susan: That's better.　　　(转引自 Coulthard 1985:75)

---

① 他在括号内注明这个概念的有些思想是萨克斯最初提出的。
② 根据库尔撒德(Coulthard 1985:73),谢格洛夫认为说话人可以因为(i)需要澄清某些情况,(ii)想了解更多的情况,或者(iii)纯粹是为了拖延时间,而使用插入序列。

杰斐逊认为旁白序列有三个组成部分:陈述(statement)、疑惑(misapprehension)、澄清(clarification)。其中的"疑惑、澄清"看起来很像一个语对。不过,有时候澄清后面还可以有一个"终结"(termination)。

(22) A: If Percy goes with - Nixon I'd sure like that. ((s[①]))
　　 B: Who? ((m))
　　 A: Percy. That young fella that uh - his daughter was murdered. ((c))
　　 (1.0)
　　 B: Oh yea:h. Yeah. ((t))　　　　　　　　　　(同上:76)
(23) A: And a goodlooking girl comes to you and *asks* you, y'know, ((s))
　　 B: Gi hh rl asks you to —... ((m))
　　 C: Wella its happened a lotta times. ((c))
　　 B: Okay okay go ahead. ((t))　　　　　　　　(同上)

实际上,例(21)中的"That's better"也是"终结"。这就是说,旁白序列跟插入序列从本质上讲是一样的。它们都是某种原因导致的附加部分,而且它们本身也成双成对。

但是,英国语言学家辛克莱等人(J. M. Sinclair, I. J. Forsyth, R. M. Coulthard and M. C. Ashby 1972)的发现似乎对相邻语对概念构成威胁。他们提出,课堂里老师跟学生的对话常常由三部分组成:引导(elicit)、回答(reply)、反馈(feedback)。

(24) T: What does the food give you? ((e))
　　 P: Strength. ((r))
　　 T: Not only strength we have another word for it. ((f))
　　 P: Energy. ((r))
　　 T: Good girl, energy, yes. ((f))
　　　　　　　　　　　　　(转引自 Coulthard 1985:125)

[①] "s"表示"statement",下文的"m,c,t"分别表示"misapprehension, clarification, termination"。例(24)、(25)中的"e,r,f"分别表示"elicit, reply, feedback"。

(25) T: Can you think why I changed "mat" to "rug"? ((e))
　　 P: Mat's got two vowels in it. ((r))
　　 T: Which are they? What are they? ((e))
　　 P: "a" and "t". ((r))
　　 T: Is "t" a vowel? ((e))
　　 P: No. ((r))
　　 T: No. ((f))　　　　　　　　　　　　　　　　(同上)

　　然而,如果我们仔细分析一下这些对话,就会发现所谓"引导、回答、反馈"的三步结构好像有点问题。(24)中的第二个回合缺少"引导",(25)中的第一个、第二个回合缺少"反馈"。库尔撒德(同上)曾就(25)的缺少反馈说过这样的话:"这种三步结构是如此严密,如果没有第三步(用萨克斯的话是'明显缺损'),那么,它常常被看作暗中提示——回答是错误的"。①我们觉得这种解释不够完整。

　　莱文森(Levinson 1983:311)提出,一个话轮可以同时体现几种不同功能。他把电话会话最初几个话轮的功能分别概括如下:

Caller:　　((rings))　　((SUMMONS))
Receiver:　Hello　　　((ANSWER)) + ((DISPLAY FOR RECO-
　　　　　　　　　　　　GNITION))
Caller:　　Hi　　　　　((GREETINS 1ST PART))
　　　　　　　　　　　((CLAIM THAT C HAS RECOGNIZED R))
　　　　　　　　　　　((CLAIM THAT R CAN RECOGNIZE C))
Receiver:　Oh hi::　　((GREETINS 2ND PART))
　　　　　　　　　　　((CLIAM THAT R HAS RECOGNIZEC C))
　　　　　　　　　　　　　　　　　　　　　　　(同上:312)

　　我们认为他的思路是正确的。按照这种思路,(24)第一个回合的"反馈"同时也是第二个回合的"引导";(25)第二个回合的"引导"同时也是第一个回合的"反馈",第三个回合的"引导"同时也是第二个回合的"反馈"。这就是说,辛克莱等人发现的"三步结构"是成立

---

① 他在书里用到这个例子时,为"反馈"留出了位置,虽然其内容是空白。

的。尽管如此,我们觉得,它不构成"相邻语对"的反例。正如库尔撒德(Coulthard 1985:125)所说,课堂会话之所以呈现三步结构,有其特殊的原因。

第一,其他同学很难听清[一个同学]对老师问题的回答,当老师重复答案时,它可能是某些同学第一次听到该同学的回答;第二,更重要的是,课堂会话的一个突出特征是,老师作为提问人,他早已知道很多问题的答案,提问的目的是检查学生是不是也知道答案。很多时候,就问题本身而言是正确的答案,却不是老师所要求的答案。因此,老师必须提供反馈,以表明该答案是不是他要求的。

换言之,课堂的"三步结构"是特例,不能否定普通会话的"相邻语对"。其实,从功能角度看,"三步结构"的"回答"具有两种功能:它作为对老师问题的回答是上一个语对的第二部分;作为尝试性的回答,作为答话人也不知道是否正确的回答,它又是下一个语对的第一部分,需要老师做出肯定或否定的反馈。在这个意义上,这种"三步结构"可以说是由两个相邻语对组成的。

同样,如果我们采用功能观点,插入序列(或旁白序列)的第一部分也可以看成原相邻语对的第二部分。如,例(20)的 Q2 虽然不是对 Q1 的直接回答,它也是 Q1 引起的反应,是一种间接回答。正是在这个意义上,第六章讲到"Where are the snows of yesteryear?"可以看成是对"Where's my box of chocolates?"的回答。在意会的层次上,第四章的"The weather has been quite delightful this summer, hasn't it?"也可以说是对"Mrs. X is an old bag"的回答。

这就是说,"相邻语对"是对会话的一种普遍现象的概括——会话是说话人和听话人之间的互动行为;"有问有答","你有来言,我有去语"是一条普遍规律。我们在最后一节将再次强调这一点。

8.1.3 纠偏机制

关于纠偏(repair)的机制是萨克斯他们讨论的第三个重要问题。在 1974 年的文章中,萨克斯等人(Sacks, Schegloff and Jefferson 1998 [1974]:220-1)说,话轮转换体系跟纠偏机制是互相协调的。例如,当话论转换体系出现问题,多于一个人同时说话时,就需要纠偏,有的人就要在到达自己的可能结束处以前停止说话。说话人自己能在话轮的中间实施纠偏,而由他人实施的纠偏要到一个话轮结束后才能启动。

1977年,谢格洛夫、杰斐逊、萨克斯在"会话纠偏组织机制中的自我更正偏好"中全面阐述了他们的观点。他们在论文中首先建议用"纠偏"代替"更正"(correction)①。纠偏的含义比较宽泛,除了真正的更正错误以外,还包括消除误解、澄清误听、搜索词语、自我编辑等。几乎任何需要再说一遍,再处理一下的问题都可以算做"偏差"(repairable)。

同时,他们还区分纠偏过程中的两个阶段:启动(initiation)和结局(outcome)②。有些纠偏是一次完成的,不能分成两个阶段。有些却明显存在启动阶段,先表明有问题需要处理,然后才出现完成纠偏的动作。因此,他们有"自启纠偏"(self-initiated repair),"他启纠偏"(other-initiated repair)等区别。

谢格洛夫等人发现自启纠偏和他启纠偏在发生位置上有明显的差别。自启纠偏主要见于三个位置。第一个位置是问题发生的当时,即话轮中间,说话人不用等到话轮结束就可以纠偏,如例(26)。第二个位置是从一个话轮转入另一个话轮时,即"转换相关位置",如(27)。第三个位置是从问题话轮(trouble-source turn)算起的第三个话轮,如(28)。这些偏差都是由说话人自己发现,自己纠正的。而他启纠偏则主要出现在问题话轮后的那个话轮,如例(29)。

```
(26) Deb:      Kin you wait til we get home? We'll be home
               in five minutes.
     Anne:     Ev//en less th'n that.
     Naomi: →  But c'd we- c'd I stay u:p?
               (0.2)
```

---

① 但他们在文中仍然使用"correction"这个词,特别是"other-correction"。它有两个含义,我们在下文将陆续提及。

② 后来,他们又把这第二阶段叫做"correction"。这是"correction"的第一个含义。

```
         Naomi:      Once we get // ho:me,
         Marty:                    For a few minutes,
         Deb:        Once you get yer nightgown o:n,
                       (Schegloff,Jefferson and Sacks 1977:366)
(27) J:              He's stage manager.
                       (2.0)
     J:       →     He's actually first assistant but- he's calling
                    the show.
     J:       →     They take turns=
     J:       →      = he and the production manager take turns
                    calling the show                    （同上）
(28) Hannah:         And he's going to make his own paintings.
     Bea:            Mm hm,
     Hannah: →      And- or I mean his own frames.
     Bea:            Yeah,                              （同上）
(29) Ken:            Is Al here today?
     Dan:            Yeah.
                       (2.0)
     Roger:   →      He *is*? hh eh heh
     Dan:     →      Well he was. （同上:364）
```

例(28)、(29)还表明,当说话人出现偏差时,其他人即使在说话人的话轮结束时都不会立刻纠偏,而是等待说话人自己纠偏。在例(28)中,原听话人 Bea 有一个说话机会,但他没有启动纠偏。[①]在(29)中,Roger 等了两秒钟,他想给说话人一个"额外"的自纠机会。然后他还不直接纠偏,而只是用问句提醒说话人,也就是谢格洛夫等人说的"启动"。最后,Dan 自己纠正了其中的偏差,把"is"改成了"was"。

谢格洛夫等人认为,这种发生位置的差别充分说明纠偏行为是

---

① 我们下文要讲到,一个可能的原因是,他不知道原说话人的话有错,他没有能力更正。

偏好自我的:偏好自我启动,偏好自我纠正。特别是其他人会有意给说话人提供自纠机会,在说话人自己没有觉察到问题时,他们一般只实施启动,不直接纠偏。如上文提到,这跟他们1974年讨论过的话轮转换规则是有关系的。

在接近末尾的第六小节,谢格洛夫等人讨论了他人更正的一些特点。这是他们使用"correction"这个词最多的场合。[①]他们指出,当他人更正真的发生时,它的形式往往是经过调整的(modulated)。它会伴有不肯定标志(uncertainty marker),如例(30)的"I think",或者用问句形式,如例(31)的"Y'mean...?"等。

(30) Ben:　　　Lissena *pi*geons.

　　　　　　　(0.7)

　　Ellen:　　　//Coo-coo:::coo:::

　　Bill: →　　Quail, I think.

　　Ben:　　　Oh yeh?

　　　　　　　(1.5)

　　　　　　　No that's not quail, that's a pigeon,

(同上:378)

(31) Lori:　　　But y'know *si*ngle beds'r *aw*fully *thin* tuh *sleep* on.

　　Sam:　　　What?

　　Lori:　　　Single beds. //They're-

　　Ellen: →　　　　　　　Y'mean narrow?

　　Lori:　　　They're awfully *na*rrow yeah.（同上）

例(30)另外还有一点值得注意。那就是,Bill的他人更正没有被Ben接受,Ben在提出疑问,并等了1.5秒后,又更正了Bill的更正。而这次的他人更正却没有不肯定标志等调整信号。谢格洛夫等

[①] 这个用法可能有两个原因。第一个原因是,他们在这里讨论的是纠偏的第二个阶段,即前文所谓的"结局",以区别于"启动"。第二个原因是,这里讨论的大多数是真正的错误,所以用"更正"更合适。这两个含义是不一样的,这一点我们在讨论"自纠偏好的根源"时再展开。

人(同上:379)的解释是,因为它发生在调整过的他人更正之后。他们认为"大多数实际发生的他人更正,不是有特殊标志,就是处于特殊位置;这两者都说明他人更正具有不被人偏好的倾向"。

但是,他们提到有一类他人更正是例外,它不受严格的限制。这主要见于能力不一致的会话人之间,特别是成人与孩子之间。"这种他人更正似乎不是那么不经常,倒像是实现社会化的一种途径。如果确实如此,那么这种他人更正就很难说是一般会话中的自我更正的替代,而是应付那些还在学习,或正接受指导,以便掌握纠偏系统的人的一种办法。要运行这种系统,他们就要满足能力条件:成为合格的自我调节者,自我更正者。在这个意义上,这种他人更正只是一个过渡阶段,它迟早会被自我更正所取代"(同上:381)。

谢格洛夫等人的文章发表后,很多人,特别是其他语种的语言学家,也开始研究纠偏问题,探讨自纠偏好的普遍性。如,莫门(Michael Moerman 1977)讨论了泰语会话中的自我更正偏好问题。欧本(Samuel Gyasi Obeng 1992)考察了加纳阿肯语(克瓦语的一个分支)纠偏时的语音特征。拉禄和特罗格诺(Janine Larrue and Alain Trognon 1993)研究了有人主持的讨论会中的话轮转换和纠偏。李悦娥(1996)探讨了不同会话种类的不同纠偏结构。埃格伯特(Maria Egbert 1997)以德语素材为基础讨论了多人会话中由他人启动的纠偏。在这里,我们想特别提一下诺里克(Neal Norrick 1991)、赵晓泉(1996)、李梅(2001)的研究。

诺里克说他不想否认谢格洛夫等人提出的基本纠偏规律,但是他认为他们所说的自我更正偏好不够全面,只适用于英美社会成年本族人之间的谈话。比较全面的说法是,错误由谁更正取决于这个人的能力。在成年人跟孩子、老师跟学生、本族人跟非本族人之间的谈话中,后者的错误往往是由他人直接更正的,这不会损害另一方的面子。在成年本族人之间,知识水平是惟一的决定因素。而说话人一般对自己的话题比听话人了解,因此才出现自我更正占大多数的情况。他用到的例子中有一些如下:

(32) Coco: Make these flowers here-in.
     Father: → *Put*'em in here.

  Coco: Yeah. (Norrick 1991:70)
(33) Teacher: What do they *wear* when they go to school.
        Katrin.
  Katrin: They are=
  Teacher: → =they wear?①
  Katrin: → They wear school uniforms. （同上:74）
(34) nonnative speaker: ... then you say what number is it=
  native speaker: → =what letter
  nonnative speaker: Wh-what letter, yeah what letter it is
                   （同上:64）

  诺里克注意到成年同族人之间也会有直接、公开的他人更正，如例(35)；有时，孩子也可以更正成年人的错误，如例(36)。他甚至收集到了尼克松当总统时被他下属纠错的一个例子，即(37)。这些例子说明，到底由谁更正错误是根据特定语境中各人的纠错能力决定的，不是谢格洛夫等人所谓的"自我更正偏好"（同上:59）。

(35) John: Hey Frank. How far is Reading ((ridɪŋ))
       from London?
  Frank: → Reading ((rɛdɪŋ)). Oh: not that far really.
  John: Well: I was just looking at this ma:p.
                   （同上:62）
(36) Father: Moths usually have hairy bodies. But butter-
       flies' bodies are uh: glatt②.
  Nick: → Smooth.
  Father: Yeah smooth.   （同上:71）
(37) Nixon: The White House has conducted an investi-
       gation and has turned it over to the Grand
       Jury.

---

  ① 这位老师的纠偏不仅没有经过启动，而且打断了学生的话轮，没有等到转换相关位置。下文我们将讲到更多这样的例子。
  ② 这是德语词。这位父亲一时忘了这个意思英语应该怎么说。

Ehrlichman：	→ Turned it over to the Justice Department.	
Nixon：	Before the indictmnets.	
Ehrlichman：	Right.	（同上：79）

1996年，北京大学的硕士生赵晓泉研究了中国人会话中的纠偏问题。他录制了10个小时的英语系语言学沙龙的讨论。根据他的资料，总的来说，自纠确实占大多数（66％），但他纠也占三分之一强（34％），不是一个可以忽略的少数。①

他特别注意到，他纠不仅数量不少，而且不像谢格洛夫等人说的那样，会经过调整，有不肯定标志。如(38)、(39)、(40)都是直截了当的他纠，没有任何形式的调整。而(41)的他纠，更惹人注意。它发生在说话人的话轮中间，这是谢格洛夫等人认为只有自纠才会发生的位置。为什么 A 可以打断说话人 H，进行纠偏呢？赵晓泉的解释是，A 跟 H 的社会地位不一样。前者是主题发言人，后者是普通听众，是在回忆前者刚才讲到的一个论点。而且，前者是资深教授，曾是后者的导师。

(38) B： 那就XXX那第一个那个(0.5)第一个
　　　E、F等： 嗯::
　　　B： 第一点(0.9)也就是 sh (.) Chinese English 吧
　　　E： → China //English
　　　F： 　　　China English　　（赵晓泉 1996:26）
(39) A： (...)这 master 是不是让人想到什么
　　　 (1.0)
　　　B： Handsome
　　　A： → 不是:(.)主仆关系(...)　　　　（同上:27）
(40) B： 我听XXX在西语系给研究生上这个课
　　　 (1.6)

---

① 谢格洛夫等人没有统计过自纠、他纠的数量或比例。他们只是笼统地说，存在一种"自纠占压倒多数的、强烈的、经验证实的偏斜"（Scheglof, Jefferson and Sacks 1977：361），"自我更正远比他人更正要常见得多"（同上：362），或者"数量很少的他人更正"（同上：378）等。莫门（Moerman 1977：875-6）和莱文森（Levinson 1983：431-2）则把他纠说成是非常"罕见的"。

```
        D:    →      在那边给我们上              (同上:27-8)
  (41) H:           啊(.)比方第一点很清楚的啊(.)好像不是说
                    (.)文体学强调您就是
                    说(.)那个好像比较 //(...)结构
        A:    →                              (...)
                    唉不是不是(.)强调文体 *特征*     (同上:28)
```

为什么他的材料中他纠数量不少,而且很多是没有经过调整的? 赵晓泉认为,这可能是因为他录制的是学术讨论,对准确性要求比较高(同上:34)。因此,他的结论是,到底由谁纠偏,要考虑语境因素。这语境包括说话人、听话人、谈话内容等等。在这个意义上,他的看法跟诺里克很接近。

为了验证谢格洛夫等人的发现是否适用中国人的日常会话,李梅(2001)录制了这方面的材料。有宿舍同学之间、家庭成员之间、朋友之间的谈话等,共14个小时。经过整理,有10个半小时的材料能用。在这中间,她找到了508个纠偏案例。按照谢格洛夫等人的分类,这些纠偏案例中属于自纠的有395个,占77.76%;属于他纠的113个,占22.24%。这说明中国人的会话中也有同样的自纠偏好。但其中自启只有246例,不足半数,只占47.83%;他启倒有265例,占52.17%。这说明自启并不占多数,更谈不上压倒多数。换句话说,他们的偏好自纠、偏好自启的公式,单从数量上看,没有得到完全证实。

谢格洛夫等人的偏好自启/自纠公式,为什么没有被李梅的材料完全证实?是不是数量不重要?重要的是他启/他纠与自启/自纠两者在发生位置上的差别?

谢格洛夫等人认为他人启动位于自我启动之后(Schegloff, Jefferson and Sacks 1977:372)。"差不多所有的他人启动都只发生在一个位置,即第二个话轮,……**不会发生在这之前**。虽然为了启动纠偏,问题话轮常常被打断;但这种打断绝大多数是问题话轮说话人的自我打断,以便自我启动纠偏,他人启动造成的打断是罕见的"(同上:373)。"**绝大多数他人启动导致自我更正**"(同上:376)。"他人更正受到严格的限制"(同上:380)。

在李梅的材料中,虽然有许多他启/他纠发生在谢格洛夫等人指出的位置,但是,发生在问题话轮中间,在问题刚出现的时候的他启,甚至他纠,打断问题话轮的他启/他纠,却也不罕见。例如:

(42) 孙: 　　　　宁波这个省在国内
　　　李: → 　是市。
　　　孙: 　　　　(.)噢对,浙江是省,嘿嘿。　　　(T6:56)①
(43) 顾: 　　　　还有一个大学生。嗯,长得很漂亮,中央,中央
　　　　　　　　美术学院的=
　　　李: → 　=音,音乐学院的。　　　　　　　　　(T9:50)

在例(42)中,孙的话轮显然没有结束,但是李为了纠正其中的错误,打断了孙的话轮。(我们在 226 页注(1)中提到的例(33)也属于这种情况。)例(43)摘自关于 2001 年春节期间法轮功痴迷者自焚事件的谈话,顾的话轮可能结束了,也可能没结束。值得我们注意的是,李的更正是紧接顾的话轮的,中间没有任何停顿。

(44) 李: 　　　　我到你们,到你们公司去行,//我
　　　孙: 　　　　　　　　　　　　　　　　　不过话说回来,
　　　　　　　　就是说(.)你要工作了以后感受要更深点,就
　　　　　　　　是说不一定就是说你自己的损失啊就是说
　　　　　　　　(.)//你
　　　李: → 　　　学得好不一定等于干得好=
　　　孙: 　　　　=对对。(T6:50)
(45) 李: 　　　　我现在记不清你们家多少号//楼了。
　　　齐: → 　　　　　　　　　　　　　　　　最差劲了,连我
　　　　　　　　们家=
　　　李: → 　=没有,你从来都没告诉过我//你知道吗?
　　　齐: → 　　　　　　　　　　　　　　你信不信,我
　　　　　　　　去你们家,我闭着眼睛都能找着。　(T12:57)

这两个例子更清楚地说明:他纠可以发生在问题话轮的中间,两

---

① "T6:56"表示该例来自李梅所录制的第 6 盘带子,在有关文字稿的第 56 页,下同。

个人的话语可以重叠。在(44)中,孙在自我编辑,企图找到一个更合适的表达方式。当她说了第四个"就是说"以后,李插进来进行他人纠偏。虽然孙原本无意放弃该话轮,但是从孙紧接着的"对对"来看,她对李的打断没有任何反感,她欢迎这种打断,李帮助她说出了想说的话。这是一个自启导致他纠的例子。在例(45)中,两个人的说话不是重叠,就是紧接的。这可能是因为两人都急于表白自己,指责对方。这种由意见不同引起的争论,往往导致问题话轮中间的纠偏,下面的例子也属于这一类。①

(46) 丁: 跟我们北京这个位置差不多。
李: 不不不,比北京要靠,靠赤道近些(.)你看,它是从这儿到北回归线,你看(.)到南回归线,然后这边北京(.)
李: //北京离南回归线多远啊,//差不多一个,
丁: → 　　40度嘛。　　　　　　咦?
李: 一个=
丁: → =不,它这儿还有一段距离,这不是嘛,这儿是40度,40度对40度。
李: 对啊,还差,差这么多=
丁: → =到这儿?
李: 嗯,北京就就正好在40度什么嘛。
丁: 就差一点。
李: 差一点,人家=
丁: → =山东,和,和山东气候差不多。　(T8:40)

谢格洛夫等人声称"虽然有自我更正和他人更正的区分,**自我更正和他人更正却不可互换**。实际上,会话纠偏的组织机制主要是保障自我更正的。虽然它可以通过自我启动、他人启动两种途径实现,这两种途径本身的组织机制却使之偏好自我启动的自我纠正"(Schegloff, Jefferson and Sacks 1977:377)。因此,他们说自纠偏好是

---

① 谢格洛夫等人曾提到,在经过调整的纠偏之后可以有不经过调整的纠偏,如例(30)。它实际上是对前一个纠偏的反驳,有点类似我们这里谈到的争论性纠偏。

"组织机制决定的",是"通过组织机制实现的"(同上:373)。我们感觉事实可能不是这样。

前文提到,在谢格洛夫等人的理论里,"纠偏"包括的内容很广,不光有真正的更正错误,而且包括消除误解、澄清误听、搜索词语、自我编辑等。如果我们把纠偏案例,按内容分为上述五类①,我们发现一个惊人的现象:真正的错误大多数是由他人更正的,只有后四类的问题才大部分是自我纠正的。在李梅的材料中,真正的错误有 141 例,其中自纠 57 例,占 40%;他纠 84 例,占 60%。后四类有 367 例,其中自纠 338 例,占 85.57%;他纠 29 例,占 14.43%。这说明,谢格洛夫等人所谓的自纠偏好是由于"纠偏"定义太广造成的。如果只局限于真正的更正错误,我们看到的就不是"自纠偏好",而是"他纠偏好"。

为什么真正的错误跟其他几类偏差在纠正方式上会有这样大的差别? 其原因是不难发现的。除了口误,大多数真正的错误是说话人自己不觉察的,否则,他就不会说出来。在前面的例子里,(42)可以算口误,(43)却很可能是说话人的认知问题。他没意识到他所谈论的人是音乐学院的,不是美术学院的。在涉及意见分歧时,更是这样。这是为什么在(46)中,不同的说话人反复互相他纠的原因。

在其他四类中,情况恰恰相反。当听话人误解、误听(包括无听)时,只有说话人才有能力判断错在何处,才有能力加以纠正。说话人搜索词语和自我编辑时,一般也只有说话人自己才知道他到底想要说什么,怎么说。我们在前文提到,在例(28)中,Hannah 的第一句话有一个错,但 Bea 可能不知道。因此,尽管从理论上讲 Bea 可以在 Hannah 的话轮结束后纠偏,他却因为没有能力判断而没有纠。除非像例(44),说话人已反复纠正自己几次,听话人已猜得出她的意思。实际上,"自我编辑"这个词就说明这基本上是一种说话人自己的行为,旁人很难参与。

---

① 这五类不是明确可分的,而且没有人正式定义过。我们是根据谢格洛夫、莱文森等人的讨论总结出来的。我们设想,"错误"主要是指明显的事实性问题,"误解"主要是指对话语意义的理解问题,"误听"(包括没有听见,可称为"无听")则涉及话语的形式,"搜词"是对个别词语的搜索,"自编"是对较长话语的斟酌。

我们猜想谢格洛夫等人自己也感到了真正的更正错误跟其他几类纠偏的差别,所以他们在提议用"纠偏"代替、涵盖"更正"后仍继续使用该词,特别是在第六小节用的"他人更正"。这个提法给人的印象是:这里纠正的是真正的错误,而且一般是由他人纠正的。换句话说,在这种情况下,"他人更正"是常态。他们讲到的成人与孩子的会话,可以说是一个典型的例证。

8.2 新格赖斯解释

所谓"新格赖斯解释",是指莱文森从新格赖斯原则角度对会话结构作出的解释。莱文森最早从这个角度分析会话结构是在1983年。他在当年出版的《语用学》中用一章的篇幅介绍了萨克斯等人的理论,提出了自己用新格赖斯原则解释会话结构的初步设想。1987年他又发表了"最小化原则与会话推理",专门结合会话分析阐述了新格赖斯原则。他说格赖斯理论和萨克斯等人的理论都是关于会话的本质的,但是,以前却很少有过沟通(Levinson 1998 [1987a]:545)。他主张"会话原则应该在会话中得到体现"(同上:562),并仔细研究了萨克斯等人的论著,找出了他们理论中跟他的三原则(特别是信息量原则)的共同之处。8.2.1小节我们先探讨莱文森1983年的尝试,然后在8.2.2小节中重点介绍他1987年的论点。

8.2.1 会话中的偏好组织

莱文森1983年讨论的一个重要内容是会话中的"偏好组织"(preference organization)。他把谢格洛夫等人(1977)关于会话存在自纠偏好的观点引申到相邻语对,认为一个相邻语对的第一部分会有偏好程度不一的第二部分与之匹配。例如,

(47) A: Why don't you come up and see *me* some
　　　　//times
　　B:　I would like to　　　(Levinson 1983:333)
(48) A: Uh if you'd care to come and visit a little while this
　　　　morning I'll give you a cup of *co*ffee
　　B: hehh Well that's awfully sweet of you, I don't think I
　　　　can make it this morning. . hh uhm I'm running an ad

in the paper and-and uh I have to stay near the phone.
(同上:333-4)

例(47)中B君这样的第二部分被叫做"偏好的第二部分"(preferred second part),(48)中的第二部分叫做"非偏好的第二部分"(dispreferred second part)。莱文森(同上:307)强调这里的"偏好"不是心理学概念,跟说话人、听话人的个人偏好没有关系。相反,它是个结构概念,跟"标记性"(markedness)概念有密切的联系。"偏好的第二部分"是无标记的,"非偏好的第二部分"是有标记的。这两种第二部分的结构差别很大。"偏好的第二部分"的结构很简单,有时只要单独一个"yes"就可以。而且,它跟第一部分的联系很紧密,不会有什么间隙。在例(47)中,A君的话还没有全部说完,B君就接上了,因此,出现了重叠。"非偏好的第二部分"则很复杂,它有"hehh"这样的故意拖延,"well"这样的"非偏好标志词"(dispreferred marker)和"that's awfully sweet of you"这样的致谢,然后才出现"I don't think I can make it this morning"这样的婉辞,最后还有"I'm running an ad in the paper and-and uh I have to stay near the phone"这样的解释。

在参考他人研究的基础上,莱文森(同上:334-5)提出"非偏好的第二部分"至少有下面这样一些组成成分:

(a) 拖延:通过(i)说话前的停顿,(ii)使用开场白(参见(b)),(iii)使用纠偏启动语或插入序列把应对后挪;
(b) 开场白:(i)使用"Uh、Well"这样的非偏好标志词,(ii)不同意之前的象征性同意,(iii)如有必要(对提议、邀请、建议、劝告)表示谢意,(iv)如有必要(对请求、邀请等)表示道歉,(v)使用限制语(如,"I don't know for sure, but..."),(vi)各种形式的犹豫,包括自我编辑;
(c) 解释:经过仔细斟酌的关于为什么要采取非偏好行为的说明;
(d) 婉拒部分:以适合该语对第一部分的形式表达,常常是间接的、和缓的。

莱文森(同上:336)还把某些相邻语对的偏好、非偏好第二部分

233

的形式跟内容之间的对应关系列表如下：

第一部分：	要求	提议/邀请	评估	提问	指责
第二部分：					
偏好的	接受	接受	同意	预期的回答	否认
非偏好的	拒绝	拒绝	不同意	非预期的回答或非回答	承认

不过，莱文森注意到普通评估后面的沉默跟自我贬低性评估后面的沉默的意义是不一样的。在例(49)中，沉默表示不同意，在(50)中沉默表示同意。①

(49) A: God isn't it dreary!

　　　B: ((SILENCE = DISAGREEMENT))

(50) A: I'm gettin fat hh

　　　B: ((SILENCE = AGREEMENT))　　　　　　（同上：339）

这说明形式跟内容之间的对应关系可能不是那么工整的。但当我们仔细检查"提问"的两种第二部分时，我们发现问题可能不是一个单纯的不工整。首先，这两种第二部分分别被叫做"预期的回答"和"非预期的回答或非回答"，而莱文森并没有说明什么是"预期的"，什么是"非预期的"。就特殊问句而言，这似乎不太要紧。我们可以凭直觉把直接提供所需信息的回答看成是预期的，否则就是非预期的。如，对上文提到过的例(20)"How many tubes would you like?"这样的问句，"Three"可以是预期的，被标作 Q2 的"What's the price now?"是非预期的。②而标作 A1 的"Er, hh I'll tell you what I'll just

---

① 我们在上文曾提到莱文森认为"silence"是有意义的，(49)、(50)可以算做例证。他指出话轮转换规则把不同位置的"silence"指派给不同的参与者，使其具有不同的意义，实实在在地把"无"变成了"有"(literally make something out of nothing)(Levinson 1983：321)。实际上，这种现象早就被作家，特别是剧作家，注意到，并广泛地加以利用了。它就是所谓的"pregnant silence"。

② 联系前面几章的讨论，我们可以说"Where are the snows of yesteryear?"这样的回答是"Where's my box of chocolates?"的非预期的回答，甚至"Oh quite well, I think; he likes his colleagues, and he hasn't been to prison yet"是"How is C getting on in his job?"的非预期的回答。

eh eh ring you back I have to work out how many I'll need. Sorry I did- wasn't sure of the price you see"结构很复杂,属有标记形式。在这个意义上,它就更是非预期的、非偏好的了,尽管在某种意义上它跟 Q1 的关系比 Q2 跟 Q1 的关系还要更直接一些。这是否跟 A1 从内容上讲是否定的有关呢?

　　这自然而然地把我们的讨论引向第二个问题:回答内容的肯定、否定问题。就是否问句而言,这一点具有更大的重要性。因为,一般情况下,对是否问句的肯定、否定的回答应该都是"预期的";除非是法庭询问,或有修辞作用的问句。如果这确实是莱文森的本意,那么有些被他标作"非偏好的"回答就是值得商榷的了。例如,莱文森(同上:335-6)列出的一些非偏好的第二部分中有这样的例子:

(51) A: 　　((to operator)) Could I have Andrew Roper's extension please?
　　　　　　(9.0)
　　 B: 　　Robin Hardwick's telephone (1.) hello
　　 A: 　　Andrew?
　　 B: → No I'm awfully sorry Andrew's away all week
(52) R: 　　What about coming here on the way (.) or doesn't that give you enough time?
　　 C: → Well no I'm supervising here

　　例(51)被莱文森算作我们在 233 页所引的有道歉成分((b)(iv))的例子。其中的"Andrew?"应该是"Is that Andrew?"或"Is Andrew there?"的省略,所以是一个是否问句。它的第二部分"No I'm awfully sorry Andrew's away all week"被算做"非偏好的",也就是"非预期的"。这是为什么呢? 是仅仅因为有道歉成分吗? 可是,这句话中的"sorry"其实不是道歉,而是解释;Andrew 不在家,并不是说话人的责任,他没有必要道歉。这只是一种客气说法而已。如果这种解释的话也被算作复杂形式的话,那么有些被算作"偏好的第二部分"的例子也要被算做"非偏好的"了,如上文的(47)也有"I would like to",它比单独的"yes"要复杂。① 可是莱文森把它算做"偏好"的典型,这是否暗示:一种回答的内容是肯定,还是否定,对是否被算做"偏好"、"非偏好"是有关系的?

例(52)的回答也是如此,惟一的不同是前面多了个"Well"。不过,这一例的第一部分从形式上看是特殊问句加是否问句,从内容上看却是提议或邀请。如果算做提议或邀请,那么其第二部分是绝对"非偏好的",因为这是"拒绝"。如果算做提问,是不是因为它是"否定"而被认为是"非偏好的"呢? 我们猜测这很可能是莱文森实际上考虑的因素。上文已指出,如果仅仅从"预期"、"非预期"的角度看,对是否问题的"肯定"和"否定"的回答应该都是"预期的",都是有可能的回答,否则就不用提问了。例(52)是这样,例(51)更是这样。当你打电话找人时,你会想到对方有可能在,有可能不在。尽管你希望对方"在",但是,你不会把对方"不在"当成完全出乎预料的事。

这些例子说明,莱文森的"预期"、"非预期"不是一对很合适的概念。更好的区分似乎应该是"肯定"、"否定",特别是就是否问句而言。这跟其他的区分——接受、拒绝,同意、不同意,否认、承认——也更一致,它们都涉及回应内容的正反两方面。

但是,这种内容上的肯定、否定区分却不一定跟形式上的简单、复杂区分,或者无标记、有标记区分对应。换言之,内容上肯定的回答不一定是形式上"简单的"、"无标记的",或者说"偏好的";内容上否定的回答不一定是形式上"复杂的"、"有标记的",或者说"非偏好的"。李月菊(1994)收集了一些人才交流会上的对话,其中有些是下面这样的。

(53) A:需要经济法的吗?
　　　B:经济法的不要。
(54) A:学俄语的要吧?
　　　B:俄语的不要。
(55) A:你们这儿缺外语方面的人吗? ((Q1))
　　　B:你是::((Q2))

---

① 实际上这也是一种客气的说法,单独一个"yes"会被人觉得"不礼貌"。

A：学英语的。((A2))
　　　B：英语(.),哪届毕业生? ((Q3))
　　　A：明年。((A3))
　　　B：明年(.)硕士((Q4))
　　　A：唉,((A4))
　　　B：硕士生,需要((A1))
(56) A：你这儿还需要自动化的吗? ((Q1))
　　　B：你指的是::,应届? ((Q2))
　　　A：应届的。((A2))
　　　B：可以啊。((A1))
(57) A：那个烟台外语需要什么专业? ((Q1))
　　　B：那::个::,你学的什么语种? ((Q2))
　　　A：英语,英文的 = ((A2))
　　　B：= 英文的(.),哪儿毕业的? ((Q3))
　　　A：北大的。((A3))
　　　B：啊,填个表,填个表((P4①))

例(53)、(54)都是否定的回答,但它们的形式都很简单,直截了当,没有任何拖延,没有多余的成分。例(55)、(56)、(57)形式都比较复杂,都使用了插入序列,可是结果倒都是肯定的。这也说明,插入序列跟否定回答没有必然的联系。我们在218页注②中提到,谢格洛夫认为使用插入序列有三个原因:(i)需要澄清某些情况,(ii)想了解更多的情况,或者(iii)纯粹是为了拖延时间。只有第三种情况才会导致"否定",前面两种都不一定。这是为什么(55)、(56)、(57)的最后结果都可以是肯定的。在莱文森自己的书里,也有这样的例证。

(58) C：...Do you have in stock please any L. T. one eight
　　　　　eight? ((T1))②
　　　R：One eight eight ((T2))
　　　C：Yeah = ((T3))

---

① P4 是 position 4 的意思,详细含义下文解释。
② T1 是 turn 1 的意思,下文将用到这个概念。

R: = Can you hold on please ((T4))
C: Thank you ((T5))
(1.5)
R: Yes I have got the one ((T6))
C: Yes. Could I-you hold that for H. H. Q. G please ((T7))

(Levinson 1983：348)

　　即使从"预期"、"非预期"的角度看,(55)、(56)、(57)中 B 君的 Q2 也不是预期的回答。它们本身也是问句,没有提供 Q1 所要求的信息,跟回答 Q1 没有直接的关系。特别值得注意的是例(57),从字面上看,这里根本没有跟 Q1 匹配的 A1。出现在其位置的被标作 P4 的"填个表,填个表"没有直接提供 Q1 所需要的信息,根据直觉,这应该是一个"非预期"的回答。但是,从意会的角度看,这恰恰是 Q1 的提问人所最盼望得到的回答。

　　综上所述,我们认为莱文森关于"偏好、非偏好第二部分的形式跟内容的对应关系"过于简单化了。

8.2.2　最小化原则在会话中的体现

　　莱文森在 1987 年的"最小化原则与会话推理"中回顾说,他当年关于相邻语对的偏好、非偏好第二部分的讨论是为了说明,"无标记形式应该隐含信息量更大的、定型的反应,有标记形式则数量/方式隐含信息量原则的互补反应"(Levinson 1998 [1987a]：568-9)。在该文中,他用一节的篇幅详细论证了新格赖斯原则,特别是关于最小化的信息量原则,"事实上是深深植根于会话组织的各个细节"(同上：562)。萨克斯等人的著作中到处都有类似新格赖斯原则的论述。

　　例如,萨克斯在 1975 年的"每个人都要说谎"中提到,在回答 "How are you?"这个问题时,人们要考虑很多限制因素,不会真的把自己的状况原原本本地告诉对方。首先,一个老老实实的回答可能把眼前的正事引上歧途(或者偏离适合对方的方式);其次,关于自己的成功和烦恼的消息要按照正常的顺序首先告诉自己最亲近的人(同上：563)。这就是说,人们不会简单化地、不讲场合地遵守格赖斯的第一数量次则——"说得尽可能多"。一定还有类似最小化原则这样的东西在起作用。

在1971年的演讲中,萨克斯提出了一条跟信息量原则非常接近的准则——"不要告诉别人他们已经知道的事情"(转引自同上:564)。这时,莱文森讲到了他1983年讨论过的预示序列(pre-sequences)的一种——预示宣告(pre-announcements)。

所谓预示序列,严格地说,是指引进会话实质内容的前兆部分;但实际上,人们往往把前兆部分和实质部分一起叫做"预示序列"。根据内容,预示序列可以分成:预示邀请、预示请求、预示安排、预示宣告、预示提议等。下面是两个预示邀请的例子。

(59) A: Whatcha doin'?
　　　 B: Nothin'
　　　 A: Wanna drink?　　　　　　　(Levinson 1983: 346)
(60) R: Hi John
　　　 C: How ya doin =
　　　　 = say wh*at*'r you doing?
　　　 R: Well we're gong out. Why?
　　　 C: Oh, I was just gonna say come out and come over here an' talk this evening, but if you're going out you can't very well do that　　　　　　　　　　　　　　(同上)

根据上述这样的例子,莱文森(同上:346-7)认为预示序列具有下列结构:

T1(Position 1):是一个问题,检查是否具备在T3要实施的行为的先决条件;

T2(Position 2):是一个回答,表明已具备上述先决条件,常常同时伴有关于进入T3的要求;

T3(Position 3):如果T2要求"继续",那么实施预示的行为;

T4(Position 4):对T3行为的反应。

但是,话轮的顺序跟"方位"(position)的顺序不一定总是一致的。当中间有插入序列时,两者就会错位。例如,上文(58)中,T1对应于Position 1;然而,T2、T3是一对插入序列,T4、T5又是一对插入序列,它们不对应于任何方位;T6对应于Position 2,T7对应于Position 3。因此,莱文森后来把话轮跟方位分开,预示序列的结构完全按照方位来界定。例如,预示宣告的结构被界定如下:

Position 1：预示序列的第一部分,一般检查在方位 3 将要实施的宣告的新闻价值;

Position 2：预示序列的第二部分,一般肯定上述新闻价值,同时也是第二个语对的第一部分,即要求对方提供新闻;

Position 3：第二个语对的第二部分——实施宣告;

Position 4：表示新闻已收到。(同上:350)

莱文森认为如果从语用原则出发,预示序列可以得到更深一层的解释。使用预示序列的目的是检查将要实施的行为是否有价值,如果没有价值,就可以在实施前加以避免。碰上不太好开口的话,即使有价值,也可以通过预示序列暗示,以避免直接说出来。这跟他的信息量原则是一致的,即,人们会设法"说得尽可能少"。[①]换言之,尽管完整的预示序列有四个方位,实际运用时,有的方位可能是缺省的,特别是其中的关键部分——P3。

(61) D: I-I-I had something terrible t'tell you. So
　　　　//uh ((P1))

　　R: How terrible is it. ((P2))

　　D: Uh, th-as worse it could *be*.
　　　(0.8)

　　R: W- y'mean Edna?

　　D: Uh yah.

　　R: Whad she do, die?

　　D: Mm:hm,
　　　　　　　　　　　　　　　　(同上:356)

这是一个预示宣告,但说话人始终没有把要宣告的事明确说出来。他的 P1 就吞吞吐吐,虽然告诉对方有很严重的事要说。当对方要求他提供新闻时,他没有直接实施 P3,只是给了点模糊提示,让

[①] 在某种意义上,英语谚语"言语是银,沉默是金"也可以看成信息量原则的一种体现。

对方一步一步地猜。

(62) C: Do you have pecan Danish today? ((P1))
  S: Yes we do. Would you like one of those? ((P2 + P1))
  C: Yes please ((P2))
  S: Okay ((turns to get)) ((P4))　　　　　（同上：359）

(63) C: Hullo I was just ringing up to ask if you were going to Bertrand's party ((P1))
  R: Yes I thought you might be ((P2 + P1))
  C: Heh heh ((P2))
  R: Yes would you like a lift? ((P1))
  C: Oh I'd love one ((P2))
  R: Right okay um I'll pick you up from there... ((P3))
　　　　　　　　　　　　　　　　　　　　　（同上）

这两个是预示请求变成（预示）提议的例证。在例(62)中 C 的 P1 是预示请求，S 立刻理解了对方意图，主动提出动议，使 C 省却了实施请求。(63)是一个电话对话，C 的 P1 也是预示请求，但比较间接，R 没有立刻理解。R 的第一个话轮表示预示请求的条件存在，同时说出了另一个陈述性语对的第一部分。当 C 比较含糊地肯定 R 的陈述时，R 明白了其含义，主动提出了动议，即该会话中的第三个 P1，C 立刻表示接受，也免去了实施请求的行为。最后的 P3 是 R 承诺他将实施提议。

(64) S: Have you got Embassy Gold please? ((P1))
  H: Yes dear ((provides)) ((P4))　　　　　（同上：361）

(65) C: Do you have Marlboros? ((P1))
  S: Yeah. Hard or soft? ((P2 + P1))
  C: Soft please ((P2))
  S: Okay ((P4))　　　　　　　　　　　　（同上）

(66) S: Can I have two pints of Abbot and a grapefruit and whisky? ((P1))
  H: Sure ((turns to get)) ((P4))
  ((later)) There you are...　　　　　　　（同上：362）

这三个例子基本上都只有预示请求的 P1 和 P4。在(64)、(66)中,原听话人直接用 P4 应答说话人的 P1,省去了 P2 和 P3。在(65)中,原听话人在说出 P2 的同时用了一个插入序列的第一部分 P1,在得到该语对的第二部分后,说出了 P4。

大家会注意到,这些预示请求就是以前讨论过的"Can you pass the salt?"这样的间接言语行为句。它们形式上是关于实施某种行为的先决条件的提问,实际上却可以用作关于实施这种行为的请求。如我们在第三章 3.5 节指出,塞尔曾从合适条件的角度做过解释,但他没有成功。现在我们可以说,格赖斯的会话含义理论,特别是经过莱文森发展的信息量原则,能较合理地解释这种句子。那就是:它们是运用信息量原则——省力原则的一种——的结果。说话人为了省力,采用了一种简化的方式,听话人在这种情况下会自动扩充听到的信息,按照常规把"提问"理解成"请求"。上一小节讲到例(57)的 Q1"那个烟台外语需要什么专业?"始终没有得到直接回答 A1,两个插入序列后的"填个表,填个表"被标作 P4。这样做的意思是,如果 Q1 被看作预示请求的 P1,那么这里省掉了 P2、P3,就像(64)、(66)一样。

在 1987 年的文章里,莱文森用的是下面这两个例子:

(67) A:　　　　Hey we got good news
　　　B:　　　　//What's the good news?
　　　C: →　　　I kno:w
　　　　　　　　(.)
　　　A:　　　　//Oh ya do::?　(Levinson 1998 [1987a]:565)
(68) J:　　　　I gave, I gave up smoking cigarettes::
　　　　　　　　((J looks at D over the span))
　　　D: →　　Yea:h
　　　　　　　　(0.4)
　　　J:　　　　I-uh one-one week ago t'da:y actually
　　　　　　　　((J looks at B now))
　　　　　　　　　　　　　　((at A now))　(同上:566)

例(67)是一个多人会话,虽然 B 表示自己想知道 A 要说的事,但因为 C 说自己已知道了，A 就犹豫了。在(68)这个会话中，J 开始是看着 D 的，表明他的话是说给 D 听的，但是 D 说他已知道了，J 不得不转向 B；而 B 是他的妻子，当然知道他戒烟这件事，所以他改变了措辞，重点变成了戒烟的时间长度，而且最后转向了 A。

莱文森指出，萨克斯等人同时也注意到听话人会设法丰富他们所接受的信息。在 1972 年发表的"孩子所讲故事的可分析性"中，萨克斯说，当人们听到一个两句话的故事"The baby cried. The mommy picked it up"时，他们会做出一系列的推理。首先，他们会推断：这个母亲是正在哭的婴儿的母亲，虽然句子中用的是"the"，不是"its"。第二，这两个句子讲述的事件是按所讲述的时间顺序发生的。即，婴儿哭这个事件发生在前，母亲抱他这个事件发生在后。而且前一个事件是后一个事件的原因，母亲是因为婴儿哭了才去抱他的。第三，他们知道"baby"在这里指的是"人生的一个阶段"，不是一般的"孩子"的意思。也就是说，"baby"是"婴儿"，不会是成年的"孩子"。第四，作为婴儿，哭是一种正常的行为。如果他不哭，那么人们就可以用"He is acting like a big boy"来表扬他。第五，作为母亲，安抚婴儿是她的责任。婴儿哭了，她就应该抱他。

谢格洛夫在 1972 年的论文"会话习俗札记"中，也谈到了听话人会丰富所听到的信息的问题。他说在向警察求助时，如果只说街道的名称，警察会推断他们住在同一个城市。同样，如果说话人和听话人都在纽约，那么"John is in the East"这句话就会隐含 John 不在纽约，尽管一般情况下"the East"是包括纽约的。

萨克斯和谢格洛夫还在 1979 年的"会话和交往中人称指称组织机制的两种偏好"中指出，指称第三人称时有两条原则在起作用。一条是最小化原则——人们一般都偏好采用单一指称形式。另一条是可辨认原则——一种指称形式要便于听话人辨认被指称者。当使用"John, Mary"这样的形式时，这两条原则同时得到了满足。它们既是最小的，又是可辨认的。但是，它们也有互相矛盾的时候，例如，

(69) A：... well I was the only one other than the uhm tch Fords? Uh Mrs Holmes Fords?
You know uh //the the cellist?

  B: Oh yes. She's the cellist.
   A: Yes   （转引自 Levinson 1998［1987a］: 573-4）
（70）A: Hello
  B: 'Lo Is Shorty there,
  A: Ooo jest- Who?
  B: Eddy? Wood//ward?
  A: Oo jesta minute （转引自同上：574）

  在例(69)中,说话人 A 最初用了一个最小化的名字"Fords",当他发现对方无法辨认时,把它扩展成了"Mrs Holmes Fords"。对方仍然不能辨认,他只好又加了一个描写语"the cellist"。在(70)中,说话人 B 开始用了一个绰号"Shorty",但是 A 没有辨认出来,于是 B 试探着说了他的名字,最后才说出他的姓。这说明,两个原则之间的冲突是通过双方互动解决的。那就是,"你可以先试用一个最小形式,看看能不能起作用。如果不行,就逐渐扩展形式"(同上：599)。按照新格赖斯原则的说法,那就是"首先设法应用信息量原则,即,采用最小化形式;如果不行,就逐步朝着数量原则的方向升级"(同上)。

  阿里尔(1996:33 n20)不同意莱文森的说法。她认为"先采用最小的形式,只在必要的时候才逐渐改成信息量更大的形式"不一定是通常的程序。根据她的可及性理论,说话人任何时候都应该采用具有合适可及性的指称词语,而不应该只考虑是否最小形式。我们认为她的说法有一定道理。但是上面这两个例子也可以看成是说话人判断有误,他原以为最小形式是合适的形式,只在对方不能辨认时才逐渐增加信息量。而且,这里所谓"最小形式",并不完全是从形式上说的。例如,"Shorty"从纯粹的形式看,并不比"Eddy"小。不过,前者对说话人来说可能是比后者更省力的形式,比如更顺口。而在效应相同的情况下,"说话人喜欢采用自己省力的手段"这一点大概是不容置疑的。

  关于"最小化"和"可辨认"这两种原则,莱文森(Levinson 1998［1987a］:607 n12)提到,谢格洛夫还向他提供过另外一种例证。"当说话人碰到'词语搜索'问题,不能想起一个人的名字时,他可以使用能让人辨认所指者的描写语。不过,尽管这时已实现了辨认目的,双方还会继续努力,直至找到最小的指称形式。这说明,意图辨认被指称者的受话人方案(recipient design)跟意图搜索最小单一指称形式的最小化原则是互相独立的,是可以分别满足的。"

8.3 塞尔论会话

萨克斯等人的会话分析理论提出以后,受到了语言学家的普遍关注。库尔撒德(Malcolm Coulthard 1977/1985)、莱文森(1983)、布朗和尤尔(Gillian Brown and George Yule 1983)等都对此作了正面介绍。但是,1981年塞尔在巴西坎皮纳斯大学一个关于会话的研讨会上发表了一个演讲,提出了一些不同看法。1984年他修改了讲稿,又在密歇根州立大学讲了一次。1986年修改过的讲演录音稿以"关于会话的札记"为题正式发表。考虑到该文的重要性,帕雷特(Herman Parret)和弗苏伦(Jef Verschueren)邀请了一些学者从不同的角度来讨论塞尔的观点,并请塞尔本人写了答复。这些文章1992年以《(关于)塞尔论会话》为题集结出版。这一节我们重点讨论其中的两个问题:会话结构和会话转换规则。

8.3.1 会话有结构吗?

塞尔的文章的一个中心议题是:会话有结构吗?他认为语言运用的基本单位是言语行为,会话是由言语行为组成的。于是,他在文章的开头就提出问题:我们能不能像描述言语行为那样描述会话?例如,我们能不能找到关于会话的组成规则(constitutive rules),就像我们为言语行为找到的组成规则那样?他说他的答案是"不能",不过,他承认关于会话结构我们可以发表一些有意义的见识(Searle et al. 1992:7)。

他认为,就像棋局中的一步移动可以导致很多可能的、合适的对抗移动一样,一个言语行为也会导致很多可能的、合适的应对言语行为。因此,创建会话理论的第一步应该是:设法有系统地描述某些特定的"举动",某些特定的行事行为,如何限制可能的、合适的应对的范围。

塞尔首先检查了"问题/回答,问候/问候,提议/接受或拒绝"这样一些言语行为间的关系。①从表面上看,前者对后者的限制是很大的。如果有人问你一个是否问句,那么你的合适回答就必须是肯定或否定原问句所表达的那个命题。如果这是个特殊问句,那么你的回答就必须提供对方所需的信息。这就是说,提问的形式决定了回答的形式。就提议、打赌、邀请而言,限制可能就更大一些。例如,打赌时,如果对方不接受,这个打赌就是不成功的,就等于没有打赌。

但是,塞尔立刻指出,"前一个言语行为的形式决定后一个言语行为的形式"这种说法是站不住的。有时候,提问的形式跟回答的形式是不一致的。对"Shall I vote for the Republicans?"或者"Shall I marry Sally?"这样的问题,合适的回答不是"Yes, you shall"或者"No, you shall not",甚至不是"Yes, you will"或者"No, you won't",而是"Yes, do"或者"No, don't"。

对于断言,限制就更少了。塞尔说,如果我对你说"I think the Republicans will win the next election",你应对"I think the Brazilian government has devalued the Cruzeiro again"。尽管你的回话缺少关联性,我的话语却不会像打赌时那样失效。我成功地做出了断言,我的成功不依赖于你的合适应对。"在这种情况下,如果你说出这样无关的话,你只是不够礼貌,或者是改变了话题,或者是不太好相处。然而,你并没有因为改变话题而违反某种言语行为或会话的组成规则"(同上:10)。

格赖斯的会话准则似乎对会话结构提出了一些限制。但是,塞尔觉得它们解释会话结构的作用很有限。一个原因是:这四项准则不是同一种类型的。关于真实性的要求具有内在组成规则的性质。一个人要做出陈述,就要承诺其陈述是真实的。要说明什么是陈述,就要说明什么是真实的陈述,就要说明做陈述的人要承诺其陈述的真实性。一个陈述应该是真实的,这是一个必备条件。一个虚假的陈述,是有内在缺陷的。而关联性、简洁性、明白性这几项准则则不一样,它们是外来的限制,是从合理性、合作性等总原则派生出来的。

---

① 塞尔(同上:8)认为把这些成对的言语行为叫做"相邻语对"会把人引入歧途,但是他没有具体说明为什么,或在什么意义上是这样的。

例如,"一个陈述要有关联性"不是陈述的一条内在组成规则。一个改变话题的陈述,作为一个陈述,仍然是令人满意的。而且,人们对缺乏关联性的陈述的态度,跟对待缺乏真实性的陈述的态度是很不一样的。

有人可能会说,会话需要的恰恰是格赖斯这样的准则。它们不是关于独立的话语的,而是关于话语与话语之间联系的。不同说话人的话语的任意组合并不等于会话。在这个意义上,关联性也具备内在规则的性质,对会话有解释作用,就像真实性具备内在规则的性质,对做出陈述有解释作用一样。塞尔承认这种比附是诱人的,但是,他认为它最终还是要失败的。

在塞尔看来,判断一组言语行为是否构成会话的标准来自外部,来自它的目的。对于一个会话目的是有关联的话语,对另一个会话目的却可能是无关联的。假设,一个男人和一个女人有下列对话:

(71) A: How long have you lived in California?

　　　　B: Oh, about a year and a half. 　　　　　　（同上:13）

男人应该如何接下去取决于他的目的。如果他是在一个酒吧,试图跟女人搭关系,那么(72)就可能是有关联的。相反,如果是在诊所,他是在给女人看病,那么(73)就可能是有关联的。

(72) A: I love living here myself, but I sure am getting sick of the smog in L. A.

(73) A: And how often have you had diarrhoea during those eighteen months?

他的结论是:因为会话本身不能决定什么是有关联的,关联性就不能用来解释会话的结构。一组话语能构成会话这个事实本身,对什么才是有关联的下文没有任何限制。一个言语行为可以被认为跟某个目的有关联,但是所有的目的都是人的目的——说话人的目的或听话人的目的。会话本身是没有一般目的的。如果我们坚持关联性必须是跟现存会话目的的关联性,那么这种解释就是循环论证。因为关联性的标准不能独立于辨认某个特定会话的标准。（同上:14）

塞尔举例说,假设他正在跟他的股票经纪人讨论要不要投资IBM。这时,对方突然大喊"Look out! The chandelier is going to fall on your head!"这句话是有关联的吗？他认为,这取决于我们把它跟前面的谈话看成是一个会话,还是两个会话。如果是一个会话,那它就是无关的;如果是两个会话,那它就是有关联的。"但是,在任何一种情况下,关联性都不能解释会话的总结构。只有特定会话的目的才能解释什么是跟那个目的有关联的,然而这仍然不能解释什么是跟那个会话有关联的,除非'那个会话'是根据那个目的定义的。"(同上)

塞尔(同上:20)进一步声称"会话之所以没有言语行为那样的内在结构并不是(如有人声称的那样)因为会话涉及两人或多人,而是因为会话,作为会话本身,缺乏特定的目的或要点(point)"。[①]

他说,每一个行事行为都有一个行事要点,正是因为这个要点该行为才成为这种类型的行事行为。而会话并不仅仅因为是会话就具有任何内在要点。他列举了下述会话,并询问:难道它们具有共同的结构吗?

A woman calling her dentist's office to arrange an appointment.

Two casual acquaintances meeting each other on the street and stopping to have a brief chat in which they talk about a series of subjects (e. g. the weather, the latest football results, the president's speech last night).

A philosophy seminar.

A man trying to pick up a woman in a bar.

A dinner party.

A family spending a Sunday afternoon at home watching a football game on television and discussing the progress of the game among various other matters.

A meeting of the board of directors of a small corporation.

A doctor interviewing a patient.

(同上:20-21)

[①] 请注意我们上文讲到塞尔在 14 页曾说会话没有一般目的(general purpose),这里他又说会话没有特定目的(particular purpose)。这是不是自相矛盾？

塞尔嘲笑会话有开始、中间、结尾这样的观点。他说,一杯啤酒也有开始、中间、结尾,但这不足以构成一种内在结构。他认为这种观点来自电话对话的研究,可是电话对话是特殊的。大多数人在打电话的时候都有一个明确的目标,跟偶然在楼里碰到同事或在街上碰到相识时的谈话是不一样的。

他强调会话的一个重要特征是"共有意图性"(shared intentionality),会话是典型的集体行为。另一个重要概念是"背景知识"(the background)。他讲到了撒切尔夫人刚当选英国首相时英国电视台主持人 Robin Day 对希思(Edward Heath)的一次采访。

(74) Day: I think you know the question I'm going to ask you. What's the answer?

Heath: We'll have to wait and see.

Day: Would you like to?

Heath: It all depends.

这次谈话从字面上看很简单,采访人甚至连问题都没有明确提出来。但是,他们的交流很通畅,因为他们对彼此都很了解。当时的观众也没有理解上的困难。而对今天的读者,有些背景知识就是必要的,如,希思是前任英国保守党领袖,撒切尔是击败希思后带领保守党在大选中获胜的。当时人们普遍关心的一个问题是希思会不会在撒切尔政府中任职,这就是 Day 要问希思的问题。塞尔认为在这个会话中,"丰富的共有背景知识使得很少量的明确语义内容具备了大量的信息,满足了参与者和观众的需要"[①](同上:29)。

塞尔的这些看法招来了很多批评,我们在这里主要介绍三个人的意见。英国利兹大学的霍德考夫特(David Holdcroft)不同意"会话没有结构"的说法。他认为塞尔提到的"I think the Republicans will win the next election",和"I think the Brazilian government has devalued the Cruzeiro again"很难算"会话"。如果说这是为了改变话题,这是一种非常笨拙的方法。但至少该说话人还是愿意继续谈下去,只是要换一个话题。假设第一位说话人接下去说"Oh. I didn't

---

① 这句话跟莱文森的信息量原则何其相似。

know that their inflation was that bad",而第二位又说"Les Miserables is a great success";那么第二个人的话肯定不能算做"会话举动"(conversational move),这两句话不构成"会话"。而且,在没有合适上下文的情况下,第二个人也很难说做出了陈述(同上:63)。

瑞士苏黎世大学的贾克尔(Andreas H. Jucker)从关联理论出发,认为"对参与者有关联的东西是随着背景设想的改变而改变的"(同上:83)。在塞尔关于股票投资的会话中,"Look out! The chandelier is going to fall on your head!"这句话是有关联的。因为吊灯即将砸下来这个事实改变了语境,塞尔的经纪人完全有理由相信,这时候对他来说更重要的是要立刻逃离现场,而不是投资股票。贾克尔也不同意把会话的结构跟啤酒的"结构"相提并论,它们没有可比性。一个童话故事的开始和结尾绝对是不一样的。"Once upon a time there was..."跟"They lived happily ever after"根本不可能对换。而一杯啤酒的第一口跟最后一口从结构上讲是一样的,尽管对喝酒人来说,感觉可能是不一样的(同上:78-9)。

以色列特拉维夫大学的达斯卡尔(Marcelo Dascal)认为,塞尔在会话中找不到跟言语行为一样的结构不能证明会话没有任何结构。言语行为属于语言系统(langue),而会话属于语言运用(parole),两者的结构当然是不一样的。会话是依据语用原则组织起来的,不是塞尔所谓的组成规则。他提出了"会话要求"(conversational demand)的概念。在他看来,会话是反作用性的(reactive)。"每句话的反作用对象就是其说话人在该会话阶段感到的对自己的'要求'。一般情况下,最接近的前一句话对(下一句话将施加反作用的)会话要求具有最大的影响力。因此,我们常常根据一句话跟前一句话的匹配程度来判断其在会话中的'合适性'"(同上:45)。一句话的关联性也是跟"会话要求"的关联性。塞尔感觉用关联性来限制话语是一种循环论证,达斯卡尔却认为这是因为塞尔采用了旁观者的身份。如果他是会话的参与者,他在判断关联性时就不会有困难(同上:47)。

我们认为,在这个问题上,塞尔的反对者是正确的。塞尔虽然在自己的答复中回应了反对者的一些意见,他却没有提出令人信服的论证,说明会话确实没有结构。我们赞成贾克尔(同上:78)转述的斯塔布斯(Michael Stubbs 1983:5)的下述观点:

> 完全可能的是:音系学、形态学、句法学这些语言的底下层次的结构是很紧密的,话语的结构却很松散。尽管如此,菜单、故事、会话都有开始、中间、结尾,这一点是很明显的。而这就已经是一种结构了。

我们在第一章讲到,语法研究的是对错问题,标准比较绝对;语用研究的是合适问题,标准是相对的。这种区分同样适用于句子跟会话(或话语)之间。如果把"结构"理解得比较窄,会话可以说是没有结构的。正是在这个意义上,布龙菲尔德把句子说成是最大的结构单位。但是,如果把结构理解成"组织规律",那么会话当然是有结构的。会话不是不同句子的随意堆砌,是按一定规律组合起来的。当然,会话的结构跟句子的结构也是不同的。句子要求有主语、谓语,而且它们之间有形式关系。会话的不同部分之间则很难说有什么形式关系。

至于说"会话的开始、中间、结尾"不能算结构,这种说法也是站不住的。这种结构绝对不是只限于电话对话,偶然碰到的熟人之间的谈话同样会有"开始、中间、结尾"。我们在第一章还提到,中国古代文章学把文章结构归纳为"起承转合"。并且把前中后三部分的要点概括为"凤头、猪肚、豹尾","起要美丽,中要浩荡,结要响亮"。这是对包括会话在内的大于句子的语言使用单位的结构的精当阐述。

从格赖斯理论角度对会话规律的探讨也是很有价值的。我们在第四章讲到,格赖斯认为"我们的谈话通常不是由一串互不相关的话语组成的,否则就会不合情理"(Grice 1975:45)。他的合作原则和会话准则准确地反应了会话中存在的一些限制条件,塞尔自己在有关论述,如1975年的"间接言语行为"中,曾明确地肯定过这一点。他在"会话"中讲到的"共有意图性"和"背景知识"跟格赖斯的探讨方向也是一致的,但是没有格赖斯的论述深入、细致。

8.3.2 这些是规则吗?

塞尔在否定了格赖斯的会话准则以后,又否定了萨克斯等人的理论。他认为他们的话轮转换规则不能算真正的规则。他在文章中引用了萨克斯等人的规则后指出,"这根本不可能成为会话话轮转换的规则,因为没有人实际上,或能够,遵守它"(同上:15-6)。然后他又用普通语言把它翻译如下:

> 会话时,说话人可以选择下一个说话人,比如,通过向他提问。或者,说话人可以说完就闭嘴,让别人说话。或者,他可以继续说话。而如果他决定继续说话,那么下一次会话中断(这被称为"转换相关位置")时,又会出现上述三个可能。 (同上:16)

他认为这只是对事实的一个描写,很难被称为"规则"。"规则这个概念从逻辑上讲是跟遵守规则这个概念相联系的,而遵守规则的概念又跟下一个概念有联系,那就是:使自己的行为(因为这是一条规则)符合规则的内容"(同上)。例如,在英国汽车靠左边行驶。因为英国的汽车方向盘在右边,这种行为也可以被叙述为:方向盘靠路的中心,乘客座位靠路边。但是,前者是一条交通规则,后者却只是对事实的一个描写。

在塞尔看来,话轮转换现象可以部分地由言语行为规则解释。比如,"当前说话人选择下一个说话人"一般是通过提问或提议实现的。当一个人向另一个人提问或提议时,另一个人就要回答,就要做出反应。这是一条言语行为规则。"当前说话人选择下一个说话人"只是描写了这种事实,它本身并不是规则。

"下一个说话人自我选择"这一条"其意思只是,出现中断时,另一个人会开始说话。这条'规则'说,会话出现中断时,任何人都可以开始说话。而且任何人开始说话后,就要继续说下去。但是,我认为这一条连规则的外表都没有,因为它没有说明有关的意图内容,而意图内容对行为有诱发作用"(同上:18)。

至于第三条"当前说话人继续说话",他认为也不是规则。"没有人遵守这一条。它只是说,当你说话时,你可以继续说下去。但是,这样做并不需要一条规则"(同上)。

他的结论是:"对于所观察到的规律现象的叙述,即使具有预测性,也不一定是对于规则的叙述"(同上:19)。

谢格洛夫在读到塞尔1986年的文章后,曾起草了一封信,但是没寄出。这次帕雷特和弗苏伦邀请撰稿,他就把那封信稍作修改拿了出来。他认为塞尔的翻译把"转换相关位置"解释错了。①他说"重要的不是一段话语的**实际**结束处,而是**可能**结束处。一个话轮要到其他人开始说话时才最后结束,因为说话人可以加话,不管是作为语法上独立的成分,还是连续的语法结构的一部分。我们分析的实际素材显示,当一段话语到了可能结束处时,其他参与者一般不会注意当前说话人是否还想对已经说出的话再增加点什么。如果他们这样做,我们一般就会在前一个话轮的末尾跟下一个话轮的开头之间发现空隙(gaps of silence)——证明前一个说话人'实际结束处'的空隙。但是我们找**不**到这样的空隙。相反,我们发现一个说话人的可能结束处跟下一个说话人的开头是紧密相连的。实际上,我们发现甚至在当前说话人还在说话的时候,下一个说话人就会在前者的可能结束处开始说话"(同上:117)。因此,"转换相关位置"不能翻译成"停顿"。谢格洛夫指出,"这不仅仅是因为大多数转换相关位置没有空隙,更谈不上通过空隙来辨认。而且是因为会话中间**确实有**空隙,但是其他人偏偏**不会**在这个位置插嘴。这些空隙不是发生在话轮构建单位的可能结束处,也就是说,它们**不在**转换相关位置"(同上)。

他不同意把"当前说话人选择下一个说话人"只说成是关于提问或提议的言语行为规则。他质疑"为什么是**一**种**或**另一种,而不是两种都是?"人们可以提问而不向某人提问,提议而不向某人提议。这就是说,选择下一个说话人是可以跟提问、或提议之类言语行为分开的(同上:122f.)。如果塞尔认为这种行为可以被称为言语行为"规则",那么他也应该承认这里有会话转换规则(同上:124)。

关于"下一个说话人自我选择",谢格洛夫认为塞尔的主要问题是把"转换相关位置"理解错了。如上所述,这不等于"停顿"或"中断",而且"任何人开始说话后,就要继续说下去"也不对。只有在话轮构建单位内,说话人才应该继续说下去。而到了转换相关位置,他

---

① 根据谢格洛夫的文章,塞尔曾把它解释成"pause"(停顿)。但在塞尔现在的文章中,他用的是"break"(中断)。

就可以打住,没有必要继续说下去(同上:121)。

关于"当前说话人继续说话",谢格洛夫指出,它不"只是说,当你说话时,你可以继续说下去"。它一方面比这说得多,另一方面又比这说得少。它比这说得多,因为这一条规定了在什么情况下可以继续说下去。那就是:当你到了话轮转换有关位置,没有选择下一个说话人,别人也没有自我选择的时候。它比这说得少,因为这一条规定了在话轮构建单位内时,你必须继续说下去。"在这种情况下,说话人很少在到达可能结束处以前打住不说的"(同上:122)。即使人家已经明白了你正在表达的意思,你也不会中途停住。你一定会把话说完,也就是说,要到达转换相关位置才会停。

他们最重要的分歧当然是对"规则"的看法。在塞尔看来,规则之所以成为规则,是因为它有一种迫使人们遵守它的作用。谢格洛夫却不这么认为,而且他指出塞尔自己实际上也不这么认为。因为塞尔说过"如果另一个驾车人从对面直冲着我开过来,我将转向左边,也就是说,使我的行为符合规则的内容"(同上:17)。这等于说,遵守规则的目的是避免相撞,而不是因为它是规则。

谢格洛夫想到,塞尔之所以不满意"话轮转换规则"这个名称,可能是因为这里面提到了一些选择的可能性,不像"靠左边驾驶"那样简单、直接、明了。但是,他看不出来为什么有选择可能性的行为就不能称为"规则"。他说如果你去商店,你就有多种选择。你可以买东西,也可以不买;如果你买了,你可以付现金,也可以用支票或信用卡;如果你付现金,就要当场结算;如果你用支票或信用卡,就不用当场结算,但要当场承诺;或者你也可以赊账;等等。但是,如果你买了东西,却没有选择后面的任何一种做法,而是拿着东西离开了商店,那你就违反了规则,就会以偷窃罪名被逮捕。当然,他承认不用"规则"这个名称也没关系,也可以叫"惯例"(practice)、"习俗"(usage)等(同上:120)。

塞尔认为谢格洛夫没有解决他的中心问题。他在答复中承认话轮转换是有条理的,在这个意义上,它呈现出固定的模式。但是,科学追求解释,社会科学追求意向性(intentional)解释。言语行为理论和会话含义理论之所以成功就是因为它们提供了言语行为规则、会话准则之类的原因性解释。"当然,没有人只是为了遵守言语行为规则而实施言语行为,就像没有人在英国时只是为了遵守左行规则而驾车一样。实际行为常常有复杂的意向性原因。但是,如果发现规则、原则、准则之类时引用了有条理的普遍性原因,它就会具有解释力。这是为什么交通规则和言语行为规则不光辨认模式的原因,它们实际上是解释性的"(同上:145)。

他说他跟谢格洛夫一样,也认为会话是由语块(chunk)组成的。不同的是,谢格洛夫把语块叫做话轮构建单位。他解释说,"中断"或"停顿"不是简单的时间空隙(gap),而是语块的边界,也就是谢格洛夫所谓的转换相关位置。他认为谢格洛夫可以把话轮转换模式跟中断联系起来。"但是,我们现在要知道的是这种模式描写有什么解释地位? 如果一种模式描写标明了有关人员所遵守的规则的意图内容,那么该描写就具有解释力。但是,如果该描写只是辨认了某些行为的规律,那么到现在为止它还没做出任何解释"(同上:146)。他又讲到了驾车的例子。他说,假如有个火星人观察他的驾车行为后,得出结论:他在美国驾车时靠他的胎记这一边,在英国时靠他的胎记的对面。这绝对是他的行为模式。"但是,这种模式辨认没有任何解释力。这种模式本身恰恰是需要解释的"(同上)。

我们觉得塞尔的答复近似狡辩,没有说服力。问题的关键不是这些是不是规则,而是它们是不是符合实际。我们在讨论"纠偏"时指出,谢格洛夫等人的"自纠偏好"有失误之处。他们的概念太宽,如果只限于真正的"改错",大量存在的是"他纠",而不是"自纠"。同时,"他纠"不一定要等到"转换相关位置"。打断话轮,在话轮中间的"他纠"也不少见。这是为什么呢?

美国乔治敦大学的坦嫩(Deborah Tannen)对会话中的重叠和冷场有一种不同的解释。她认为在积极参与性文体(high-involvement style)里,重叠如果运用得当是一件好事。她收集到了一些会话,其中重叠很常见,有些甚至不在萨克斯他们所谓的转换相关位置。即使不重叠,不同说话人之间的话轮也连接得很紧密,没有任何空隙。而当事人却没有任何被打断的感觉,不觉得自己没有足够的说话时间。事后重听录音时,才发现这里面有这么多的重叠。例如:

(75) Steve:　　　　　Right where Central Park West met *Broa*dway.
　　　　　　　　　　That build//ing Shaped like that

　　Deborah:　→　　　　　　By Columbus Cir//cuit?...that
　　　　　　　　Columbus Circle?

　　Steve:　→　　　　　　　　　　　　　　Right on
　　　　　　　　Columbus Circle. Here's Columbus circle,...
　　　　　　　　//*here*'s Central Park West,

　　Deborah　→　　*Now* it's //the Huntington Hartford Museum.

　　Peter:　→　　　　　　That's the Huntington *Hart*-
　　　　　　　　ford, right?

　　　　　　　　　　　　　　　　（转引自 Fasold 1990:72）

(76) Steve:　　　　　That what *good* it's *done* is...out*weigh*ed
　　　　　　　　by the *dam*age. =

　　Deborah:　→　=Did *you* two grow up with *te*levison?

　　Peter:　　　*Ve*ry little. We *had* a TV // in the Quonset

　　Deborah:　→　　　　　　　　　　*How* old were
　　　　　　　　you when your parent got it? =

　　Steve:　→　=We *had* a TV but we didn't watch it all
　　　　　　　　the time...We were very young. I was *four*
　　　　　　　　when my parents got a TV. =

　　Deborah:　→　=You were *four*?

　　Steve:　　　I even remember *that*.　　　（同上:73-4）

我们认为这种解释有其可取之处。会话是涉及说话人和听话人双方的一种行为。双方有一个共同的目标,各自的话语是互相连接的。在这个意义上,格赖斯把它称作"合作举动"(Grice 1975:45)。从表面上看,一个人的说话是他自己一个人完成的,实际上,听话人也参与其中。听话人的各种反应——目光、笑容、神情,更不用说插话,哪怕只是简短的应答,都会左右说话人的话语的构成,都会影响他所说的内容,甚至形式。在说话人与听话人地位平等,双方熟悉,气氛随和的情况下,听话人会主动参与进来,跟说话人一起完成他正在说的话语。这时就不可避免地出现很多重叠、紧连的话轮。在李梅(2001)的材料中也发现了类似的会话。特别是例(78)，4个参与者中王和金是主要说话人，他们互相补充，一起向孙和李介绍情况。但是，孙和李也不是完全被动的，他们时不时提个问题，发表点评论，有时甚至能接上话茬。因此，这里的每个话轮差不多都是紧连，或重叠的。

(77) 苏： 看到水房//贴的那个吗？
   李： →   我早就看到了，我们开会时XXX就拿给我们看了。她在单位弄的。
   苏： 噢，是她自己弄的。
   李： 嗯。
   苏： 我还想呢，BF是什么意思//还跟旁边学德语的小姑娘商量。
   李： →   Boyfriend
   苏： 还可以这么缩写？(T7: 125)

(78) 王： 盐务局管几大盐场？一个公司一个管四个场一个管五个场，金桥管五个场，银堡是管四个场，机构就等于机构改革 加一个设置实际上盐务局=
   金： → =实际上没有必要=
   王： → =盐务局=
   金： → =想脱身的=
   王： → =搬南京去了，这一片就交给金桥来管了，然后有什么事金桥再和盐务局直接联系挂钩来往。我们现在就和这个金桥，都属于金桥管了，=
   孙： → =金桥是一个(.)什么样性质的=
   王： → =金桥是一个::=
   金： → =有限公司=
   王： 现在属于一个公司嘛，等于成立好像现在这些公司一样嘛，要金桥=
   孙： → =那你们以后,(.)这个保障，没有盐务局直接

```
         管你们保障大?
王:      那当然,现在就是://好像
金:                    还是一样的=
王:      实际上还是不一样的,
孙:      噢=
金: →    =就是多一层,人没有地方要了,设一层机构给
         某些人当官
         //就这个意思。=
孙: →    嗯::嗯,
王:      你想想,你看盐务局那个南京各场去办事多不
         方便,这样有个金桥在以后各场去=
孙: →    =有什么事可以金桥跟他们联系了=
王: →    =对,对,
李: →    =我不明白为什么要把盐务局搬到南京去?这
         么多年在这儿不是挺好的,=
金: →    =不,南京,哪个不想去大城市?
         //有机会当然要去喽,领导想去=
王: →    //呵呵
孙: →      有点
     →    =这边,这边盐业也发展不起来//,肯定,=
李: →                              嗯
金: →    =日子也不//好过,老有人去闹,罢工,不能说
         罢工喔=
孙: →               不,
     →    =不是有句话嘛,经济基础:决定::呵呵=
李: →    =上层建筑
孙:      嗯。=
李: →    =那也不应该这样决定?
孙:      就是说//
李: →          噢,这个地方,这个东西搞不好搞不好
         就要搬走,搬到南京就能把企业搞好啦?=
```

孙：	→	=说不定南京那边盐业更需要这样的机构=
李：	→	=不不不,绝对不是这样的=
孙：	→	=不,这种移动肯定是不负责任的,但是呢有的因素你要理解=
王：	→	=不仅是生产,还有销盐一块=
金：	→	=销盐日子比我们过得好多了,人家一月一千多,有的人据说(.)能一年//拿::奖金一万多,
王：		销呢它也要考虑销区,还有杭州, 　　　　　　　(T6：19-21)

对于冷场,坦嫩采取否定的看法。她认为在积极参与性文体里,冷场被深恶痛绝,没有存在的余地。

我们认为"积极参与性文体"这个名称起得很好。会话结构不仅因体裁(genre)而异,而且可以因人而异。坦嫩用这个名称说明她意识到,这种重叠不一定是普遍现象,她不想以偏概全。反过来,一定要等到话轮转换位置才接话,也不一定是普遍现象。这两种趋势到底各占多大比例,有待更大量的实地研究,我们不必忙于下结论。

特殊符号释义

//	本行与下一行重叠开始处。
(0.0)	括号内的数字表示停顿的长度,(0.1)表示 1/10 秒。
(.)	短于 0.2 秒的停顿。
(( ))	对有关部分的注释。
(...)	因原话不清楚、或无关而省略。
::	表示元音被拖长。
?	不是标点符号,而是升调标志。
.	降调标志。
,	表示中性语调。
→	例证所在处。
==	前后两句连接紧密,没有间断。
斜体	任何形式的语音强调。

代结束语：当代语言学的发展趋势*

讨论当代语言学的发展趋势，就是要预测语言学的未来。未来是过去和现在的延伸，要判断未来，就要明了过去和现在。因此，我们的讨论将从语言学的历史开始。

如果从研究方法的角度看，语言学历史上的种种流派大致可以分成形式主义和功能主义两大类。这两种方法各有所长，缺一不可。理想的状态是两者和平共处，取长补短。在历史上，这种情况也曾出现过。但是，现实往往与理想有距离。矫枉过正，不过正便不能矫枉。人们在反对一个极端的时候，往往要走到另一个极端。在这个意义上，一部语言学史就是这两派较量、争辩、更替的历史，尽管不是每个语言学家都可以被轻松地划归其中某一派。我们对语言学发展趋势的讨论，也就是讨论这两派孰上孰下的问题，或者说，是往形式方向发展，还是往功能方向发展的问题。

为了更清楚地认识当代语言学的发展趋势，我们将首先回顾古希腊时期的形式派和功能派，然后重点考察上个世纪的语言学发展脉络，指出当代语言学所处的发展阶段。在第三节我们检查中国的语言研究传统，以确定中国语言学研究者在新时期的任务。

1. 古希腊时期的两派

如果我们只讨论西方语言学，那么最初的形式派和功能派出现

---

* 本文曾在 2002 年 10 月的中国第九届当代语言学研讨会上宣读。文章提出，当代语言学的研究重点正在由形式向功能转化，意义研究将变得越来越重要。语用学是功能研究、意义研究的一个重要部分，在这个意义上，本文也是关于语用学发展趋势的，因此加以收录，权当"结束语"。

在古希腊。当时的智者学派(Sophists)①的语言观,大概可以归属功能主义语言学,特别是 Protagoras(约公元前 485-410)、Gorgias(约公元前 480-380)等人的观点。形式主义语言学则可以在 Aristotle(公元前 384-322)的著作里找到表述。Socrates(公元前 469-399 年)虽然对智者学派的许多论点提出了质疑,但现存材料中以他名义表达的关于语言问题的论述一般都看作是 Plato 的。Plato(公元前 427-347)是 Aristotle 的老师,他的语言观对后者有很大的影响。但是,他的思想有两重性,与其说他是明确的形式主义者,不如说他介乎两者之间,甚至在一定程度上,至少在语言问题上,是偏向功能的。

智者学派不是一个统一的团体,他们的政治态度、学术观点并不完全一致。他们惟一的共同点是:都是职业教师,对语言、修辞比较感兴趣,热衷于向人传授演讲术、辩论术。跟早期自然哲学家不一样,他们研究的主要是人与社会方面的问题,不是自然界。例如,Protagoras 提出"人是万物的尺度",强调人在认识中的地位和作用,反对"神是万物的尺度"的传统观念。在语言问题上,是 Protagoras 第一个从语义功能角度把句子分成祈求(wish)、提问(question)、陈述(statement)、命令(command)四类。他还具体讨论过一些希腊名词到底是阳性,还是阴性的问题。(参见 Robins 1979:25-26,李匡武 1985:80,苗力田(主编)1989:181-184,王珠元 1989:27。)Gorgias 的怀疑论倾向较重,认为要论证某物的存在是困难的。即使承认某物存在,它也是不可知的。即使我们能感知某物,也无法告诉别人。因为告诉别人时使用的是语言,而语言不等于所感知的东西。(参见李匡武 1985:81-82,苗力田(主编)1989:190-194,王珠元 1989:29-30)

Plato 是第一个把句子(logou)分成 onoma 和 rhema 两部分(meroi)的人。在《智者篇》这个对话中,他借"来客"②的口把前者定

---

① 有人译作"诡辩学派",认为他们只讲究巧妙地运用语言,能言善辩,把对方驳倒;而不是通过争论,明辨是非。但《简明不列颠百科全书》认为,对智者学派的有些非难失实。"他们并不是真正的相对主义者和真正的怀疑主义者。他们都想不求助于任何超出现象之外的原则来解释现象世界。他们并不反对科学和对物质世界的研究。""智者学派虽然反对传统的道德准则,但没有证据证明他们任何个人或他们的学生有过不道德的行为。"(中译本第 9 卷第 461 页)

② 对话中的一个人物,原文 xenos,有的英译本作 stranger,有的作 visitor。

义为"实施行为的人","句子所讲述的人",或简单称之为"事物";后者说明"行为"。一个句子一定要同时具备这两部分,既要有事物(即"谈论对象"),又要有行为。只有前者不能组成句子,只有后者同样不是句子。在英译文中,前者有时译作 name,有时译作 noun;后者一般译作 verb。但是,Plato 并没有明确说 onoma 和 rhema 到底是词,还是词组。Aristotle 在 Plato 的基础上增加了 syndesmoi[①],并且把这些成分叫做"词"——最小的有独立意义的单位(参见 McKeon 1941:40)。Aristotle 还说,rhema 跟 onoma 不一样,它带有时间概念,而且总是构成谓语。这就是说,Aristotle 的 rhema,就像 Plato 的 rhema,包括现在所谓的形容词。因此,Robins 认为"在希腊语法理论的这个发展阶段,把 onoma 和 rhema 译成 noun 和 verb 可能是误导"(Robins 1979:27)。

Halliday(1977)的看法比 Robins 更进一步。他认为 Plato 的 onoma 和 rhema 是句子成分,指的是词在句子中的作用、功能(function),而不是词类(class)。希腊文的 meroi logou 应该译作英文的 parts or components of the sentence,不是传统的 parts of speech (p. 36)。而且,在句子成分的意义上,onoma 也不能译成 subject。它是句子陈述的对象,应该译作 theme (p. 35)。他认为这种语言模式很可能是智者学派的观点。但是,Aristotle 的语言观却大不一样,是他把句子成分改成了词类。他首先是逻辑学家,关心的是真值,是句子作为陈述时表达的意义——命题。他把其他句子,如,祈使句、疑问句,归属修辞学或诗学的范围(参见 McKeon 1941:42)。

古希腊时期的一个更重要的议题是:语言是自然的(natural),还是约定的(conventional)。Plato 在《克拉底鲁篇》(Cratylus)中描述了这场争论。他一共写了三个人:Cratylus[②]、Hermogenes、Socrates。Cratylus 是自然派,认为一种事物的名称是由该事物的性质决定的。

---

① 相当于后来的连词、介词、冠词、代词等。
② 据 Aristotle 记载,他是 Plato 的朋友或老师(Jowett 1871/1892:256)。但 Hermogenes 似乎是虚构的。对话明显分成两部分:前三分之二的出场人物是 Socrates 和 Hermogenes,Cratylus 的观点也是由 Hermogenes 转述的;后三分之一篇幅,Socrates 企图说服 Cratylus 接受自己的观点。

Hermogenes 则认为,事物的名称是约定俗成的,就像奴隶的名字那样,我们想叫他什么,就叫他什么。Socrates 是中间派。他认为语言既是自然的,也是约定的。在他看来,语言是工具,就像梭子。梭子的形状要符合它的用途,语言的形式也要符合它的用途。也就是说,事物的名称要符合它的本质,声音要符合意义。在这个意义上,他认为 Cratylus 是对的,"事物的名称是自然的"①(Jowett 1871/1892:332)。但是,Socrates 注意到,有时候形式跟意义会有不一致。例如,第二个希腊字母的名称是 beta,后三个字母对它的意义没有任何影响(同上:335)。人的称呼也是这样,一个将军可以被叫做 Agis(长官)、Polemarchus(指挥员)或 Eupolemus(勇士)。一个医生可以被称为 Iatrocles(名医)或 Acesimbrotus(治病的)。它们用了不同的声音,不同的字母,但意义是一样的(同上:336)。这说明以 Socrates 名义发表自己看法的 Plato 没有明确站在其中的某一边。

但是,Aristotle 是坚定的约定派。他认为"没有事物自然是名词或名称"。② 由塞浦路斯的 Zeno(约公元前 336-264)创立的斯多葛学派(Stoics)则继承了智者学派的立场,维护自然派观点。③据神学家 Origen(约 185-254)记载,"斯多葛派认为名称是自然形成的,最初的声音模仿了它们所命名的事物"(Robins 1979:19)。

与这场争论相连的是另一场关于类推(analogy)(或规则),还是异常(anomaly)(或不规则)的争论。这第二场争论在 Alexander III(公元前 356-323)后期的马其顿王国达到白热化。当时有两个学术中心:一个是亚历山大(现在埃及),另一个是帕加马(现在土耳其)。亚历山大学派持类推论观点。他们继承了 Aristotle 的约定论,认为语言既然是约定俗成的,就一定有规律可循。因此,他们致力于发掘规则,为日后的规范论(prescriptivism)打下了基础。帕加马学派属斯多葛派,坚持自然派的异常论。在他们看来,语言作为自然的产

---

① 英文是 Things have names by nature。
② E. M. Edghill 的英译是"...nothing is by nature a noun or name..."(McKeon 1941:40)。Robins(1979:19)把它译成"Language is by convention, since no names arise naturally"(语言是约定俗成的,没有名称能自然地出现)。
③ 不是所有的智者都是自然派,据王珠元(1989:27)介绍,Protagoras 是约定派。

物,不能完全用规则来描写。他们更关心语言的多样性和例外情况。帕加马派成员、斯多葛派第三任领袖 Chrysippus(约公元前 280-204)据说专门就语言异常写过论文(Robins 1979:20)。

对古希腊时期的这两派,Halliday(1977:37)做过总结。他把形式派称为"哲学逻辑派"(philosophical-logical),功能派称为"描写民俗派"(descriptive-ethnographic)。并把两者的特征概括为:"前者把语言学看作哲学的一部分,语法是逻辑的一部分;后者则把语言学看作人类学的一部分,语法是文化的一部分。前者强调类推,趋向规范化;关心的是意义跟真值之间的关系。后者强调异常,趋向描写性,关心的是意义跟修辞功能的关系。前者把语言看成思想,后者把语言看成行动。前者把语言看成规则;强调句子的形式化分析,并把语法性(哪些符合规则,哪些不符合)用做抽象化(idealization)的标准(决定什么在研究范围之内,什么不在范围之内)。后者强调语言是选择,是资源;强调对语篇的语义解读,并把接受性或用法(实际出现或可能出现什么)用做抽象化的标准"。①我们认为这个概括是符合实际的。

2. 20 世纪西方语言学

这一节我们探讨形式主义语言学和功能主义语言学上个世纪在西方的发展进程。

Saussure 是现代语言学之父,同时也是现代形式主义语言学之

---

① 胡壮麟(1995 [1984]:51-52)曾对韩礼德这一看法做过如下介绍:

普罗塔哥拉和柏拉图	亚里士多德
语言学是人类学的一部分	语言学是哲学的一部分
语法是文化的一部分	语法是逻辑学的一部分
语言是向他人谈论事情的手段	语言是肯定与否定的手段
语言是一种活动方式	语言是一种判断方式
注意不规则现象	注意规则现象
语言学是描写的	语言学是规范的
关心语义与修辞功能的关系	关心语义与真实的关系
语言是选择系统	语言是规则系统
对语篇作语义解释	对句子作形式分析
把可接受性或用途作为理想化标准	把合乎语法性作为理想化标准

父。他的著名论断是:"语言是形式,不是实体"(1959/1974:122)。他主张区分"语言"和"言语",认为语言学家应该研究抽象的语言系统,而不是该系统的实际应用。

接下来的布拉格学派接受了 Saussure 的结构主义理论。但他们同时注意到语言不仅能从形式上进行结构分析,而且能从信息角度进行功能分析。这是现代功能主义语言学的源头。

哥本哈根学派是另一个结构主义派别,他们试图开展更抽象的形式主义研究。但是,比较实在的形式研究是 Bloomfield 在美国开展的。他的研究重心是形态学和句法学。他对语义研究持非常悲观的态度,认为"关于意义的叙述是语言研究的薄弱环节,并且这种情况将持续下去,直至人类知识大大超越现在的水平"(Bloomfield 1933:140)。

20 世纪的形式主义语言学,在 Chomsky 那里可以说发展到了顶点。他虽然在某种程度上反对 Bloomfield 的语言观,但在注重形式、轻视意义这点上,他跟 Bloomfield 却是一脉相承的。他 1957 年的第一个语法模式只有三个组成部分:短语结构部分、转换部分、形态音位部分,没有涉及意义。然而,既然他声称要描写语言能力,要描写理想说话人/听话人的语言知识,他就不可避免地要涉及意义。在他当时的理论里,主动句和被动句,陈述句和疑问句,肯定句和否定句分别从同一个深层结构派生出来。根据是什么?就是意义,就是因为这些句子各自有意义上的联系。因此,在 John Katz 等人的建议下,Chomsky 在 1965 年的第二个语法模式里增加了"语义部分"。

但是,这个语义部分是"潘多拉魔盒",一旦打开,就麻烦不断。在 1965 年的标准理论里,语义部分只有深层结构这一个输入,经过转换的表层结构对意义毫无影响。到了 70 年代,Chomsky 发现"转换不改变意义"这个原则有问题。他注意到 I have been taught physics by Einstein 这个被动句可以说,Einstein has taught me physics 这个主动句在 Einstein 逝世以后就不能说了。这说明,"被动转换"会改变意义。所以,他把语义部分的输入改成了两部分:深层结构和表层结构。提出"语迹理论"(trace theory)以后,深层结构的输入又全部改成了表层结构。

在 Chomsky 不断修改自己的理论的同时,James McCawley、George Lakoff、John Ross 等人提出了不同的解决方案。那就是"生成语义学",要把语义部分作为深层结构。这个方案虽然最终没有被大多数人采纳,但是他们的研究大大加深了人们对意义的认识,促使研究重心从句法学转到了语义学。

生成学派内部的裂变不是一个孤立的现象,语用学的兴起应该说对它起到了催化剂的作用。"语用学"的英文词是美国哲学家 Charles Morris 1937 年首次开始使用的。第一个重要理论——言语行为理论由牛津大学哲学家 John Austin 1955 年在哈佛的讲座《怎样用词做事》中正式提出。该讲稿在 1962 年出版。1967 年,Paul Grice 又在哈佛讲了自己的会话含义理论。这些语用学理论的要点是:语境对意义有很大的影响。我们不仅要研究作为抽象语言单位的比较固定的词和句子的意义,而且要研究实际运用中多变的话语的意义。这种信念动摇了 Chomsky"句子语法"的基础。

在生成语言学外部,反对派就更多了。社会语言学家 Dell Hymes 针对 Chomsky 的语言能力(competence),提出了交际能力(communicative competence)的概念。各种形式的功能主义语言学更是风起云涌。跟布拉格学派联系比较紧密的法国语言学家 Andre Martinet 一直坚持宣传功能主义语言观,1976 年他还参与建立了国际功能语言学会。英国出生、移居澳大利亚的 Halliday 经过多年努力,在 Firth 理论基础上提出了系统功能语法。荷兰语言学家 Simon Dik 提出了一种带形式主义色彩的功能语法,颇具特色。即使在美国国内,功能主义的市场也不小。比较著名的当代功能语言学家有 Sydney Lamb、Wallace Chafe、Charles Li、Sandra Thompson、Talmy Givon、Susumu Kuno 等,更不用提早年的 Boas、Sapir 了。除了上述以"功能"命名的派别,话语分析、篇章语言学、认知语言学等其他功能语言学流派也纷纷在世界各地应运而生。

面对这么多反对派的兴起,Chomsky 自己也感觉不能只强调形式,不注重功能了。众所周知,Chomsky 在 1965 年区分"语言能力"和"语言运用",主张研究前者,而看轻后者。1986 年,他又在《语言知识》中提出了"内部语言"(internal language)和"外部语言"(external language)① 的概念,仍然坚持研究前者,看轻后者。他说"外部语言曾经是大多数传统语法、结构主义语法、或行为主义心理学的研究对象,但现在最多只被看作附属现象"(p. 25)。然而,在 1999 年的一次在线访谈中,Chomsky 明确表示了一种不同的观点。当采访者问他,对 Stephen Levinson 把语用学说成语言学必要组成部分有什么看法时,他说"我的观点历来比你引用的 Levinson 观点更进一步:'普通语言学理论必须包括语用学',不仅'作为整个综合理论的一个组成部分或层次',而且作为中心部分、关键部分"(Stemmer 1999)。

在形式派中比较早意识到对功能派不能继续视而不见的,大概要算美国语言学家 Frederick Newmeyer。他在 1988 年编纂的 4 卷本《剑桥语言学综述》,视野就比较宽,不像有些人写的《句法学》,只介绍生成学派一家之言。1991 年,他写了"语言学中的功能解释和语言的起源",介绍了一些功能语言学的观点。1994 年,他发表"Chomsky 的形式、功能观札记",虽然是在为 Chomsky 辩护,但也说明他感到对这个问题不能再置之不理了。最重要的是,他在 1998 年出版了《语言形式和语言功能》,提出两派各有所长,应该开展对话。1996 年在威斯康星大学密尔沃基分校召开的题为"语言学中的形式主义和功能主义"的研讨会,则初步实现了两派之间的对话。虽然参加者还不普遍,没有真正代表两派极端观点的人物,特别是美国以外的功能派不多。

其实,形式语言学和功能语言学应该对话这个观点,是功能派历来的立场,而且他们一直在身体力行地实践。形式主义语言学是主流派,他们的著述功能派是不能不读的。Halliday 就读过 Chomsky 的著作,但他认为 Chomsky 的形式化代价太大。他在 1977 年撰写"不同语言观"(Ideas about Language),是要证明研究语言可以有不同的方法,不是只能用形式方法,功能主义同样是可行的、有效的。

---

① 后来被简化成 I-language 和 E-language,用以涵盖 intensional language 和 extensional language。

伦敦大学的 Richard Hudson 曾在英国做过一个调查,① 其结果 1981年以"语言学家都同意的一些问题"为题发表在《语言学杂志》上。其中一条是"语言学家所描写的主要对象是语言结构,但是很多语言学家把该研究跟语言功能(特别是传递意义的功能)及其他心理、文化系统联系起来"(p.335)。他自己多年来就是这么做的。1976 年,他综合系统语法、生成语法、从属语法,提出了"子项-从属语法"(Daughter-Dependency Grammar),后来又发展成"单词语法"(Word Grammar)。上文提到的 Dik 的功能语法也吸取了生成语法的一些有价值的内容。但是,在很长时间里,功能派的这些努力只是单相思,形式派对此根本不予理睬。

现在,这种情况已经开始转变,形式派也开始谈论两派之间的对话了。这是值得欢迎的,这说明功能派正在上升,形式派的一统天下已被打破。我们期待着理想的"合题"阶段的到来。②

3. 中国的语言研究

前两节我们讨论的都是西方语言学,这一节我们准备检查一下中国的语言研究在形式主义跟功能主义的论战中的位置。

"语言学"对中国来说是舶来品。中国古代只有文字学、训诂学、音韵学等,没有句法学意义上的"语法",或称"语言学"。中国的第一部汉语语法是马建忠 1898 年的《马氏文通》。为什么?很多人探讨过这个问题。我们在这里想提出一个新的答案,那就是:中国古代没有形式派意义上的语法,有的只是功能派意义上的语法。

先秦时期,中国的语言研究可以跟古希腊媲美。当时的"名实"之争跟古希腊两派的争辩异曲同工。首先提出这个问题的是老子,他在《道德经》里说,"道可道,非常道。名可名,非常名。"这两句话一针见血地指出,语言反映的现实跟实际的现实是有距离的。③孔子的

---

① 他在致谢时提到了 48 人的名字,几乎囊括了所有著名英国语言学家。

② "合题"的英文是 synthesis,是 Hegel 三段式的最后阶段。按照 Hegel 的说法,事物发展要经历三个阶段:正题(thesis)、反题(antithesis)、合题;也表述为:肯定、否定、否定之否定。

③ 这是一个很重要的论点,西方也有很多人论述过语言表达的这种不充分性。例如,Schiller 说"一当灵魂开口**说话**,哎哟,**灵魂**就不再说了!"(转引自张隆溪 1987:159)

看法是"名不正,则言不顺;言不顺,则事不成;事不成,则礼乐不兴;礼乐不兴,则刑罚不中;刑罚不中,则民无所措手足。"他强调的是语言的社会功能。这方面最著名的论断,应该算荀子的"名无固宜,约之以命,约定俗成谓之宜,异于约则谓之不宜。"他明确主张"约定论"。跟古希腊不同的是,中国没有走上与形式逻辑一致的、重形式的语言研究道路,却走上了与修辞、篇章紧密相连的注重意义、注重实用的功能化道路。

从一个角度说,中西语言研究都有其实用目的。古希腊是为了读懂荷马,在论战中获胜,或者让不同方言的使用者能够更方便地交流。中国是为了解经读史,书同文,等等。但由于语言的不同,中西语言研究走上了不同的发展方向。西方语言学总的来说是偏重形式研究的,而中国则偏重意义研究。[①]

公元前二世纪左右,中国人就有了第一部词典《尔雅》。到了东汉,又出现了《说文解字》,把字义研究跟字形研究、字音研究结合了起来,积累了丰富的汉字知识。但这只是汉语研究的一头,而且是小的一头,更大的一头是篇章研究,或称文章学。"文章学"这个名称始见于宋代,"文章"这个名称则古老得多。早年有文采的意思,自汉代开始,逐渐用于表示组成篇章的书面语言。其地位相当高,被曹丕称为"经国之大业,不朽之盛事"。那时候所谓"学而优则仕",实际是"文而优则仕"。文章写得好,就可以当官。所以,中国人很早就开始研究如何写好文章。

且不说《尚书》的"诗言志",《论语》的"质胜文则野,文胜质则史",连王充的《论衡》都是近两千年前的作品。其中的《自纪篇》、《超奇篇》、《艺增篇》、《对作篇》、《佚文篇》等都论及了写作。例如,他在《自纪篇》中讲到文章的繁简、长短取决于内容。中国第一部文章学专著《文心雕龙》则成于公元 500 年前后。"这部划时代的著作,不仅

---

① 这大概可以作为语言决定思维的一个实例。上文说到,中国的语言分析没有走上跟形式逻辑一致的道路,中国实际上没有形式逻辑。正是在这个意义上,德国哲学家 Fritz Mauthner (1849-1923) 说"假使 Aristotle 讲汉语,或达科他语,他的逻辑及范畴就会不一样。"(转引自 Bolinger 1975: 241)

以空前的规模系统而精辟地论述了文章写作过程中的观察思考、构思立意、谋篇布局、遣词造句、文章风格等一系列根本问题,而且还详细地论述了文体的分类及各种文体的不同特点。"(王凯符等1983:7)刘勰将文章结构比作筑室之基构,裁衣之缝缉。强调要"总文理,统首尾,定与夺,合涯际,弥纶一篇,使杂而不越"(《文心雕龙·附会》1962:650)。后人逐渐把文章各部分归纳为"起承转合"。其中尤为精到的是关于前中后三部分要点的概括,即"凤头、猪肚、豹尾","起要美丽,中要浩荡,结要响亮"。这是中国文章学的一个重要成果。

我们可以这么说,在汉语里,最小的自然单位是"字",最大的自然单位是"篇章"。古人写文章不用标点,通篇一体,可以算一个佐证。虽然中国人早就有"句"这个概念,但它只是字与篇章之间的一个中间环节。王充在《论衡·正说篇》中说"文字有意以立句,句有数以连章,章有体以成篇,篇则章句之大者也"。刘勰在《文心雕龙·章句》中更明确地指出"夫人之立言,因字而生句,积句而成章,积章而成篇。篇之彪炳,章无疵也;章之明靡,句无玷也;句之清英,字不妄也;振本而末从,知一而万毕矣"。相对于字,句可以是"本";但相对于篇章,它只是"末"。由于汉字的特殊书写方式,汉语没有西方语言的形态学。① 由于"句"在汉语中的特殊地位,汉语同样没有西方意义上的句法学。而形态学和句法学是西方语言形式研究的主要领域,汉语既然缺乏这两个领域,那么缺乏西方意义上的形式研究就是逻辑的必然了。

在汉语研究的历史中,也有过"语法"这个概念。人们谈论"死法"、"活法"、"文无定法"、"文成法立",等等。但这里的"法"指的主要是"章法",不是"句法",不是西方意义上的"句子要有主语、谓语"这样的跟逻辑判断一致的法则。在《马氏文通》以后,中国人也开始讨论句子的主语、谓语、名词、动词等,但主要标准还是意义。第一个根据形式划分主语、谓语的是赵元任。他在1948年出版了用英语写的《国语入门》,倡导根据语序,根据词与词的组合可能性,就是"结

---

① 这可能不仅仅是书写问题。这种书写方式是什么决定的?是完全任意的,还是有其理据?这是个值得研究的问题。

构",来分析汉语。1952年,丁声树等人开始在《中国语文》连载《语法讲话》(1961年出单行本时改名为《现代汉语语法讲话》)。他们把"词的次序"看成是最重要的形式(1961:2)。认为"一般地讲,在现代汉语里,主语总是在谓语的前边"(同上:29),反对根据意义把主语说成是施事。令人感兴趣的是,赵元任、丁声树等人把汉语主语定义为"话题",跟西方功能派的分析非常接近。

朱德熙继承了赵元任开创的路子。但是,他一方面把主语定义为"陈述的对象,即说话的人要说到的话题"(1982:17);另一方面又认为主语、谓语的关系可以从结构、语义、表达三个角度去分析。在结构上,主语一定在谓语之前。两者之间的联系是各种结构中最松的。它们中间可以有停顿,可以插入语气词;只要不会误解,主语还可以省略。在语义上,主语可以是施事、受事、与事、工具、时间、处所等。在表达上,主语是说话人最感兴趣的话题。这就是说,他的主语定义实际上是从表达角度入手的,不是结构。他还提出了"显性语法关系"和"隐性语法关系"这对概念。"隐性语法关系是隐藏在显性语法关系后边的潜在的语法关系。例如'出租汽车',作为名词性结构,'出租'和'汽车'之间是修饰和被修饰的关系。可是在这种关系背后还存在另外一种关系,即动作和受事的关系。作为动词性结构,'出租'和'汽车'之间是述语和宾语的关系,同时二者之间仍然存在着动作和受事的关系"(1980:182)。显然,他的隐性语法关系就是一般所谓的语义关系。朱德熙是当代中国语言学家中形式主义倾向比较重的一位,连他都要在分析汉语时借用意义,这就不难解释,在中国语言学界为什么"把形式跟意义结合起来"的呼声一直那么高。①

4. 尾声

徐烈炯教授(2002:12)对中国外语界功能主义人数多于形式主义,表示不理解。其实,朱永生教授(1993:I)探讨过系统功能语法得

---

① 在西方,如上文所述,形式派在大部分时间,特别是在20世纪,处于主导地位。他们是主张形式跟意义分离的。在Bloomfield时代,语言学家的研究对象被假设成陌生语言,语言学家没有能力借助意义,他只能依靠形式。到了Chomsky时代,句法被认为是独立自主的。句法结构不需要借助意义来说明。

以在中国迅速发展的原因。其中主要有两点：Halliday 多次亲自来中国讲学，有一批学成回国的学者团结奋斗。我们在这里想补充一点，那就是：中国人的思维习惯跟功能主义比较吻合。①

中国人长于形象思维，短于抽象思维；长于归纳法，短于演绎法。这是中国的历史、文化造成的，这中间肯定也有语言的因素。现在这种思维习惯又反过来影响我们的语言研究。鉴于 Chomsky 理论在语言学界的巨大影响，搞语言学的人没有几个没学过的。但是，大多数中国人的反应是：这理论听起来头头是道，似乎很有道理，可是它跟我们的实际应用有多少关系呢？能解决多少实际问题呢？功能语法，如 Halliday 的系统功能语法，则相反，让人一接触就觉得用得上，理解起来也不那么困难。

这不是说中国人一点抽象理论都不喜欢，只是抽象程度不能太高。这是中国人在自然科学领域，只有技术发明，没有科学理论的原因之一。这是中国人的弱点，也是中国在科技发达的现代落后的一个原因。但是，凡事都有两面。有利就有弊，有弊也就有利。在抽象思辨盛行了一段时间之后，在需要收集大量实际素材的时候，中国人的思维习惯就有了用武之地。而根据我们的分析，语言学现在正在进入这样一个阶段。我们有理由相信，具有注重意义、注重语篇、注重实例分析的悠久历史传统的中国语言研究，在形式主义让位于功能主义的 21 世纪必将取得更加辉煌的发展。

---

① 在美国的华裔语言学家有很多是研究功能语法的，这个事实也说明了两者的内在联系。1994 年，当时的北京语言学院翻译出版了由戴浩一、薛凤生主编的《功能主义与汉语语法》（戴浩一的"导言"写于 1989 年，英文版大概出版于此后不久），收集了邓守信、黎天睦、薛凤生、屈承熹、毕永峨、曹逢甫、李讷等 18 位活跃在海外的汉语语法研究者的文章。其中特别值得一提的是，佛罗里达州立大学陆孝栋教授的观点。从学术背景讲，他可以算做形式派，多年来一直研究乔姆斯基理论。但是，他在题为"形式主义、功能主义与汉语语法"的文章的结束语里说，"语用学已成为语言研究的一个重要方面。研究的重心从句法转移到[了]语义，研究的方法从形式转移到[了]功能"（1994:305-6）。这跟我们在这里阐述的论点是完全一致的。

附录一　PRAGMATICS 溯源[①]

>……完整的符号科学由三部分组成这个观点源于皮尔斯,但这个渊源与当今语言学家、哲学家主张的这种区分[语用学与语义学的区分——引者]究竟还有几分关联,却是个值得商榷的问题。至于在皮尔斯的研究工作中,作为符号学分支的 pragmatics 跟称为实用主义的哲学运动之间的联系……就更与此无关了,……。
>
>　　　　　　　　　　——莱昂斯(J. Lyons 1977:119)

Pragmatics 汉译"语用学",是一门新兴的语言学分支。为了加深对这门学科的理解,本文拟对 pragmatics 的渊源作一番探讨。

1　哪个 pragmatics?

Pragmatics 一词可作三种解释,首先,它可以指称一门学科,这就是本文第一句 pragmatics 的含义。第二,由于语言符号的自指性,pragmatics 可以指这个词本身。在这个意义上,我们可以用引号把它引起来,如第一句中的"语用学"。第三,pragmatics 可以指语言运用,或语言运用中的规律性这一现象。如英国语言学家利奇(G. Leech)在他的《语用学原则》中说:"……只有理解了 pragmatics:语言是如何用于交际的,我们才能真正理解语言本质这个问题"[②](1983:1)。

作为学科的 pragmatics 是对作为现象的 pragmatics,即语言运用,或语言运用中的规律性的研究。语言运用这种现象,自语言出现之日,甚至在语言形成过程中,就存在。这是无须论证的。需要寻根

---

① 本文原载 1997 年《北京大学学报(外语语言文学专刊)》。这里基本上是原样收录。
② 为此,廖秋忠曾在介绍《语用学原则》的文章中将这一含义译作"语用法"(廖秋忠 1992:363-372)。

究底的是作为前两者的 pragmatics。作为学科的 pragmatics 很复杂，其起源不是一篇短文能说清楚的。因此，本文主要谈 pragmatics 一词的起源——其首次使用以及，更重要的，其含义。

2　Pragmatics 的首次使用

1937年，美国哲学家查尔斯·威廉·莫里斯（Charles William Morris, 1901-1979）把他在 1934 年以来写的 5 篇论文收集成册，命名为《逻辑实证主义、实用主义和科学经验主义》。他在序言里写道，"分析表明语言符号① 持有三种关系：与语言中其他符号的关系，与所表示的物体的关系，与运用并解释符号的人之间的关系。这三种关系界定了意义的三个方面。而这三个方面又分别是 syntactics, semantics, pragmatics 的研究对象。符号学则是总括这三门学科及其相互关系的总科学"（1937：4）。这是 pragmatics 一词第一次正式见诸文字。②一年以后，在他的《符号理论的基础》③ 里，莫里斯再次阐述了这一观点，并且解释说，"Pragmatics 一词很明显是参照 pragmatism 生造的。我们有理由说，实用主义的永恒意义在于它使人们比以前更加重视符号与其使用者的关系，在于它比以往任何时候都更充分地估价了这种关系对理解智力活动的作用。Pragmatics 一词有助于突出表明皮尔斯、詹姆斯、杜威、米德的成就在符号学领域中的意义"（1971：43）。这说明莫里斯当初首创 pragmatics 与实用主义哲学思潮、符号学理论有密切关系。但是一个更显然的原因是科学统一化运动。

---

① 当 sign 和 symbol 同义时，本文都译作"符号"。当 Symbol 只指 sign 的一个小类时，本文译作"象征"或"象征符号"；其他两个小类，即 icon 和 index，分别译作"图像"和"直示"。

② Beverley Kent 在 *Charles S. Peirce: Logic and the Classification of the Sciences* 第 101 页提到皮尔斯曾把各种学科分成三类：Mathematics, Empirics or Phenomenology, Pragmatics。但这份手稿在莫里斯的小册子出版以前并没有公诸于世，因此我们仍有理由认定莫里斯是正式使用 pragmatics 的第一人。

③ 因为这部著作影响较大，许多人都误以为这是莫里斯第一次使用 pragmatics 的场合。其实 Webster's Ninth New Collegiate Dictionary 就标明 pragmatics 的首次使用时间是 1937 年。

3 在科学统一化运动的名义下

莫里斯在《逻辑实证主义、实用主义和科学经验主义》的序言里还说,除了1934年写的第一篇,其余4篇都是与欧洲哲学家直接接触一年后的产物。这些欧洲哲学家指的是1935年来到芝加哥大学成为莫里斯同事的卡尔纳普(Rudolf Carnap, 1891-1970年)及1934年移居海牙的纽拉特(Otto Neurath, 1882-1945)等人。当时他们正致力于科学统一化运动。他们认为物理学、数学、生物学、社会学这些学科是出于分工研究的需要才加以区分的。从本质上说,它们只是同一门科学的不同部门,因此应该统一起来。纽拉特从20年代就开始筹划此事。进入30年代以后,他们采取了一系列实际行动。1934年他们在布拉格开会,筹备召开促进科学统一的国际会议。1935年,第一届促进科学统一国际会议在巴黎召开,会议通过了纽拉特提出的关于编辑《统一科学国际百科全书》的计划。该大会每年召开一次,到1939年共召开了5届。此外,1934年纽拉特在海牙建立了"世界研究所",1936年又建立"科学统一研究所",作为前者的一部分,1937年更名为"促进科学统一国际研究所"。1938年,维也纳学派机关刊物《认识》更名为《统一科学杂志》,再次表明实现科学统一的宗旨。

莫里斯积极参与了科学统一化运动的各种活动。他出席了历届促进科学统一国际会议,是促进科学统一国际研究所三人执委会之一,与纽拉特、卡尔纳普一起编辑了《统一科学国际百科全书》仅有的前两卷——《科学统一的基础》。他的名著《符号理论的基础》是该书的第一篇实质性文章;[1]在1937年的小册子里,莫里斯也竭力鼓吹这一运动。他在首次使用pragmatics的那段文字后,紧接着说,"实践证明形式主义[即逻辑实证主义——引者]、经验主义、实用主义都只强调了意义三个方面中的一个方面。尽管这三者各自都不是全部真理,它们却都是重要组成部分,就像科学方法中的理论、观察、实验那样互相补充"(1937:4)。他把这三者兼容的思想倾向叫做科学经

---

[1] 名义上的第一篇由纽拉特、玻尔、杜威、罗素、卡尔纳普、莫里斯六人分别撰写的介绍性文章组成。

验主义,并说"科学经验主义……证明是有能力把逻辑实证主义、传统经验主义、批判实用主义等见解统一起来的"(同上)。但如果我们按时间顺序浏览一下这些文章,就可以看出科学统一化运动只是一块招牌,并非莫里斯的真实主张。

1934年的第一篇文章题为"实用主义与形而上学",主要介绍了皮尔斯等人的实用主义,尤其是米德(George Herbert Mead,1863-1931年,莫里斯的博士导师)关于经验具有社会性的观点。莫里斯认为实用主义并不一概排斥形而上学。另一方面他把实用主义看作实证主义的一个派别。称之为生物实证主义,社会实证主义,甚至实用实证主义。他指出,不管是科学还是哲学,都需要既有大胆的思辨,又忠实于经验。形而上学和实证主义分别只强调了其中的一个方面,而实用主义第一次有可能使同时具备这两者的经验主义实证论(empirical realism)成为现实。这时,莫里斯还没有接受科学统一化观点。他倡导的是不要把形而上学与实证主义对立起来,而应把它们结合起来。①

第二篇是"科学经验主义中的形式科学和经验科学之间的关系",该文用了"科学思想的各种力量的统一"(the unification of the forces of scientific thought)等字眼,标志了莫里斯接受科学统一化思想的开始。②在这篇文章里,莫里斯运用符号学理论论证了逻辑和数学这样的形式科学在某种意义上也属于经验科学,因此可以与后者统一起来。他举例说,人们看到冒烟就有可能喊"着火了"。但如果在一个拥挤的剧场里,这个人想到一喊"着火了",就会引起恐慌,带来不良的消极影响,他可能就不会大声喊叫。不管这个人对冒烟采取什么反应,他都要以"冒烟"、"着火"等为符号进行一番推理,(尽管这种推理可能是潜意识的,他做出的反应可能只是一种习惯动作)。这些符号之间的关系取决于两类因素:经验因素和实用因素。经验因素是指"冒烟"与"着火"之间实际存在的关系,实用因素是指这些

---

① 莫里斯在编辑成册时加注说,该文应命名为"实证主义与自然主义","形而上学"一词用得不合适。

② 该文发表于维也纳学派的机关刊物《认识》本身就是一个有力的说明。

符号与人的目的之间的关系。如果"冒烟"与"着火"之间不存在实际关系,那么这两个符号之间的逻辑关系也就不存在。如果解释符号的人有不同的目的,他采取的反应就会不同,"冒烟"与呼喊"着火了"之间的关系也就不同。这样,莫里斯不仅说明了逻辑研究中也有经验因素,而且为他首次提出自己的符号三项关系说做好了铺垫。他说"符号与目的、存在物、其他符号都有关系。事实表明实用约定主义、历史经验主义、逻辑形式主义各自强调的侧面都有其合理性。但不能把它们各自都说成是全部真理,否则就是荒谬的"(同上:51)。

第三篇"科学哲学与哲学科学"是从哲学的定义角度来讨论科学统一化的。莫里斯提出,如果认为哲学研究应该和科学研究一样,要接受事实的检验,那么我们可以有四种哲学的定义:哲学作为逻辑科学,哲学作为广义的意义科学,哲学作为价值学,哲学作为宇宙学。其中第二种可以认为是第一种的扩大,即把逻辑分析应用于一切概念,一切意义,而不仅仅局限于形式意义。莫里斯论证了这种扩大的必要性。他说,"要完全说清楚一个词语的意义,就要知道该词语表示什么物体,它使与之有关的人产生什么预测,以及它与同一语言中其他词语的关系。确定第一项说出了意义的经验方面,确定第二项说出了意义的实用方面,确定第三项说出了意义的形式方面"(同上:13)。

在该文结尾处,他说意义的这三个方面都有其典型的表达方式:数学是表达形式意义的语言,科学是表达经验意义的语言,艺术是表达实用意义的语言。"而哲学则可以看作是这些语言的语言"(同上:21)。他的最后一句话是,"如果这么理解该词语[语言的语言——引者],那么上文所讨论的四种概念就都包括在哲学作为语言的语言这个概念里了"(同上)。在这篇文章里,莫里斯正式使用了"科学的统一"(the unity of science)这个词语。

第四篇题为"符号学与科学经验主义",其中部分内容曾在1935年第一届促进科学统一国际会议上宣读过。该文再次提出"符号,至少在较复杂的层面上,可以被认为持有三类关系:与物体的关系、与人的关系、与其他符号的关系"(同上:64)。并说这三类关系可以被界定为三种意义。与物体的关系可以叫做存在意义(existential meaning,略作 M_e),与人的关系可以叫做实用意义(pragmatical meaning,略作 M_p),与其他符号的关系可以叫做形式意义(formal meaning,略作 M_f)。"一个符号的意义因此就是其各方面意义之和,即 $M = M_e + M_p + M_f$"(同上:65)。"对意义各个侧面及其相互关系的研究构成符号科学"(同上:67)。

从哲学思潮角度看,莫里斯认为同样植根于经验主义的逻辑实证主义与美国实用主义正在互相靠拢。逻辑实证主义者不再强调一切知识都要经过个人经验证实,他们已开始谈论知识的社会性、客观性。美国实用主义也不再像詹姆斯、杜威那样对逻辑分析漠不关心。这种新思潮就是莫里斯所谓科学经验主义。它是借助符号学研究而出现的。在这个意义上,符号学是它的工具或基础。

最后一篇是"实用主义与逻辑实证主义中的意义概念"。在这里莫里斯较详细地论证了实用主义与逻辑实证主义的结合问题。他认为实用主义的特点是强调生物、社会范畴,可以称为"生物社会实证主义"(biosocial positivism),而逻辑实证主义则强调逻辑、形式范畴。但是在意义问题上,这两种思潮能互相补充,形成一个全面的意义理论。从实证主义角度说,坚持极端的可证实原则,坚持一切认识都要经过个人经验的验证,必将导致否认普遍真理。同样,极端实用主义的意义观,只把符号的意义等同于符号使用人所作出的预测,也是不全面的。莫里斯再次重复"符号具有三类关系:与一个人或多个人的关系,与其他符号的关系,与物体的关系。意义具有相应的三个方面或三种类别,即生物方面(作为预测的意义),形式方面(可以用特定言语表达的意义),以及经验方面(作为物体替代物的意义)"(同上:27-28)。事实上,逻辑实证主义者和实用主义者都已放弃了各自的极端立场,因此两者的结合不仅是必须的而且是可能的。

以这篇文章结束本节的讨论是再合适不过的了。它点出了莫里斯主张的实质,即把实用主义与逻辑实证主义结合起来。所谓与符号学另一个分支——semantics 对应的传统经验主义只是为了凑数才硬拉进来的。事实上,当时致力于意义研究的塔尔斯基(Alfred Tarski, 1902-1983 年)等人也属于逻辑实证主义思潮。把逻辑实证主义完全等同于形式研究、句法研究,是一种曲解。至于科学统一化运动,那只不过是一个幌子,与莫里斯的主张其实并不是一回事。纽拉特、卡尔纳普要统一的是物理学、生物学、社会学等具体学科,他们强调通过采用统一的语言——物理学语言实现统一。而莫里斯要统一的则是实证主义、实用主义之类哲学思潮,实现统一的工具是符号学。莫里斯借用这块招牌是为了给自己的主张安上一个冠冕堂皇的名目,以壮声势。

那么符号学、实用主义跟 pragmatics 的关系又怎么样呢?下面我们将分别论述符号学、实用主义创始人的原本思想,然后讨论莫里斯在这两者基础上构筑的理论。

4 皮尔斯符号学

符号学最早可追溯到古希腊,但现代意义上的符号学,在美国始于哲学家查尔斯·桑德斯·皮尔斯(Charles Sanders Peirce, 1839-1914年)。

皮尔斯被认为是美国有史以来最博学、最具独创性的学者。他1859 年毕业于哈佛大学哲学系,1861 年 6 月到美国海岸大地测量局工作。这是他一生中惟一的正式职位。他在这里工作了 30 年,对天文学、重量或密度测定学、光谱学、计量学、大地测量学、地图投影数学理论都有所贡献。在进测量局的同时,他又到哈佛大学劳伦斯科学院学化学,于 1863 年获学士学位。从此,他以化学家自居。但他更为人所熟知的贡献是在数学和逻辑方面。他是第一个注意到布尔代数的美国人,对布尔系统提出了许多重要改进意见。他首先提出了类包含概念,在摩尔根基础上丰富了关系逻辑,被认为是数理逻辑的奠基人之一。然而,对皮尔斯来说,"数学、伦理学、形而上学、万有引力、热力学、光学、化学、比较解剖学、天文学、心理学、语音学、经济学、科学史、惠斯特、男人和女人、酒、计量学"都不过是符号学的别名,舍此无它。①皮尔斯这一信念是 12 岁时开始树立的。那时他阅读了哥哥带回家来的大学课本——理查德·惠特利(Richard Whateley, 1787-1863 年)的《逻辑学基础》。其中一个重要观点是,一切思

---

① 出自皮尔斯 1908 年 12 月 23 日给 Lady Welby 的信,转引自 Ketner and Kloesel 1986:342。

想都在符号里,离开符号我们就不能思维。后来他在奥康姆、霍布斯、莱布尼兹、贝克莱等人的著作中都发现了类似的观点,这进一步坚定了他的信念。在这个意义上,我们可以说皮尔斯一生只研究了一门学问,关于符号的学问——符号学。

皮尔斯的符号学不仅无所不包,而且错综复杂。他给符号下过许多定义,这些定义有的大同小异,有的强调不同的侧面,放在一起则给人以自相矛盾之嫌。但有一点始终不变,那就是符号处于一种三项关系中,它一头连着对象(object),另一头连着解释(interpretant)。如"**代表者**①[符号——引者]是三项关系中的第一个关系项,第二个关系项叫做它的**对象**,第三个可能的关系项叫做它的**解释**,……"(2.242)。② "符号是这样一种物体,它一方面与其对象有关系,另一方面与一个解释有关系;这样该解释就与该对象处于一种跟符号与其对象相一致的关系中"(8.332)。"我把**符号**定义为这样一种东西,它一方面由一个对象所确定,另一方面又确定人头脑中的一种观念;以致后者(我称之为符号的**解释**)间接地由对象所确定。因此,符号跟其对象、解释处于一种三项关系中"(8.343)。他曾强调指出,"……我用'符号过程'(semiosis)表示一种行动或作用。它是,或涉及,符、对象、解释这样**三种**主体间的合作。这种三项作用是不能以任何方式分解成两项行动的"(5.484)。

说到皮尔斯符号学,就不能不涉及他的基本范畴理论,这两者是密不可分的。皮尔斯对康德的12个"知性纯范畴"非常不满,③ 认为这个分类是"非常草率的、粗浅的、琐碎的、甚至毫无价值的"(1.560)。他在1867年发表"一组新范畴"(On a New List of Categories)中提出,概念的功能是把各种不同的感官印象统一起来,概念的价值在于离了它便不能实现这种统一(1.545)。这一认识是他的新范畴理论的基础。

---

① 引文中的黑体字在原文中是斜体。
② 《皮尔斯全集》(英文)引文习惯上以卷号,段号,注明出处,2.242即第二卷第242段。
③ 康德的12个知性纯范畴,就是本书59页曾提到过的他给判断所做的12个分类。

他认为最接近感官的普遍概念是"实体"(substance),而感官印象的统一是在命题中通过联系动词暗含的概念"是"(being)实现的。如在 The stove is black 中,the stove 是实体,而 is 把 the stove 和 black 连成一体。"因此,'实体'和'是'是一切概念的开始和结束"(1.548)。在"实体"和"是"之间,皮尔斯认为存在三个基本概念。第一个是"性质"(quality),如 The stove is black 中的 black。跟实体不一样,性质是一种间接的、抽象的概念。There is blackness in the stove 的意思跟 The stove is black 一样。Black 就是 embodying blackness。这时,皮尔斯引进了一个新术语"根据"(ground)。他把纯粹抽象的概念称作根据,而性质则变成了与根据的关联。①第二,要确定一种事物的性质,我们就要将它与其他事物进行比较,也就是说我们要引进一个关系项(correlate),某物与关系项的关联叫做联系(relation)。第三,在比较两种事物时,我们实际上还需要一个第三者——中介物;他举例说,如果我们要比较 p 和 b 这两个字母,我们可以设想把一个字母以书写线为轴线颠倒过来,如把 p 颠倒成 b,然后将它放在原来的 b 的上面,并把上面这个 b 想象成透明的,可以透过它看到下面的 b。这样,我们就会看到 p 的颠倒形象就是 b。这一认识是通过中介物——颠倒的 p 而达到的。再比如,我们在学习法文时碰到 homme 这个词去查法英词典,发现它的释义是 man。这就是说 homme 在法文里的意思跟 man 在英文里的一样。这样,我们就会把 homme 跟一种两条腿动物联系起来,而这一认识是通过 man 这个中介物达到的。皮尔斯说"这样的中介代理可以称作**解释**(interpretant),因为它承担了译员的职能,告诉人们外国人说的跟他说的一样"(1.553)。这种与中介物或解释的关联叫做代表(representation)。

---

① 笔者认为这是一种毫无必要的故弄玄虚。惟一的作用是把性质说成是与根据的关联,以对应于下文的联系(relation)是与关系项的关联,代表(representation)是与解释的关联。

接着,皮尔斯讨论了性质、联系、代表① 这三个概念在逻辑学中所处的地位,并第一次提出逻辑学研究象征符号与其对象的关联,只是三门相关学科中的一门。其他两门是形式语法,研究象征符号与其根据的关联;形式修辞,研究象征符号与其解释的关联。这表明皮尔斯认为逻辑学是符号学的,严格地说是象征符号学(symbolistic)的,一个分支。

30年以后,他的认识发生了变化。在一份大约写于1896年的手稿中,皮尔斯说,"逻辑学一词被我较随意地用于两个不同的含义。狭义地讲,它是一门关于达到真理的必要条件的学问。广义地讲,它是关于思维的必然规律的学问,更确切地说,是普通符号学(因为思维总是以符号为媒介进行的)。它不仅研究真理问题,而且研究符号之成为符号的一般条件(邓斯·司各脱所谓的**思辨语法**),以及思维的演化规律。后者跟意义是如何以符号为媒介在不同大脑之间、在不同大脑状态之间传递的研究相吻合,如果为了利用现有术语,应该叫做**思辨修辞**,……"(1.444)。

从1902年起,他进一步倾向于把"逻辑学"仅用于广义的含义。他说,"逻辑学是关于符号,特别是象征符号的一般必要规律的学问。在这个意义上,它有三个分支。反向逻辑(obsistent logic),即狭义逻辑学,或称**批评逻辑**(critical logic),是关于象征符号和其他符号跟它们所表示物体之间关系的一般条件的理论,即真值条件理论。原生逻辑(originalian logic),或称**思辨语法**,是关于象征符号和其他符号之所以具有它们重要特征的一般条件的学说。……转化逻辑(transuasional logic),即我所谓**思辨修辞**,基本上就是方法论(methodology),或更确切些,**方法学**(methodeutic)所涉及的内容。它是关于象征符号和其他符号跟它们所要确定的解释之间关系的一般条件的学说"(2.93)。"既然一切思维都是通过符号实现的,逻辑学就可以

---

① 实体、是、性质、联系、代表这五个基本概念是当时皮尔斯提出来的新范畴。但"实体"和"是"在引进其他三个概念后便束之高阁,不再提起。在日后的论述中,性质、联系、代表这三个概念曾被赋予许多不同的名称。为了避免由术语引起的先入之见,皮尔斯有时索性称之为"第一性"(firstness),"第二性"(secondness),"第三性"(thirdness);甚至"第一"(first),"第二"(second),"第三"(third)。

被看作是关于符号的一般规律的学问。它有三个分支:1. 思辨语法,或称关于符号(不管是图像、直示、还是象征)本质和意义的一般理论;2. 给推理分类,并确定每类推理的有效性和力度的批评学;3. 研究应该用什么方法调查、说明、应用真理的方法学"(1. 191)。

在这个意义上,皮尔斯关于逻辑学的大量论述也都是关于符号学的论述。也正是在这个意义上,《皮尔斯全集》的编者把他有关符号理论的论述收集在第二卷,命名为《逻辑学基础》。其中第一册题为《逻辑学概论与历史》,第二册、第三册分别采用皮尔斯符号学(逻辑学)前两个分支的名称《思辨语法》和《批评逻辑》。但为什么就没有第三个分支——思辨修辞或方法学呢?要回答这个问题,我们必须论及他的实用主义思想。

5 实用主义

实用主义是皮尔斯思想的重要组成部分,而且是他最具独创性的贡献。它本质上是一种意义理论,提供了一种确定意义的方法。

19 世纪 70 年代,皮尔斯和詹姆斯(William James, 1842-1910 年)等人组织了一个"形而上学俱乐部",每两周聚会一次,讨论他们共同关心的哲学问题。在 1872 年 11 月的一次聚会上,皮尔斯宣读了一篇关于实用主义的论文。5 年以后,这篇论文被扩充成两篇,分别以"信念的确立"(The Fixation of Belief)和"如何澄清我们的观念"(How to Make Our Ideas Clear)为题发表在《大众科学月刊》(Popular Science Monthly) 1877 年 11 月号和 1878 年 1 月号上。1868 年,皮尔斯曾在《思辨哲学杂志》(Journal of Speculative Philosophy)上发表三篇文章,批驳笛卡尔的普遍怀疑论及其真理标准。关于实用主义的文章可以看作是这三篇的续作。

在"信念的确立"一文中,皮尔斯接着前三篇的话题,讨论了怀疑和信念的关系。他认为怀疑表示一种有问题要问的愿望,信念则是一种有判断要表达的愿望,这两者的感觉是不一样的(5. 370)。"当我们信奉某种东西时,这几乎肯定地表明我们内心已形成了一种将决定我们行动方向的习惯,而怀疑决不会有这种效应"(5. 371)。"怀疑是一种令人不安和不满的思想状态,我们将努力摆脱它,以求进入相信状态;而相信则是一种平静、满意的状态,我们不会希望回避它,或改变成另一种信念"(5.372)。"怀疑导致的恼怒是为达到信念而作出努力的惟一直接动因。……因此,努力从怀疑开始,因怀疑的消失而终止"(5.375)。

在"如何澄清我们的观念"中,皮尔斯首先讨论了清楚(clear)和明白(distinct)这两个概念。笛卡尔主张一切都要接受理性的审定,提出"只能把那些十分清楚明白地呈现在我的心灵之前,使我根本无法怀疑的东西放进我的判断之中"。[①]笛卡尔把"清楚"界定为熟悉,一个观念如果一眼就能辨认出来,那它就是清楚的。但是他没有明确解释"明白"的含义,是莱布尼兹发展了笛卡尔的思想,把明白的观念界定为有一个抽象定义的观念。[②]皮尔斯把笛卡尔倡导的方法称作先验方法,认为跟中世纪权威方法相比,这是一个进步。但用这种方法只能达到第一级、第二级清楚,[③]不能满足现代哲学的需要。一个观念是否熟悉,只是一种主观感觉,它完全可能是错误的(5.389)。它使得对真理的探索变成像口味一样的东西,随时尚而变迁,永远不能达成一致(5.383)。皮尔斯在1868年的文章中就指出过"……把单独个体当作真理的绝对裁判是极其有害的。其结果是形而上学家都会同意,形而上学已达到了比物理学高得多的确定性,只是此外他们再也不能达成任何一致意见了"(5.265)。而且,"论证的目的是从我们已知的认识中找出我们还不知道的东西"(5.365)。可是"我们不可能从分析定义中学到任何新东西"(5.392)。"一个词由其他词定义,这些定义词本身又被其他词定义,永远不会达到真正的认识"(5.423)。因此,他认为"必须找到一种方法,使我们的信念……能由一种外在永久因素,一种不受我们的思维影响的东西,所决定。……它必须是一种影响,或可能影响,每一个人的东西。而且,尽管这种影响必然随个体条件不同而不同,这种方法却必须使每

[①] 出自笛卡尔:《谈谈方法》,转引自冯俊 1989:10,译文稍有改动。
[②] 参见《皮尔斯全集》(英文),第五卷,第391、392段。
[③] 在1897年的一篇文章中,皮尔斯明确地把"熟悉"称为第一级清楚,"抽象定义"称为第二级清楚(3.456)。

个人的最终结论是相同的。科学方法就是这样一种方法"(5.384)。

可是,皮尔斯没有立刻提出自己的方法,他回到了上一篇的话题"怀疑和信念",不过措词有些改动。他说我们在前文指出"……思维行动由怀疑恼怒所激发,随信念的确立而结束;所以产生信念是思维的惟一功能。然而,所有这些词对于我的目的来讲都太大了。我把现象描绘得就像出现在心理显微镜下那样大。怀疑、信念这些词一般用于宗教或其他较重大的事件。但是在这里我用它们表示任何问题(无论大小)的出现和解决。例如,在马车上我拿出钱包,发现一个五分镍币和五个一分铜币。当我的手伸进钱包的时候,我决定了到底用哪个付车钱。把这样的问题叫做怀疑,决定叫做信念,肯定是用词不当。说这种怀疑导致了需要平息的恼怒似乎是说精神非常不稳,已到了崩溃的边缘。但是,如果仔细审视这个问题,我们必须承认在决定用铜币还是镍币时,我是会有一点儿犹豫的(这是可以肯定的,除非我按早先形成的习惯行事)。虽然恼怒这个词重了点儿,但在决定我将如何行动时,我确实会出现与此类似的,尽管是细微的,心理活动。怀疑常常源于行动时的犹豫不决,不论它是多么短暂"(5.394)。

然后,他专门讨论了信念问题。他说,信念有三个特点:"第一,它是我们能意识到的东西;第二,它能平息怀疑引起的恼怒;第三,它能在我们内心确立一种行动准则,或简称为习惯"(5.397)。"信念的精髓是确立一种习惯,不同的信念是以它们所导致的不同行动方式来区分的"(5.398)。在这个意义上,"思维的惟一功能"也就成了产生"习惯"。①"某物的意义就是它所涉及的习惯","因此,要揭示它的意义,我们只需要确定它所产生的习惯就行,……。这样,我们就把思维中的每一个真正的差别,不论它是多么微妙,都归结成了某种有形的、尽可能实际的东西;没有一种意义差别是如此微妙,以至于不能归结成可能的实际差别"(5.400)。他举例说,天主教理论认为

---

① 在一份大约写于1906年的他生前未发表的手稿中,皮尔斯解释了习惯与信念的关系。他说,"当一种在给定环境下以某种方式行动的意思由给定动机实化(actuated)的时候,它就是习惯;一种有意的、或称自我控制的习惯,恰好就是信念。"(5.480)

面饼和葡萄酒在弥撒中经神父祝圣后变成了耶稣的肉体和血液,可是如果我们按照酒的特性认定我们所品尝的液体只有酒的感官效应,那么把它说成是血,就是毫无意义的胡说。我们不可能拥有跟某物的可感知效应毫无关系的观念。"我们关于任何东西的观念都是关于它的可感知效应的观念,……。思维具有与其惟一功能无关的其他意义的看法,是荒谬的"(5.401)。

这时,他把前面两部分讨论结合了起来,总结性地说"既然如此,获得第三级清楚理解的规则似乎应该是:如果考虑一下我们设想的我们认识对象将产生的效应(那些有可能产生实际作用的效应),那么,我们关于这些效应的认识就是关于该对象的全部认识"(5.402)。这一规则被称为实用主义准则(pragmatic maxim),或皮尔斯原则。在该文余下部分,皮尔斯通过实例进一步阐明了这个准则。例如,当我们能辨认什么东西硬,什么东西不硬时,我们对"硬"这个概念的认识达到了第一级清楚。当我们认识到硬就是"内部组织紧密,不容易变形,跟'软'相对时",达到了第二级清楚。但只有当我们用这种认识去指导我们的行动,我们的认识才达到第三级清楚。这种具体行动可以是多种多样的,但它们都依赖于我们对"硬"的认识。当我们需要切割玻璃而没有正式工具时,我们可以用钻石戒指来代替,因为它比玻璃硬。同样,当我们时刻注意避免钻石戒指划破镜子时,我们也是基于这种认识。但是,该理论在当时没有引起人们应有的注意,实用主义成为热门话题是 20 年以后的事。

1898 年 8 月 26 日,詹姆斯在加利福尼亚大学伯克利分校的哲学联合会年会上发表了题为"哲学概念及其实际效果"的讲演。在关于开风气之先的哲学家的开场白后,他说,"我只想和各位一起界定看来最有可能通往真理之路的方向。这个方向是多年以前由一位家在东部、发表的著作因数量有限且散见于不同刊物而不足以表现其能量的美国哲学家向我指出的。他就是查尔斯 S. 皮尔斯先生。我敢说你们很多人还没听说过这位哲学家。他是当代最具独创性的思想家之一。Practicalism 原则(或如 70 年代早期在坎布里奇我初次听他谈到时称呼的 pragmatism 原则)就是提示,就是指南针。我本人越来越坚定地相信沿着这个方向我们可以踏上正确的探寻真理之路"。①这篇讲演在听众中引起了巨大的反响,一时间实用主义风靡全美国,成了一股不可抗拒的潮流。

然而,面对这种局面皮尔斯却是不安多于喜悦。他认为詹姆斯对实用主义的解释歪曲了他的原意。他们俩曾在劳伦斯科学院一同求学,后来又一起组织"形而上学俱乐部",私人关系密切。皮尔斯晚年生活拮据,詹姆斯曾以多种方式帮助他,促成他到哈佛讲课,为他设立基金会等。皮尔斯对此非常感激,把自己的中间名字改成了Santiago(西班牙语 St. James 的意思)。但在学术问题上,他却丝毫不为情感所左右。沉默了一阵以后,他开始为捍卫自己理论的纯洁性而据理力争。

在1902年出版的《哲学与心理学词典》的有关条目中,皮尔斯批评詹姆斯1898年的讲演把实用主义方法推到了极端,使人以为"该学说似乎把人的目的看成行动"。"相反,如果我们承认行动需要一个目的,而且该目的必须是一种一般描写,那么实用主义准则的精神本身(即为了正确理解概念,我们必须注意概念的结果)将指引我们从实际事实走向另一方面,走向作为我们思想真正解释者的一般观念"(5.3)。1905年,皮尔斯在"什么是实用主义"一文中又说,"……如果实效主义②确实把做事(Doing)当作人生的终极目的,那将是它的死亡。如果说我们活着只是为了作为行动的行动,不考虑行动所实现的思想,那等于说世上没有理性含义(rational purport)这种东西"(5.429)。对詹姆斯轻率地用 practicalism 注释 pragmatism,他也表示了不满。他认为哲学界应该像自然科学界那样,使每一个术语都有确定的含义。当一个人为一个新概念命名以后,其他人只有沿用该术语的义务,没有篡改它的权利。否则,就不仅是对命名人的不敬,而且是对哲学的损伤(5.413)。当然,更主要的是,他认为这两者表达了非常不同的含义。他用第三者的口吻说,"有些朋友希望他把 pragmatism 称为 practicism 或 practicalism……。但是对于

---

① 转引自 Ketner and Kloesel 1986:284。
② 为了强调他与詹姆斯等人的实用主义之间的区别,这时他已把自己的学说改名为 pragmaticism(5.414),译作"实效主义"。

像他这样从康德那儿学过哲学,……仍然非常乐意采用康德术语的人来说,*praktisch* 跟 *pragmatisch* 之间就像两极那样遥远。前者属于这样一个思想领域,在那里实验主义类型的学者永远不能找到牢靠的落脚之地,后者却表示一种与某些确定的人类目的的关系。而新理论的最显明特征恰恰是承认理性认识与理性目的之间存在不可分割的联系;正是这种考虑决定了对 pragmatism 这个名称的偏爱"(5. 412)。

我们在上一节讲到,符号处于一种三项关系中,一头连着对象,另一头连着解释。皮尔斯和詹姆斯对实用主义的不同解释实际上反映了他们对符号性质的不同看法。詹姆斯的主张实际上是把符号看成了一种两项关系,把符号与其对象联系上以后,似乎符号活动就停止了,不存在第三者——解释,更谈不上与解释的联系。然而,皮尔斯要强调的恰恰是与第三者的联系。他多次申明符号是把对象与解释联系起来的媒介,在这个意义上,"符号是一种第三[即第三个基本概念'联系'——引者]"(8. 332)。他在 1904 年 10 月 12 日给 Lady Welby 的信中说,"我的一些最好的朋友虽然承认曾受惠于我的思想,却从来没有学到这个主要论点"(8. 331)。这恐怕是在暗指詹姆斯。

1906 年,他为 1878 年提出的实用主义准则加了个新注,提醒人们注意他在这里用了五个从 consipere 派生出来的词,即 conceivably, conceive 和三个 conception。①他说这样做有两个目的,"一个是为了表明我在这里讨论的只是**智性含义**(intellectual purport)。另一个是避免被人误解成企图用知觉、形象、图表或其他东西,而不是用概念来解释概念。因此,我的本意不是说,行动,严格地说是单个行动,可以构成任何符号的含义,或恰当的、真正的解释"(5. 402 n3)。"智性含义"这个术语在皮尔斯后期著述中曾多次出现。在 1905 年发表的另一篇文章"实效主义问题"中,他甚至说 1878 年的准则可以复述成:"一个符号的全部智性含义在于,该符号被接受时依据所有可能的不同环境和欲望而引发的、各种一般形式的理智行为的总和"(5.

---

① 我们分别译作"有可能"、"设想"和"认识"。

438)。有时,他也把它称为"理性含义"(rational purport)。目的是一样的,都是为了强调,所谓一个概念的意义在于它所导致的行动,不是指行动本身,而是指位于行动背后的指导思想。在这个意义上,我们可以说实用主义就是一种倡导用指导行动的一般概念来解释具体概念的思想方法。因此,实用主义研究的就是符号与其解释的关系,也就是皮尔斯所谓的思辨修辞,或方法学。

6 Pragmatics 的含义

这一节我们将讨论莫里斯根据符号学和实用主义理论提出的 pragmatics 的含义。我们先叙述莫里斯的观点,然后再作简短评论。

莫里斯在 1938 年的《符号理论的基础》里第一次详细讨论了 pragmatics 的含义。他的讨论是从符号过程开始的。他说,"在源于希腊的传统里,该过程一般被认为涉及三种(或四种)因素:起符号作用者,其指称对象,以及对解释者的影响(该影响使起符号作用者因此被解释者看作符号)。符号过程的这三个组成部分可以分别被称为**符号媒介**,**所指**和**解释**,而解释者则可以作为第四种因素包括在内"(1971:19)。然后,他提出符号过程包括的三项关系[①]可以被分成几个两项关系来进行研究。我们可以研究符号与其所适用的物体之间的关系。这种关系称作符号过程的 semantical 方面,这方面的研究称作 semantics。我们也可以研究符号与解释者的关系。这种关系称作符号过程的 pragmatical 方面,这方面的研究称作 pragmatics。另一个重要关系是符号与符号之间的关系。这第三个方面称作符号过程的 syntactical 方面,这方面的研究称作 syntactics(同上:21-22)。

接着,莫里斯分别以 syntactics, semantics, pragmatics 为题进行了阐述。在讲到 pragmatics 时,他说了我们在第二节中引过的那段话。具体地说,莫里斯认为传统的符号学研究基本上是心灵主义的(mentalistic),他们把心灵(mind)看成是符号解释者,把思想或概念看成是解释(同上:43-44)。而皮尔斯等实用主义者倡导的当代符

[①] 这时三项关系中的"解释"已被换成了"解释者"。

号学则强调人的行为在其中的作用。皮尔斯提出,说到底符号的解释必然存在于人的习惯中。詹姆斯、杜威也都强调符号对生物体行为的作用。尤其是米德,他对语言符号涉及的行为及社会环境的注意,"是从实用主义角度对符号过程这几个方面所做的最重要研究"。因此莫里斯提出,"如果从实用主义中抽出与 pragmatics 有特别关系的特征,其结果大概可以表述如下:符号的解释者是生物体;该生物体由于符号媒介的作用,而对当前有问题局面涉及的不在眼前的物体,犹如其在眼前一样做出反应的习惯,才是解释"(同上:44-45)。在这个意义上,我们可以说 pragmatics 研究"符号过程的生物方面,① 即符号发挥作用过程中出现的一切心理、生物、社会现象"(同上:43)。

　　这种对符号学中人的行为方面的强调在莫里斯 1946 年第二本符号学著作《符号、语言和行为》中表述得更明确、更充分。他在该书的序言中说,"查尔斯·皮尔斯第一个提出,要确定一个符号的意义,'……我们只需要确定它所产生的习惯就行'。本书就是从这个角度写的;因此,各种符号是按它们在解释者身上造成的行为意向进行描写和分类的。广义地讲,这种方法是行为性的。它从乔治 H. 米德、约翰·杜威、爱德华 C. 托尔曼和克拉克 L. 赫尔阐发的行为理论中获益匪浅"(同上:75)。这里提出的符号学被明确称为行为符号学(behavioral semiotic),并被看作是更广义的"行为理论——行为学(behavioristics)的一个组成部分"(同上:80)。为了使符号学成为一门科学,一门可以由观察证实的自然科学,他不再采用观念(idea)、思想(thought)、心灵(mind)这些心灵主义术语,而代之于生物体(organism)、刺激(stimulus)、应答序列(response-sequence)、应答意向(disposition to response)等行为主义术语(同上:103)。他承认皮尔斯的符号定义比他自己的要广。皮尔斯不仅用行为主义术语,也用心灵主义术语。但是,"本研究遵循的是皮尔斯对行为的强调,而不是他那些心灵主义色彩较重的表述"(同上:339)。

　　在 1948 年答复人们对《符号、语言和行为》的批评时,莫里斯说,

---

① 为此,莫里斯曾考虑过把这方面研究叫做 biotics(参见涂纪亮 1987:395)。

"……《符号、语言和行为》阐发的论点不是始于皮尔斯。是乔治 H. 米德首先激发我从行为角度思考符号。《符号、语言和行为》在很多方面是米德《心灵、自我和社会》的进一步发展。我从没听米德在讲课或聊天时提到过皮尔斯。只是在后来我才正经阅读了皮尔斯、奥格登和瑞恰兹、罗素、卡尔纳普,以及更后来的托尔曼、赫尔"(同上:444-445)。

这本书与第一本不同的是,pragmatics 等三个符号学分支的名称直到最后一章——第八章才出现。莫里斯说他是故意这样做的,因为有人误以为这三个名称也是符号的分类,提出了 pragmatical signs 等概念。即使用作符号学分支的名称,他认为这三个概念也有必要加以澄清。卡尔纳普在 1942 年提出了一个新的区分标准。他说,"如果要分析一种语言,我们当然要讨论表达式。但我们不一定要同时讨论说话人和所指。虽然这些因素只要使用语言就会存在,我们仍然可以从打算讨论的语言中抽走一个因素或同时抽走两个。这样,我们就可以区分语言研究的三个领域。如果某项研究明确提到说话人,或更广义地说,语言使用人,那么我们就把它归于 pragmatics 领域。(这项研究是否提到所指与本分类无关。)如果我们抽走语言使用者,只分析表达式及其所指,那么我们就在语义学领域里。最后,如果我们把所指也抽走,只分析表达式之间的关系,那么我们就在(逻辑)句法学领域里。由上述三部分组成的完整的语言科学称作符号学"。①

莫里斯不同意卡尔纳普的提法,认为他把符号学局限于语言、甚至科学语言,把表意方式局限于所指,这是不合适的。他提出了自己的新定义:"Pragmatics 是研究,在有符号出现的行为中,符号的起源、运用及效果的那部分符号学;semantics 研究符号在各种表意方式中的意思;syntactics 研究符号的组合,不考虑它们跟其中有符号出现的行为的关系。

"从这个角度来理解,pragmatics, semantics, syntactics 就都可以在行为指向的符号学中得到解释,……。它们之间的不同不在于是

---

① 转引自 Morris 1971: 302。

否涉及行为,而在于涉及行为的哪个方面"。紧接着,他指出"把某种特定的研究归于 pragmatics, semantics 或 syntactics 是正当的,也常常会带来方便。但是,一般来说,更重要的是要想着符号学是一个整体,要使一切与解决某具体问题有关的因素都发挥作用。本研究刻意强调了符号学的整体性,而不是把每个问题都分成其 pragmatical, semantical, syntactical 方面"(同上:302-303)。这似乎是说,在 pragmatics 提出近 10 年后,它失去了继续存在的必要性,至少是没有必要继续强调其独立性了。

从 1914 年皮尔斯逝世到 1931 年《皮尔斯全集》出版前,符号学处于低谷。莫里斯的符号学著作为符号学的再度兴起,作出了不可磨灭的巨大贡献,这是不可否认的。但从上述讨论,我们也可以看出,莫里斯的符号学跟皮尔斯的原意是有出入的。①他在米德和当时盛行的行为主义心理学的影响下,走上了更靠近詹姆斯的方向,把行为看作符号的最终解释。至于他所提出的符号学三个分支,虽然在当时热闹了一阵,在托马斯·塞比奥克(Thomas Sebeok)、乌蒙勃托·艾柯(Umberto Eco)等当今符号学家著作中已很少见到。

7 Pragmatics 的汉译

这是个尾巴,但并非可有可无。

本文第一句说"Pragmatics 汉译'语用学'",在讨论了莫里斯的含义以后,pragmatics 能否一律译作"语用学",就值得问一下了。在莫里斯那里,pragmatics 是符号学的一个分支(尽管这是行为主义符号学),而且他强调符号学的研究对象包括非语言符号,因此较合理的译名恐怕是"符号运用学",简称"符用学"。②只有语言学领域的

---

① 在这个意义上,题头所引莱昂斯的话有其在理之处。但是,在语用学研究三项关系(说话人、语词、意义)而语义学研究两项关系(语词、意义)这个意义上,当代语用学跟皮尔斯思想的联系是不容抹煞的。

② 相应地,莫里斯的 semantics 可以译作"符义学",syntactics 可以译作"符形学"。但这两个词已很少用于莫里斯的原意(syntactics 这个同样是莫里斯独创的词连词形都没得到承认),因此实用价值不大。

pragmatics,作为 linguistic pragmatics① 的汉译,才配"语用学"(看作"语言运用学"的简称)这个名称。而且,符用学可以看作是更广义的哲学领域的 pragmatics(实用学)的一个分支。这就是说,我们提议区分哲学 pragmatics(实用学)跟语言学 pragmatics(语用学)。但这不仅仅是为了给莫里斯的符用学找一个归宿,它还有更深一层的含义。

自本世纪初哲学研究发生语言学转向以来,许多哲学家致力于语言分析,对语言学,特别是语用学的发展起到了巨大的推动作用。其中奥斯汀(J. L. Austin, 1911-1960)的言语行为理论、格赖斯(H. P. Grice, 1913-1988)的会话含义理论已成为语用学的主要内容。尽管如此,哲学与语言学的界限仍是分明的。一种学说究竟属于哲学还是语言学,一般还是能分清的。如德国哲学家尤尔根·哈贝马斯(Jurgen Habermas)的 universal pragmatics、卡尔-奥托·阿佩尔(Karl-Otto Apel)的 transcendental pragmatics,一般认为不属于语言学。至于美国哲学家理查德·麦凯·罗蒂(Richard Mckay Rorty)、理查德·伯恩斯坦(Richard Bernstein)、康奈尔·韦斯特(Cornel West)等人的 pragmatic 思想,②更是实用主义哲学传统的直接继承和发展,与语用学不能混为一谈。③

同一个英语词在不同场合译成不同的汉语,是翻译界的常规,为什么学术词语就不能这样呢?

---

① 莱文森(S. Levinson)的《语用学》(Pragmatics)第一章第一句话就是"本章旨在对 linguistic pragmatics 的研究范围作一些说明"(p. 1)。
② E. Arens (1994) 把这种思想与哈贝马斯等人的 pragmatics 放在一起讨论,似乎 pragmatism 与 pragmatics 是同义词。
③ 尽管我们不像莱昂斯那样否认这两者之间存在的千丝万缕的联系。

附录二　illocutionary act 能译成"言外行为"吗？

illocutionary act 这个术语是英国哲学家奥斯汀（J. L. Austin）自撰的，以区别于 locutionary act，perlocutionary act。有人将它译成"言外行为"，这种译法是正确的吗？要回答这个问题，首先要看一下其首创者的本意。

传统观念把说话和做事，言论和行为对立起来。奥斯汀对此提出挑战，认为说话也可以看成是一种做事，言论也可以看成是一种行为。当英国女王在新船落水典礼上宣布 I name this ship the Queen Elizabeth，她就做了一件事——为该船命名。而且，就这件事而言，它是必须通过说话才能完成的。否则该船就没有被正式命名，就像教徒结婚不进教堂一样，不会被人承认。他把这类可以用来做事的句子称为 performative，与纯粹用来描写的句子——constative 对立。但是，随着研究的深入，他意识到这两类句子是不能截然分开的。就连 state 这样典型的描写性动词都可以用来做事。当某人说 I state that I'm alone responsible for it，他就发表了一个声明，承担了一种责任。Can you pass the salt? 形式上是关于听话人某种能力的提问，实际上却是请求对方把盐递过来。这就是说，我们说的每句话，实际上都可以看成是一种行为。

那么为什么说话可以被用来做事呢？奥斯汀的回答是，人们说话时同时完成三种行为。第一种行为是通常意义上的行为，即，说话时我们的发音器官要动作。我们发出某种声音，这些声音按一定的规律组成词语，词语又按一定的规律组成句子，并且有一定的意义。这种行为他称为 locutionary act。

但是，奥斯汀认为"To perform a locutionary act is in general, we may say, also and *es ipso* to perform an *illocutionary* act, as I propose to call it. Thus in performing a locutionary act we shall also be performing such an act as: asking or answering a question, giving some information or an assurance or a warning, announcing a verdict or an intention,..." (Austin 1975 [1962]: 98)(我们可以说,完成一个 locutionary act,一般也是,而且**本身**就是,完成一个(我所谓的)*illocutionary* act。例如,在完成一个 locutionary act 时,我们也在完成下列行为:提出或回答一个问题,提供一种信息、保证或警告,宣告一个裁定或意图,……。)这第二种行为是表明说话人意图的行为。词语和语句有它们相对固定的意义,说话人在用到它们的时候,可以在某种程度上对此加以调整,以适合自己的需要。例如,morning 本身表示的是某个时间单位。但人们常常把它用于打招呼。说出 morning 这个词,是一种 locutionary act。用它来打招呼则是一种 illocutionary act。要请大家注意的是,奥斯汀强调:locutionary act 本身就可以是 illocutionary act。illocutionary act 是在完成 locutionary act 的同时完成的。他在下文还特别指明 locutionary act 是 an act *of* saying something, illocutionary act 是 an act [performed] *in* saying something (同上:100)。

第三种行为指话语所产生的效果。如,某人通过说出 morning 这个词,向对方传递了友好的意图。如果双方关系正常,其效果不过是维持正常关系而已。如果双方关系一度紧张,那么说出这个词的行为可能导致关系好转。这些效果称为 perlocutionary act。对应于 an act *of* saying something, an act [performed] *in* saying something, perlocutionary act 可以被称为 an act [performed] *by* saying something。

英国语言学家利奇(G. Leech 1983:199)在解释奥斯汀的理论时,也采用了 of, in, by 这种区分。在第 201 页,他用足球赛作例子,把 locutionary act 比作踢球,illocutionary act 比作进球,perlocutionary act 比作赢球。

奥斯汀的学生,言语行为理论的后继者——美国哲学家塞尔(J. Searle)对奥斯汀的 locutionary act 有不同的看法。奥斯汀曾经把 locutionary act 分成三个小的行为:phonetic act(发音行为),phatic

295

act（措辞行为），rhetic act（表意行为）。他举例说 He said "Get out" 报道的是 phatic act，He told me to get out 报道的是 rhetic act。He said "Is it in Oxford or Cambridge?"报道的是 phatic act，而 He asked whether it was in Oxford or Cambridge 报道的是 rhetic act。塞尔觉得报道 rhetic act 时所用的动词，如 tell（somebody to do something），ask（whether），也是 illocutionary verb，尽管比较普泛，不那么具体（Searle 1971 [1968]：266）。这就是说，illocutionary act 跟 rhetic act 是重合的。塞尔猜想在区分 locutionary act 跟 illocutionary act 时，"奥斯汀想到的可能是 illocutionary act 的内容，或者是某些哲学家所谓的 proposition，跟 force 或 illocutionary type 之间的区分"（同上：272）。因此，他提议用 propositional act 来代替 rhetic act，保留 phonetic act，phatic act，取消 locutionary act。这样一来，原来的 locutionary act 跟 illocutionary act 之间的二分现在成了 phonetic act，phatic act，propositional act 跟 illocutionary act 之间的四分（同上：275）。

在他 1969 年的《言语行为》中，塞尔把 phonetic act，phatic act 合并为 utterance act。这样他就有了下列区分：

(a) 说出词语（词素、句子）＝ 实施 utterance acts。
(b) 指称和陈述 ＝ 实施 propositional acts。
(c) 声明、疑问、命令、许诺等等 ＝ 实施 illocutionary acts。
    (p. 24)

然后，塞尔有一段话很清楚地说明了这些不同行为之间的关系。我们认为这段话同样适用于 locutionary act 跟 illocutionary act 之间的关系。"当然，我不是说，说话人同时做这些不同的事情，就像一个人同时抽烟、读书、挠头一样。我的意思是，在实施 illocutionary act 时，一个人显然实施了 propositional act 和 utterance act。utterance act，propositional act 跟 illocutionary act 的关系，也不应被看作买票、上车跟坐火车旅行之间的关系。它们不是手段跟目的之间的关系。utterance act 跟 propositional act，illocutionary act 之间的关系，应该像在选票上打叉跟选举之间的关系"（同上）。这个比喻很形象地说明 locutionary act 跟 illocutionary act 是同一种行为——在选票上打叉。只是看问题的角度不同，着眼点不同，才分成两种行为。从该行为的本身看,我们把它叫做 locutionary act;从该行为的目的看,我们把它叫做 illocutionary act。

这些论述提示我们,illocutionary act 中的 il 不同于 illogical 中的 il,不是否定的意思。这个 il 是 in, within 的意思。奥斯汀在引进第三种行为时,再次强调了这一点。他说"There is yet a further sense (C) in which to perform a locutionary act, and therein an illocutionary act, may also be to perform an act of another kind."(Austin 1975 [1962]:101)(还有另一种意义(C)。在这种意义上,完成一个 locutionary act(其中同时完成一个 illocutionary act),也可以说是完成另外一种行为。)因此,如果按字面直译,illocutionary act 中的 illocutionary 应该是"言内",而不是"言外"。

其实,早期的介绍性文字都没有将 illocutionary act 译作"言外行为"。例如,许国璋(1979)译作"示言外之力"。①王宗炎先生在《英汉应用语言学词典》中采用的是"施为性言语行为"。②桂诗春(1988)用的是"以言做事行为"。程雨民(1989)用的是"语现行动",并加注说明,这是根据"il-来自 in"而拟的,是"语言所体现"的意思(p.104)。徐烈炯(1990)译作"言谓行动",并明确指出"这种行动并不在言语之外,词缀'il-'恰恰是'内'的意思"(p.89)。陆谷孙先生主编的《英汉大词典》就把 illocutionary 译成"语内表现行为的",虽然他们把 locutionary 译成"非语内表现行为的"是过分了。哲学界也是一样,如涂纪亮(1987)译作"以言行事的行为"。

那么为什么有人要用"言外行为"呢?我猜想有两个原因。一是汉语有"言外之意"的说法。的确,奥斯汀的 illocutionary force 就是汉语的言外之意。但是,act 不等于 force;一个 act 表达言外之意,不等于这个 act 就是言外行为。

二是因为用"言外行为"省力。人类是惰性很强的动物。在某种

---

① 许国璋先生的这个译名跟他把 illocutionary force 译作"言外之力"有关。locutionary act 他译作"言之发"。但在翻译奥斯汀关于 an act *in* saying something 和 an act *of* saying something 时,许先生看混了。他把前者译成了"言之发",后者译成了"发一言"(许国璋 1991 [1979]:300)。

② 他用的英文是 illocutionary speech act。

意义上，人们所干的任何一件事都是不得已而为之的。只要不是万不得已，人们决不会多干一点。能省一分力，就决不会多化一分力。这就是所谓省力原则。望文生义是这种原则的具体体现。反映在翻译上就是照字面直译。这是 natural selection 的准确而通顺的译法"天然淘汰"（严复），最后让位于"自然选择"的原因。但是，这里的前提是字面直译也应该是正确的。这样，即使开始时有点不顺，随着时间的推移，最终也会被接受。如 1979 年版的国际音标表的修订年代 Revised to 1979 译作"修订至 1979 年"。

然而，如上所述，即使根据直译法，"言外行为"也是个错译，是违背奥斯汀原意的。令人忧虑的是，使用这个错译的人数现在似乎在增加。有些不研究语用学的作者，在其他场合也用上了这个译名。近期的两个例子是：外语教学与研究出版社 2000 年 2 月出版的《语言文化差异的认识与超越》，《外语教学与研究》2000 年第 2 期的"系统功能语言学的发展和应用"。[①]这一现象说明，这个问题已经到了不能不正视的时刻了。如果我们不及时遏止这种趋势，听之任之，那么，语言学界将增加一个令人遗憾的，仅仅因为用的人多而不得不用的错误的术语。有人曾指出，"言语行为"一词本身就不确切。这种批评是有道理的。所幸的是，它还只是不确切而已。只要我们意识到这一点，将就使用还无伤大雅。"言外行为"则不同。这是个黑白颠倒的错译，不纠正将导致对理论的曲解。当奥斯汀提出说话也是一种行为时，他主要强调的不是第一种通常意义上的嘴舌动作之类的行为，而是被包含在这一行为中的表达某种说话人意图的第二种行为。如果把这种行为理解成游离于言说之外的行为，那么"说话也是一种行为"就成了一个毫无价值的命题。

至于究竟应该采用哪个译法，我只能在此提个初步设想。我认为，一个好的译名不仅应该准确、通顺，而且应该用起来方便。上文提到，图省事是人类的本性。翻译就是迎合图省事心理的产物。相对于通过学习外语来了解外国人的思想，读翻译作品是一条捷径。这就是为什么尽管翻译作品有各种各样的缺陷，翻译事业却蒸蒸日

---

① 此文写于 2000 年上半年。

上。因此，我试图把 locutionary act 译作"发话行为"，illocutionary act 译作"话中行为"，perlocutionary act 译作"话后行为"。①但这不是本文的要点，我渴望听到不同译法。

补记：上述文字是 2000 年上半年所写，写本书时发现要一律把 illocutionary 译成"话中"也有不便之处，特别是译 illocutionary force 时，所以最后都改成了"行事"。其他两个术语也相应地改成了"说话行为"和"取效行为"。

---

① 不用"言"，而用"话"，还有一层考虑：在风格上也接近原文。奥斯汀的原文是比较口语化的，尽管他用了一些生僻词语。一方面，这是一份讲演稿；另一方面，奥斯汀把他在牛津的讲稿 *Words and Deeds* 改名为 *How to Do Things with Words*，显然是有意要随便一些。况且，汉语有"话中有话"的说法，"话中行为"不会显得生疏。

参 考 书 目

Akmajian, A. & Heny, F. W. (1975). *An Introduction to the Principles of Transformational Syntax*. Cambridge, Mass.: The MIT Press.

Arens, E. (1994). *The Logic of Pragmatic Thinking: from Peirce to Habermas*. (tr. by D. Smith) New Jersey: Humanities Press.

Ariel, M. (1988a). Referring and accessibility. In *Journal of Linguistics*, 24, 65-87.

(1988b). Retrieving Propositions from Context: Why and How. In *Journal of Pragmatics*, 12, 567-600.

(1990). *Accessing NP Antecedents*. London: Routledge, Croom Helm Linguistics Series.

(1991). The Function of Accessibility in a Theory of Grammar. In *Journal of Pragmatics*, 16, 443-63.

(1994). Interpreting Anaphoric Expressions: A Cognitive versus a Pragmatic Approach. In *Journal of Linguistics*, 30, 3-42.

(1996). Referring Expressions and the +/-Coreference Distinction. In T. Fretheim & J. K. Gundel (eds.) (1996: 13-35)

Aronoff, M. (1976). *Word Formation in Generative Grammar*. Cambridge, Mass.: MIT Press.

Atkinson, J. M. & Drew, P. (1979). *Order in Court*. London: Macmillan.

Atlas, J., & Levinson, S. (1981). *It*-clefts, Informativeness, and Logical Form. In Cole (ed.) (1981: 1-61).

Austin, J. L. (1975 [1962]). *How to Do Things with Words*. 2nd ed. Oxford: Clarendon Press.

(1979 [1961]). *Philosophical Papers*. 3rd ed. Oxford: Oxford University Press.

(1971). Performative-Constative. In Searle (1971: 13-22).

Bar-Hillel, Y. (1954). Indexical Expressions. *Mind*, 63, 359-79. Reprinted in Bar-Hillel (1970: 69-88).

(1964). *Language and Information*. Reading, Mass. : Addison-Wesley.

(1970). *Aspects of Language*. Jerusalem: The Magnes Press.

Bauman, R. & Sherzer, J. (eds.) (1974). *Explorations in the Ethnography of Speaking*. Cambridge: Cambridge University Press.

Berg, J. (1991). The relevant relevance. In *Journal of Pragmatics*, 16, 411-25.

Bever, T. G., Katz, J. J. & Langendoen, D. T. (eds.) (1976). *An Integrated Theory of Linguistic Ability*. New York: T. Y. Crowell.

Black, M. (ed.) (1965). *Philosophy in America*. London: George Allen & Unwin Ltd.

Blakemore, D. (1988). The Organization of Discourse. In Newmeyer (ed.) Vol. 4, 229-50.

(1992). *Understanding Utterances: An Introduction to Pragmatics*. Oxfrod: Blackwell.

Bloomfiled, L. (1933) *Language*. New York: Henry Holt.

Bolinger, D. (1975) *Aspects of Language*. 2nd. edn. New York: Harcourt Brace Jovanovich, Inc.

(1979). Pronouns in discourse. In T. Givon (ed.) (1979: 289-309).

Brown, G. & Yule, G. (1983). *Discourse Analysis*. Cambridge: Cambridge University Press.

Burchfield, R. (1992). *The English Language*. 牛津大学出版社、外语教学与研究出版社。

Burton-Roberts, N. (1989). Theories of Presupposition. In *Journal of Linguistics*, 25, 437-54.

Carnap, R. (1939). Foundations of Logic and Mathematics. In Neurath, Carnap & Morris (eds.) (1939: 139-214).

—— (1942). *Introduction to Semantics*. Cambridge, Mass.: Harvard University Press.

Carnap, R., & Bar-Hillel, Y. (1952). *An Outline of a Theory of Semantic Information* (Technical Report No. 247). Cambridge, Mass.: Research Laboratory of Electronics, MIT. Reprinted in Y. Bar-Hillel (1964: 221-74).

Carston, R. (1988). Implicature, Explicature, and Truth-theoret Semantics. In Kempson (ed.) (1988: 155-81). Reprinted in Davis (ed.) (1991: 33-51).

—— (1996). Metalinguistic Negation and Echoic Use. In *Journal of Pragmatics*, 25, 309-30.

—— (1998a). Informativeness, Relevance and Scalar Implicature. In R. Carston & S. Uchida (eds.) (1998: 179-236).

—— (1998b). Negation, Presupposition and the Semantics/Pragmatics Distinction. In *Journal of Linguistics*, 34, 309-50.

Carston, R. & Uchida, S. (eds.) (1998). *Relevance Theory: Applications and Implications*. Amsterdam: John Benjamins.

Chomsky, N. (1957) *Syntatic Structures*. The Hague: Mouton and Co.

—— (1965) *Aspects of the Theory of Syntax*. Cambridge, Mass.: MIT Press.

—— (1970). Deep Structure, Surface Structure and Semantic Interpretation. In R. Jakobson & S. Kawamoto (eds.) *Studis in Generative and Oriental Linguistics*. Tokyo. Reprinted in Chomsky (1972: 62-119).

—— (1975 [1972]). *Studies on Semantics in Generative Grammar*. 2nd ed. The Hague: Mouton

(1981). *Lectures on Government and Binding*. Dordrecht: Foris.

(1982). *Some Concepts and Consequences of the Theory of Government and Binding*. Cambridge, Mass.: MIT Press.

(1986). *Knowledge of Language: Its Nature, Origin, and Use*. New York: Praeger.

(1995). *The Minimalist Program*. Cambridge, Mass.: MIT Press.

Clark, H. (1996). *Using Language*. Cambridge: Cambridge University Press.

Clark, H. and Clark, E. (1977) *Psychology and Language: An Introduction to Psycholinguistics*. New York: Harcourt Brace Jovanovich.

Clark, H. and Haviland, S. (1977) Comprehension and the Given-New Contract. In R. Freedle (ed.) *Discourse Production and Comprehension*, 1-40. Hillside, N. J.: Erlbaum.

Cobb, W. S. (tr.) (1990) *Plato's Sophist*. Maryland: Rowman and Littlefield Publishers, Inc.

Cohen, L. J. (1964). Do Illocutionary Forces Exist? In *Philosophical Quarterly*, XIV, No. 55, 118-37. Reprinted in Rosenberg & Travis (eds.) (1971: 580-99).

Cole, P. (ed.) (1978). *Syntax and Semantics 9: Pragmatics*. New York: Academic Press.

(ed.) (1981). *Radical Pragmatics*. New York: Academic Press.

Cole, P. & Morgan, J. L. (eds.) (1975). *Syntax and Semantics 3: Speech Acts*. New York: Academic Press.

Comrie, B. (1976). *Aspect: an Introduction to the Study of Verbal Aspect and Related Problems*. Cambridge: Cambridge University Press.

Coulthard, M (1985 [1977]). *An Introduction to Discourse Analysis*. 2nd ed. London: Longman.

Crombie, I. M. (1963) *An Examination of Plato's Doctrines*. London: Routledge and Kegan Paul Ltd.

Crystal, D. (1985) *A Dictionary of Linguistics and Phonetics*. Oxford: blackwell.

Davis, S. (ed.) (1991). Pragmatics: A Reader. Oxford: Oxford University Press.

Davidson, D. & Harman, G. (eds.)(1972). *Semantics of Natural Language*. Dordrecht: Reidel.

Dik, S. (1978/1981) *Functional Grammar*. Dordrecht: Foris Publications.

Farmer, A. K. & Harnish, R. M. (1987). Communicative Reference with Pronouns. In Verschueren & Bertuccelli-Papi (eds.) (1987: 547-65).

Fasold, R. W. (1990). *The Sociolinguistics of Language*. Cambridge, Mass.: Blackwell.

Fauconnier, G. (1975a) Pragmatic Scales and Iogical Structure. In *Linguistic Inquiry*, 6, 353-375.

(1975b) Polarity and the Scale Principle. In *Papers from the 11th Regional Meeting, Chicago Linguistic Society*, 188-199.

Fillmore, C. J. (1969a). Types of Lexical Information. In F. Kiefer (ed.) *Studies in Syntax and Semantics*. Reidel. Reprinted in D. Steinberg & L. Jakobovits (eds.) (1971: 370-92).

(1969b). Verbs of Judging: An Exercise in Semantic Description. In *Papers in Linguistics*. Vol. 1, No. 1, July 1969. Reprinted in Fillmore & Langendoen (1971:273-90).

Fillmore, C. J. & Langendoen, D. T. (eds.) (1971). *Studies in Linguistic Semantics*. New York: Holt, Rinehart and Winston.

Fisch, M. H. (1978). Peirce's General Theory of Signs. In Sebeok (ed.) (1978: 31-70).

Foley, W. A. & Van Valin, R. D. (1984) *Functional Syntax and Universal Grammar*. Cambridge: Cambridge University Press.

Fox, B. (ed.) (1996). *Studies in Anaphor*. Amsterdam: John Benjamins.

Frege, G. (1892). On Sense and Reference. In Geach & Black (eds.) (1952: 56-78).

Fretheim, T. & Gundel, J. K. (eds.)(1996). *Reference and Referent Accessibility*. Amsterdam: John Benjamins.

Gazdar, G. (1979a). *Pragmatics: Implicature, Presupposition and Logical Form*. New York: Academic Press.

——(1979b). A Solution to the Projection Problem. In Oh and Dinneen (eds.) (1979: 57-89).

——(1981) Speech Act Assignment. In Joshi, Webber and Sag (eds.) (1981: 64-83).

Gazdar, G. & Good, D. (1982). On a Notion of Relevance. In Smith (ed.) (1982: 88-100).

Geech, P. T. & Black, M. (eds.) (1952). *Translations from the Philosophical Writings of Gottlob Frege*. Oxford: Blackwell.

Giora, R. (1988). On the Informativeness Requirement. In *Journal of Pragmatics*, 12, 547-65.

——(1997). Discourse Coherence and Theory of Relevance: Stumbling Blocks in Search of a Unified Theory. In *Journal of Pragmatics*, 27, 17-34.

——(1998). Discourse Coherence is an Independent Notion: A Reply to Deirdre Wilson. In *Journal of Pragmatics*, 29, 75-86.

Givon, T. (ed.) (1979). *Syntax and Semantics 12: Discourse and Syntax*. New York: Academic Press.

——(1983). Topic Continuity in Discourse: An Introduction. In T. Givon (ed.) *Topic Continuity in Discourse: A quantitative Cross-Language Study*. Amsterdam: John Benjamins, 1-42.

Goldman-Eisler, F. (1980). Psychological Mechanisms of Speech Production as studied through the analysis of simultaneous translation. In B. Butterworth (ed.) *Language Production, Speech and Talk*. New York: Academic Press, pp. 143-54.

Goodwin, C. (1981) *Conversational Organization: Interaction between Speakers and Hearers*. New York: Academic Press.

Gordon, D. & Lakoff, G. (1971). Conversational Postulates. In *Papers from the Seventh Regional Meeting of the Chicago Linguistic Society*, 63-84. Reprinted in Cole & Morgan (eds.) (1975: 83-106).

Green, G. (1975). How to Get People to do Things with Words: the Whimperative Question. In Cole & Morgan (eds.) (1975: 107-42).

(1989). *Pragmatics and Natural Language Understanding*. Hillsdale, NJ: Erlbaum.

Grice, H. P. (1957). Meaning. In *Philosophical Review*, 66, 337-88. Reprinted in Rosenberg & Travis (eds.) (1971: 436-44)

(1961). The Causal Theory of Perception. In *Proceedings of the Aristotelian Society*, supp. vol. 35: 121-52. Reprinted in Grice (1989: 224-47).

(1968). Utterer's Meaning, Sentence-meaning, and Word-meaning. In Foundations of Language, 4, 1-18. Reprinted in Searle (ed.) (1971:54-70).

(1975). Logic and Conversation. In Cole & Morgan (eds.) (1975. 41-58).)

(1978). Further Notes on Logic and Conversation. In Cole (ed.) (1978: 113-28).

(1981). Presupposition and Conversational Implicature. In Cole (ed.) (1981. 183-98).

(1982). Meaning Revisited. In Smith (ed.) (1982: 223-43).

(1989). *Studies in the Way of Words*. Cambridge, Mass.: Harvard University Press.

Gumperz, J. & Hymes, D. (1972). *Directions in Sociolinguistics*. New York: Holt, Rinehart and Winston, Inc.

Haberland, H. & Mey, J. (1977). Editorial: Pragmatics and Linguistics. In *Journal of Pragmatics*. 1, 1-16.

Haegeman, L. (1984) Remarks on Adverbial Clauses and Definite NP Anaphora. In *Linguistic Inquiry*, 15, 712-5.

Halliday, M. A. K. (1977) Ideas About Language, in *Aims and Perspectives in Linguistics*. (32-49) Queesland: Mt. Gravatt College of Advanced Education.

(1994 [1985]). *An Introduction to Functional Grammar*. 2nd edn. London: Edward Arnold.

Harnish, R. M. (1976). Logical Form and Implicature. In Bever, Katz & Langendoen (eds.) (1976: 313-92). Reprinted in Davis (ed.) (1991: 316-64).

(ed.) (1994). *Basic Topics in the Philosophy of Language*. New Jersey: Prentice-Hall, Inc.

Horn, L. R. (1972). On the Semantic Properties of the Logical Operators in English. Ph. D. dissertation, UCLA. (Distributed by Indiana University Linguistic Club, 1976.)

(1973). Greek Grice: A Brief Survey of Proto-conversational Rules in the History of Logic. *Proceedings of the Ninth Regional Meeting of the Chicago Linguistic Society*, 205-14.

(1984). Towards a New Taxonomy for Pragmatic Inference: Q-based and R-based Implicature. In D. Schiffrin (ed.) (1984: 11-42).

(1988). Pragmatic Theory. In Newmeyer (ed.)Vol. 1, 113-145.

(1989) *A Natural History of Negation*. Chicago: Chicago University Press.

(1991). Givens as New: When Redundant Affirmation Isn't. In *Journal of Pragmatics*, 15, 313-36.

(1992). The Said and the Unsaid. In *Ohio State University Working Papers in Linguistics*, 40, 163-92.

(1996a). Exclusive Company: *Only* and the Dynamics of Vertical Inference. In *Journal of Semantics*, 13, 1-40.

(1996b). Presupposition and Implicature. In S. Lappin (ed.) *The Handbook of Contemporary Semantic Theory*, 299-319. Oxford: Blackwell.

Householder, F. W. (1971) *Linguistic Speculations*. Cambridge: Cambridge Univeristy Press.

Huang, Yan. (1991). A Neo-Gricean Pragmatic Theory of Anaphora. In *Journal of Linguistics*, 27, 301-35.

(1994). *The Syntax and Pragmatics of Anaphora: A Study with Special Reference to Chinese*. Cambridge: Cambridge University Press.

Hudson, R. (1976) *Arguments for a Non-transformational Grammar*. Chicago: University of Chicago Press.

(1981) Some Issues on Which Linguists Can Agree. *Journal of Linguistics* 17: 333-343.

(1984) *Word Grammar*. Oxford: Basil Blackwell.

Jacobs, R. A. & Rosenbaum, P. S. (eds.) (1970). *Readings in English Transformational Grammar*. Waltham, Massachusetts: Ginn and Company.

Jefferson, G. (1972). Side Sequences. In Sudnow (1972: 294-338).

Jespersen, O. (1924). *The Philosophy of Grammar*. London: George Allen & Unwin LTD.

Joshi, A. K., Weber, B. L. & Sag, I. A. (eds.) (1981). *Elements of Discourse Understanding*. Cambridge: Cambridge University Press.

Jowett, B. (tr.) (1871/1892) *The Dialogues of Plato*. Oxford: Oxford University Press.

Karttunen, L. (1971). Implicative Verbs. In *Language*, 47, 340-58.

(1973). Presuppositions of Compound Sentences. In *Linguistic Inquiry*, 4, 169-93.

Karttunen, L. & Peters, S. (1975). Conventional Implicature in

Montague Grammar. In *Proceedings of the First Annual Meeting of the Berkeley Linguistic Society*, 266-78.

(1979). Conventional Implicature. In Oh & Dinneen (eds.) (1979: 1-56).

Kasher, A. (ed.) (1998). *Pragmatics: Critical Concepts*. Vols. 1-6. London: Routledge.

Keenan, E. E: (1971). Two Kinds of Presupposition in Natural Language. In Fillmore and Langendoen (eds.) (1971: 45-54).

(ed.) (1975). *Formal Semantics of Natural Language*. Cambridge: Cambridge University Press.

Keenan, E. O. (1976). The Universality of Conversational Postulates. In *Language in Society*, 5, 67-80. Reprinted in A. Kasher (ed.) (1998 vol 4: 215-29).

Kempson, R. M. (1975). *Presupposition and the Delimitation of Semantics*. Cambridge: Cambridge University Press.

(1977). *Semantic Theory*. Cambridge: Cambridge University Press.

(1979). Presupposition, Opacity and Ambiguity. In Oh & Dinneen (1979: 283-97).

(1984). Pragmatics, Anaphora and Logical Form. In Schiffrin (1984: 1-10).

(1988a). Grammar and Conversational Principles. In Newmeyer (ed.) Vol. 2, 139-162.

(1988b). (ed.) *Mental Representations: the Interface Between Language and Reality*. Cambridge: Cambridge University Press.

Kempson, R. & Gabbay, D. (1998). Crossover: A Unified View. In *Journal of Linguistics*, 34, 73-124.

Kent, B. (1987). *C. S. Peirce: Logic and the Classification of the Sciences*. Kingston and Montreal: McGill-Queen's University Press.

Ketner, K. L. & Kloesel C. J. W. (eds.) (1986). *Peirce, Semei-*

otic, *and Pragmatism*: *Essays by Max H. Fisch*. Bloomington: Indians University Press.

Kiparsky, P. (1982). Word-formation and the Lexicon. In Ingemann, F. (ed.) (1982) *Proceedings of the* 1982 *Mid-American Linguistic Conference*. University of Kansas.

Kiparsky, P. & Kiparsky, C. (1970). Fact. In M. Bierwisch & K. Heidolph (eds.) *Progress in Linguistics*. Reprinted in Steinberg & Jakobovits (eds.) (1971: 345-69).

Kuno, S. (1987). *Functional Syntax*: *Anaphora*, *Discourse and Empathy*. Chicago: Chicago University Press.

Lakoff, G. (1972). Linguistics and Natural Logic. In Davidson and Harman (eds.).

(1975). Pragmatics in Natural Logic. In Keenan (ed.) (1975: 253-86).

Lakoff, R. (1995). Conversational Implicature. In Verschueren, Ostman & Blommaert (eds).

Larrue, J. & Trognon, A. (1993). Organization of Turn-taking and Mechanisms for Turn-taking Repairs in a Chaired Meeting. *Journal of Pragmativs*, Vol. 19, No. 2: 177-96.

Leech, G. N. (1981 [1974]). *Semantics*. 2nd ed. Harmondsworth: Penguin.

(1980). *Explorations in Semantics and Pragmatics*. Amsterdam: John Benjamins.

(1983). *Principles of Pragmatics*. London: Longman.

Leech, G. N. & Thomas, J. (1985). Language, Meaning. and Context. In Collinge (ed.) *An Encyclopaedia of Language*. London. Routledge.

Levinson, S. C. (1979). Pragmatics and Social Deixis. In *Proceedings of the Fifth Annual Meeting of the Berkeley Linguistic Society*, 206-23.

(1983). *Pragmatics*. Cambridge: Cambridge University Press.

(1987a). Minimization and Conversational Inference. In Verschueren & Bertuccelli-Papi (eds. (1987-61-129). Reprinted in A. Kasher (ed.) (1998 vol. 4. 545-612).

(1987b). Pragmatics and the Grammar of Anaphora: A Partial Pragmatic Reduction of Binding and Control Phenomena. In *Journal of Linguistics*, 23, 379-434.

(1989) . A Review of Relevance. In *Journal of Linguistics*, 25, 455-472.

(1991). Pragmatic Reduction of the Binding Conditions Revisited. In *Journal of Linguistics*, 27, 107-62.

Lyons, J. (1968). *An Introduction to Theoretical Linguistics*. Cambridge: Cambridge University Press.

(1975). Deixis as the source of reference. In E. E. Keenan (ed.) (1975: 61-83).

(1977). *Semantics*, Vols. 1 & 2. Cambridge: Cambridge University Press.

(1981). *Language and Linguistics*. Cambridge: Cambridge University Press.

(1995). *Linguistic Semantics*. Cambridge: Cambridge University Press.

McCawley, J. (1978). Conversational Implicature and the Lexicon. In Cole (ed.) (1978: 245-59).

McKeon, R. (ed.) (1941) *The Basic Works of Aristotle*. New York: Random House.

Malinowski, B. (1923). The Problem of Meaning in Primitive Languages. (supplement to C. K. Ogden and I. A. Richards *The Meaning of Meaning*. Routledge and Kegan Paul.)

Martinet, A. (1962). *A Functional View of Language*. Oxford: Clarendon Press.

Mey, J. (1993). *Pragmatics: An Introduction*. Oxford: Blackwell.

Mey, J. & Talbot, M. (1988). Computation and the Soul. A propos

Dan Sperber and Deirdre Wilson's Relevance. In *Journal of Pragmatics*. 12, 743-89.

Miller, G. A. (1963). Speaking in General. Review of J. H. Greenberg (ed.) *Universals of Language*. In *Contemporary Psychology*, 8, 417-18.

Mitchell, T. F. (1978). Meaning is What You Do--and How He and I Interpret it: A Firthian View of Pragmatics. In *Die Neueren Sprachen*, 3, 224-53.

Moerman, M. (1977). The Preference for Self-correction in a Tai Conversational Corpus. In *Language*, Vol. 53, No. 4: 872-82.

Montague, R. (1974). *Formal Philosophy: Selected Papers*. (ed. by R. H. Thomason) New Haven: Yale University Press.

Morris, C. W. (1937). *Logical Positivism, Pragmatism and Scientific Empiricism*. Paris: Hermann et Cie.

(1938). Foundations of the Theory of Signs. In O. Neurath, R. Carnap & C. Morris (eds.). Reprinted in Morris (1971).

(1946). *Sign, Language and Behavior*. Englewood Cliffs, NJ: Prentice Hall. Reprinted in Morris (1971).

(1971). *Writings on the General Theory of Signs*. The Hague: Mouton.

Neurath, O., Carnap, R. & Morris, C. (eds.)(1939). *International Encyclopedia of United Science*. Chicago: University of Chicago Press.

Newmeyer, F. J. (ed.) (1988) *Linguistics: The Cambridge Survey*. Vols. 1-4. Cambridge: Cambridge University Press.

(1991) Functional Explanations in Linguistics and the Origins of Language. *Language and Communicaiton* 11: 3-28.

(1994) A Note on Chomsky on Form and Function. *Journal of Linguistics* 30: 245-251.

(1998) *Language Form and Language Function*. Cambridge, Mass.: MIT Press.

Norrick, N. R. (1991). On the Organization of Corrective Exchanges in Conversation. In *Journal of Pragmatics*, Vol. 16, No. 1: 59-83.

Obeng, S. G. (1992). A Phonetic Description of Some Repair Sequences in Akan Conversation. In *Text*, Vol. 12, No. 1: 59-80.

Oh, C.-K. & Dinneen, D. A. (eds.)(1979). *Syntax and Semantics* 11: *Presupposition*. New York-Academic Press.

Palmer, F. R. (1981 [1976]) *Semantics*. 2nd ed. Cambridge: Cambridge University Press.

Peirce, C. S. (1931-1935). *Collected Papers*. Vols. 1-6. (eds. by C. Hartshorne and P. Weiss) Cambridge, Mass: Harvard University Press.

(1958). *Collected Papers*. Vols. 7 & 8. (ed. by A. W. Burks) Cambridge, Mass. : Harvard University Press.

Quirk, R., Greenbaum, S., Leech, G. & Svartvik, J. (1985). *A Comprehensive Grammar of the English Language*. London: Longman.

Richardson, J. F. & Richardson, A. W. (1990). On Predicting Pragmatic Relations. In *Proceedings of the 16th Annual Meeting of the Berkeley Linguistic Society, Parasession on the Legacy of Grice*, 498-508.

Robins, R. H. (1979). *A Short History of Linguistics*. 2nd edn. London: Longman.

Rogers, A., Wall, R. & Murphy, J. P. (eds.) (1977). *Proceedings of the Texas Conference on Performatives, Presuppositions and Implicatures*. Washington: Center for Applied Linguistics.

Rosenberg, J. F. & Travis, C. (eds.)(1971). *Readings in the Philosophy of Language*. New Jersey: Prentice-Hall, Inc.

Ross, J. R. (1970). On Declarative Sentences. In Jacobs and Rosenbaum (eds.) (1970: 222-72).

(1975). Where to Do Things with Words. In Cole and Morgan (eds.) (1975: 233-56).

Russell, B. (1905). On Denoting. *Mind*, 14, 479-93. Reprinted in Russell (1994).

(1918). The Philosophy of Logical Atomism. In *The Monists*, 28, 495-527. Reprinted in Russell (1986).

(1986). *The Collected Papers of Bertrand Russell*. Vol. 8. (ed. by Alasdair Urquhart) London: George Allen & Unwin.

(1994). *The Collected Papers of Bertrand Russell*. Vol. 4. (ed. by Alasdair Urquhart) London: Routledge.

Sacks, H. (1967-1971). Lecture Notes. Mimeo. Department of Sociology, University of California, Irvine.

(1972). On the Analyzability of Stories by Children. In J. Gumperz & D. Hymes (eds.) (1972: 322-45).

(1974). An Analysis of the Course of a Joke's Telling in Conversation. In Bauman and Sherzer (1974: 337-53).

(MS). Aspects of the Sequential Organization of Conversation.

Sacks, H., Schegloff, E. A. & Jefferson, G. (1974). A Simplest Systematics for the Organization of Turn-taking in Conversation. In *Language*, 50, 696-735. Reprinted in A. Kasher (ed.) (1998 vol. 5:193-242).

Sadock, J. M. (1974). *Toward a Linguistic Theory of Speech Acts*. New York: Academic Press.

(1977). Aspects of Linguistic Pragmatics. In Rogers, Wall & Murphy (eds.) (1977: 67-78).

(1978). On Testing for Conversational Implicature. In Cole (ed.) (1978: 281-97). (Revised version in Davis (ed.) (1991: 365-76).)

Sadock, J. M. (1984). Whither Radical Pragmatics? In D. Schiffrin (ed.) (1984: 139-49).

(1988). Speech Act Distinctions in Grammar. In F. J. Newmeyer (ed.) (1988: 183-99).

Saussure, de F. (1959/1974) *Course in General Linguistics*. (eds. by C. Bally, A. Sechehaye and A. Reidlinger, tr. by W. Baskin), Glasgow: Collins.

Schegloff, E. A. (1972). Notes on a Conversational Practice: Formulating Place. In D. Sudnow (ed.) (1972: 75-119).

——(1979). The Relevance of Repair to Syntax-for-conversation. In T. Givon (ed.) (1979: 261-86).

——(1988). Presequences and Indirection. In *Journal of Pragmatics*, 12, 55-62.

——(1996). Some Practices for Referring to Persons in Talk-in-Interaction: A Partial Sketch of a Systematics. In B. Fox (ed.) (1996: 437-85).

Schegloff, E. A., Jefferson, G. & Sacks, H. (1977). The Preference for Self-correction in the Organization of Repair in Conversation. In *Language*, 53, 361-82.

Schenkein, J. (ed.) (1978). *Studies in the Organization of Conversational Interaction*. New York: Academic Press.

Schiffrin, D. (ed.)(1984). *Meaning, Form, and Use in Context: Linguistic Applications*. Washington, D. C.: Georgetown University Press.

Searle, J. R. (1965). What Is a Speech Act? In Black (ed.) (1965: 221-39). Reprinted in Rosenberg & Travis (eds.) (1971: 614-28).

——(1968). Austin on Locutionary and Illocutionary Acts. In *Philosophical Review*, Vol. 57, No. 4. Reprinted in Rosenberg & Travis (eds.) (1971: 262-75).

——(1969). *Speech Acts: An Essay in the Philosophy of Language*. Cambridge: Cambridge University Press.

——(ed.) (1971). *The Philosophy of Language*. Oxford: Oxford University Press.

(1975a). A Taxonomy of Illocutionary Acts. In K. Gunderson (ed.) *Language, Mind and Knowledge*. Minnesota Studies in the Philosophy of Science. University of Minnesota Press. Reprinted in Searle (1979: 1-29).

(1975b). Indirect Speech Acts. In Cole and Morgan (eds.) (1975: 59-82).

(1975c). Speech Acts and Recent Linguistics. In D. Aaronson and R. W. Rieber (eds.) *Developmental Psycholinguistics and Communication Disorders*. Annals of the New York Academy of Sciences, Vol. 263. Reprinted in Searle (1979: 162-79).

(1979). *Expression and Meaning*. Cambridge: Cambridge University Press.

Searle, J. R., Kiefer, F. & Bierwisch, M. (eds.) (1980). *Speech Act Theory and Pragmatics*. Synthese Language Library, Vol. 10. Dordrecht: Reidel.

Searle et al. (1992). (*On*) *Searle on Conversation*. Compiled and introduced by H. Parret & J. Verschueren. Amsterdam: John Benjamins.

Sebeok, T. (ed.) (1978). *Sight, Sound, and Sense*. Bloomington: Indiana University Press.

Shwartz, R. (ed.) (1965). *Perceiving, Sensing, and Knowing*. New York: Doubleday.

Sinclair, J. M. & Coulthard, R. M. (1975). *Towards an Analysis of Discourse: the English Used by Teachers and Pupils*. London: Oxford University Press.

Sinclair, J. M., Forsyth, I. J., Coulthard, R. M. & Ashby, M. C. (1972). *The English Used by Teachers and Pupils*. Final report to SSRC, mimeo, University of Birmingham.

Smith, N. V. (ed.) (1982). *Mutual Knowledge*. London: Academic Press.

(1989). *The Twitter Machine: Reflections on Language*. Oxford:

Basil Blackwell.

Smith, N. V. & Wilson, D. (1979). *Modern Linguistics: The Results of Chomsky's Revolution*. Harmondsworth. Penguin.

——(1992). Introduction to the Special Issue on Relevance Theory. In *Liugua* 87: 1-10.

Sperber, D. (2001). Comments on Wangqi Jiang's "Types of Relevance", personal communication.

Sperber, D. & Wilson, D. (1981). Irony and the Use-mention Distinction. In Cole (ed.) (1981: 295-318).

——(1982). Mutual Knowledge and Relevance in Theories of Comprehension. In Smith (ed.) (1982: 61-85).

——(1995 [1986]). *Relevance: Communication and Cognition*. 2nd edn. Oxford: Blackwell.

——(1998). Irony and Relevance: A Reply to Seto, Hamamoto and Yamanashi. In R. Carston & S. Uchida (eds.) (1998: 283-93).

Steinberg, D. D. & Jakobovits, L. A. (eds.)(1971). *An Interdisciplinary Reader in Philosophy, Linguistics and Psychology*. Cambridge: Cambridge University Press.

Stemmer, B. (1999) An On-line Interview with Noam Chomsky: On the Nature of Pragmatics and Related Issues. *Brain and Language* 68: 393-401.

Stevenson, C. L. (1944) *Ethics and Language*. New Haven: Yale University Press.(《伦理学与语言》,姚新中等译,中国社会科学出版社,1991年。)

Strawson, P. F. (1950). On Referring. In *Mind*, 59, 320-44. Reprinted in Strawson (1971).

——(1952). *Introduction to Logical Theory*. London: Methuen.

——(1964). Intention and Convention in Speech Acts. In *Philosophical Review*, 73, 439-60. Reprinted in Searle (ed.) (1971:23-38).

——(1971). *Logico-Linguistic Papers*. London: Methuen.

Sudnow, D. (ed.) (1972). *Studies in Social Interaction*. New

York: Free Press.

Terasaki, A. (1976). *Pre-announcement Sequences in Conversation*. Social Science Working Paper 99. School of Social Science, University of California, Irvine.

Thomas, J. (1995). *Meaning in Interaction: An Introduction to Pragmatics*. London: Longman.

Verschueren, J. (1987). Pragmatics as a theory of linguistic adaptation. In *Working Document* #1, Antwerp: International Pragmatics Association.

—— (1999). *Understanding Pragmatics*. London: Edward Arnold.

Verschueren, J., Ostman, J.-O. & Blommaert, J. (eds.) (1995). *Handbook of Pragmatics*. Amsterdam: John Benjamins.

Warnock, G. J. (1989). *J. L. Austin*. London: Routledge.

Wilson, D. (1975). *Presuppositions and Non-Truth Conditional Semantics*. New York: Academic Press.

—— (1998). Discourse, Coherence and Relevance: A Reply to Rachel Giora. In *Journal of Pragmatics*, 29, 57-74.

—— (2000). Relevance and Communication. In *Modern Foreign Languages*, Vol. 23, No. 2: 210-7. (《现代外语》冉永平译)

Wilson, D. & Sperber, D. (1979). Ordered Entailments: An Alternative to Presuppositional Theories. In C.-K. Oh & D. A. Dinneen (eds.) (1979: 229-324).

—— (1981). On Grice's Theory of Conversation. In P. Werth (ed.) (1981: 155-78). Reprinted in A. Kasher (ed.) (1998 vol. 4: 347-68).

—— (1983). On Defining "relevance". In *Speech, Hearing and Language: Work in Progress* UCL. No. 1, 197-204. Reprinted in R. Grandy & R. Warner (eds.) *Philosophical Grounds of Rationality: Intentions, Categories, Ends*. (1986: 143-58).

—— (1998). Pragmatics and Time. In R. Carston & S. Uchida (eds.) (1998: 1-22).

Wittgenstein, L.（1953）. *Philosophical Investigations*. Oxfrod: Blackwell.

Zipf, G. K.（1949）. *Human Behavior and the Principle of Least Effort*. Cambridge：Addison-Wesley.

常敬宇（1995）《汉语词汇与文化》，北京大学出版社。

车铭洲（1989）（编）《西方现代语言哲学》，南开大学出版社。

岑麒祥（1988）《语言学史概要》，北京大学出版社。

程雨民（1989）《英语语体学》，上海外语教育出版社。

　　　　（1997）《语言系统及其运作》，上海外语教育出版社。

戴浩一、薛凤生（1994）（主编）《功能主义与汉语语法》，北京语言学院出版社。

丁声树等（1961）《现代汉语语法讲话》，商务印书馆。

范文澜（1962）《文心雕龙注》，人民文学出版社。

冯　俊（1989）《笛卡儿第一哲学研究》，中国人民大学出版社。

桂诗春（1988）《应用语言学》，湖南教育出版社。

　　　　（1991）《实验心理语言学纲要》，湖南教育出版社。

何兆熊等（2000）《新编语用学概要》，上海外语教育出版社。

何自然（2000）《语用学探索》，世界图书出版公司。

何自然、冉永平（2001）（主编）《语用与认知——关联理论研究》，外语教学与研究出版社。

洪　诚（1982）（选注）《中国历代语言文字学文选》，江苏人民出版社。

胡壮麟（1984）"韩礼德的语言观"，《外语教学与研究》第一期。（收录于胡壮麟(1995)）

　　　　（1995）《当代语言理论与应用》，北京大学出版社。

胡壮麟、朱永生、张德录（1989）《系统功能语法概论》，湖南教育出版社。

姜望琪（1991）"True or False?"，《北京大学学报(英语语言文学专刊)》第2期。

　　　　（2000）《语用学——理论及应用》(英文)，北京大学出版社。

　　　　（2001）"语言学的前沿领域——语用学"，《福建外语》第四期。

李匡武 (1985)《西方逻辑史》(上卷),上海人民出版社。
李　梅 (2001)《汉语日常会话中的补偏救弊现象》(英文),北京大学英语系硕士论文。
李月菊 (1994)《人才交流会上招聘者与应聘者会话分析》(英文),北京大学英语系硕士论文。
李悦娥 (1996) "会话中的阻碍修正结构分析",《外国语》第 5 期。
廖秋忠 (1992)《廖秋忠文集》,北京语言学院出版社。
刘　勰 (1962)《文心雕龙》(范文澜注),人民文学出版社。
鲁　迅 (1958)《鲁迅全集》(第二卷),人民文学出版社。
刘润清 (1995)《西方语言学流派》,外语教学与研究出版社。
陆俭明等 (1982)《现代汉语虚词例释》,商务印书馆。
吕叔湘 (1984)(主编)《现代汉语八百词》,商务印书馆。
马建忠 (1983 [1898])《马氏文通》,商务印书馆。
苗立田 (1989)(主编)《古希腊哲学》,中国人民大学出版社。
戚雨村 (1988) "语用学说略",载《外国语》第 4 期。
钱冠连 (1997)《汉语文化语用学》,清华大学出版社。
钱钟书 (1979)《管锥编》(第一册),中华书局。
沈家煊 (1990) "语用学和语义学的分界",载《外语教学与研究》第 2 期。
宋国明 (1997)《句法理论概要》,中国社会科学出版社。
束定芳 (2001)(编)《中国语用学研究论文精选》,上海外语教育出版社。
涂纪亮 (1987)《分析哲学及其在美国的发展》,中国社会科学出版社。
　　　 (1988)(主编)《语言哲学名著选辑》,三联书店。
王　充 (1974)《论衡》,上海人民出版社。
王得杏 (1998)《英语话语分析与跨文化交际》,北京语言文化大学出版社。
王凯符、吴庚振、徐江(定稿)(1983)《古代文章学概论》,武汉大学出版社。
王了一 (1982 [1957])《汉语语法纲要》,社会教育出版社。

王珠元（1989）《西方哲学史上的诡辩论和辩证法》，中国展望出版社。
王宗炎（1988）（主编）《英汉应用语言学词典》，湖南教育出版社。
汪奠基（1979）《中国逻辑思想史》，上海人民出版社。
徐烈炯（1988）《生成语法理论》，上海外语教育出版社。
　　　（1995）《语义学》，第二版，语文出版社。
　　　（2002）"功能主义与形式主义"，《外国语》第二期。
许国璋（1979）（译）《论言有所为》，载《语言学译丛》，后收入《许国璋论语言》（1991），外语教学与研究出版社。
张隆溪（1987）"'道'与'逻各斯'"，载甘阳（主编）《文化：中国与世界》（第二辑），148-166 页，三联书店。
张寿康（1985）（主编）《文章学概论》，山东教育出版社。
张志公（1982）（主编）《现代汉语》（下册），人民教育出版社。
赵晓泉（1996）《学术讨论中的"补偏救弊"现象》（英文），北京大学英语系硕士论文。
赵元任（1948）*Mandarin Primer*. Cambridge, Mass.：Harvard University Press.
朱德熙（1980）《现代汉语语法研究》，商务印书馆。
　　　（1982）《语法讲义》，商务印书馆。
朱光潜（1982）《朱光潜美学文集》（第一卷），上海文艺出版社。
朱永生（1993）（主编）《语言·语篇·语境》，清华大学出版社。